高等学校经济管理类实践系列教材

U0652917

纳 税 实 务

主　编　蒙　莉　卢丽萍　孟莎莎

副主编　沙　路　刘海棋

西安电子科技大学出版社

内 容 简 介

本书依据最新的税收法律法规编写，采用理论与实践相结合的方法，系统介绍了我国现行税收体系的基本内容。全书共八个项目，分别为税收基础知识认知、增值税纳税实务、消费税纳税实务、城市维护建设税和教育费附加、关税、企业所得税纳税实务、个人所得税纳税实务和其他税种。本书内容丰富，体系全面，注重理论与实践结合，通过深入浅出的实例，可帮助读者理解并掌握税法的基本原理与制度规则。

本书既可作为高等学校经管类各专业的教材，也可作为财务、税务等人员的培训教材，还可作为参加注册会计师、税务师等职业资格考试的人员的参考书。

图书在版编目 (CIP) 数据

纳税实务 / 蒙莉，卢丽萍，孟莎莎主编 . -- 西安：西安电子科技大学出版社，2024. 10. -- ISBN 978-7-5606-7453-7

Ⅰ . F812.42

中国国家版本馆 CIP 数据核字第 2024F30F16 号

策　　划　刘玉芳　刘统军
责任编辑　刘玉芳
出版发行　西安电子科技大学出版社（西安市太白南路 2 号）
电　　话　(029) 88202421　88201467　　　　邮　　编　710071
网　　址　www.xduph.com　　　　　　　　电子邮箱　xdupfxb001@163.com
经　　销　新华书店
印刷单位　陕西天意印务有限责任公司
版　　次　2024 年 10 月第 1 版　2024 年 10 月第 1 次印刷
开　　本　787 毫米 × 1092 毫米　1/16　　　印　张　18
字　　数　424 千字
定　　价　52.00 元
ISBN 978-7-5606-7453-7
XDUP 7754001–1
*** 如有印装问题可调换 ***

前　言

　　税收是一个古老的财政范畴，它随着国家的出现而出现，随着社会进步和经济发展而不断发展变化。当今中国社会处于转型期，税制改革如火如荼：2008 年"两法"合并，内外资企业首次适用同一部企业所得税法；2012—2016 年，"营改增"历经改革试点到全面推开；2016 年国家颁布环境保护税法；2017 年以来，中央减税降费战略在全国推开，增值税制度不断调整，增值税税率简化并优化；2018 年国税与地税合并，国家修订个人所得税法；2019 年增值税税率再次下调，税收征管改革迫在眉睫……这一系列改革标志着我国税制体系的逐步完善，同时也要求广大财经专业的学生更好地熟悉并掌握税法、最新政策和相关税收知识。当前，税收在社会经济中的地位越来越高，与人们的生活也越来越密切相关，没有哪个组织和个人能够远离税收，更不可能忽略税收的存在。

　　本书的出版目的在于为读者提供一本比较系统的税收学习用书。随着税收法定原则的不断确定以及包括个人所得税改革在内的多项税收政策的落地，人们对税收的学习出现了一个新高潮。对于刚接触经济的读者来说，拥有一本准确反映最新税收政策的学习用书其意义不言而喻。本书深入系统地探讨税法原理与操作实务，在编写过程中参阅了国内外多部相关著作与教材，同时也吸收了近年来关于税制改革的最新成果，内容深入浅出，涵盖了增值税、消费税、关税、企业所得税、个人所得税、资源税、土地增值税、房产税等现行征收的 18 种税，以利于读者更系统、全面、及时、准确地掌握纳税知识。

　　本书主要有以下特色：

　　一是在内容设计上，系统地吸收了最新税制改革的内容。书中涉及的所有税种的相关法规紧跟最新的税收政策变化，增值税、资源税、环境保护税、个人所得税等章节均选用最新内容，充分体现了时效性，以满足读者学习最新税收政策的需求。

　　二是在编排体系上，设置了"引言""案例导入""纳税提示"等多个板块。"引言"和"案例导入"能激发、引导读者的学习兴趣和独立思考。"纳税提示"将最新的税收政策改革要点与易混淆的知识点通过单列的方式提醒读者注意。针对每个学习重点,本书设计了较为详细的例题讲解,使读者触类旁通、举一反三。

三是在教材配套上,每章均设计了练习题,其中包括单项选择题、多项选择题、判断题、计算题与综合题等多种题型,方便读者在学习相关章节后进行课后练习,巩固所学知识,确保从不同角度与层面考查读者对税收政策的理解,而且每道习题都附有参考答案或解析,方便广大读者使用。

蒙莉、卢丽萍、孟莎莎担任本书主编,沙路、刘海棋担任副主编,具体编写分工为:卢丽萍负责项目二、项目三的编写;孟莎莎负责项目六、项目七的编写;刘海棋、蒙莉负责项目一、项目四、项目五的编写;蒙莉、沙路负责项目八的编写。

在编写本书的过程中,所有编者都付出了极大的努力,我们希望呈现一本令读者满意的教材。但由于宏观经济环境和税收政策的不断发展变化,加之编者水平有限,书中的不足之处在所难免,真诚希望广大读者提出宝贵意见,以便我们进一步修订和完善。

编　者

2024 年 7 月

目　　录

项目一 税收基础知识认知

众所周知，税收是国家财政收入的主要来源。2022年全国财政工作视频会议强调，积极的财政政策要加力提效。当前财政收支矛盾加剧，财政可持续性面临挑战，财税体制改革要趟过"深水区"，加强财政政策的宏观调控能力，实现经济高质量发展，离不开现代预算制度的支撑和保障作用。我们要健全现代预算制度，优化税制结构，完善财政转移支付体系，完善个人所得税制度，规范收入分配秩序，规范财富积累机制，保护合法收入，调节过高收入，取缔非法收入，加大税收、社会保障等转移性支付的调节力度，不断释放制度优势，提高财政政策执行力，提高财政资源配置能力，提高财政可持续性，更好地发挥财政政策的宏观调控能力，助力经济高质量发展。

任务一 认识税收

税收作为一种经济现象，自封建社会产生以来就一直存在，没有因为社会制度变迁与国家性质更替而消失，反而在内容、形式上都有跨越性发展，并且成为当代社会经济发展一个不可或缺的部分。

一、认识税收

（一）税收的定义

税收是国家为了实现其职能，凭借政治权力，按照法律规定的标准和程序，通过参与社会产品或国民收入分配的方式，强制、无偿地取得财政收入的一种分配形式。它是人类社会经济发展到一定历史阶段的产物。

（二）税收的特征

税收自产生以来，一直是国家财政收入的主要形式。与其他财政收入形式相比，税收具有强制性、无偿性和固定性的特征，这三个特征习惯上称为税收的"三性"。

1. 强制性

税收的强制性是指税收这种分配形式是以国家政治权力为依托的，表现为国家以社会管理者的身份，通过颁布法律、法规等形式对税收加以规定，任何单位和个人都必须遵守，否则就要受到法律的制裁。强制不意味着强迫，它指的是国家以社会管理者的身份，以法律为后盾来征税。对居民和社会组织来说，税收是非自愿的、强制缴纳的，一切有纳税义务的人都必须依法纳税，否则就要受到法律的制裁。

2. 无偿性

税收的无偿性是针对具体纳税义务人而言的，税收没有直接返还性，国家也不会为此支付任何形式的直接报酬，即国家征税后既不需要偿还，也不需要向纳税义务人付出任何代价，并不像商品交换一样实行等价交换。无偿性是税收的关键特征，它使税收区别于国债等财政收入形式。

3. 固定性

税收的固定性是指税收是一种普遍的、经常的收入形式，是按照法律事先规定的标准连续征收和缴纳的。首先，在内容上，税收具有一定的制度性与普遍认可的原则；其次，在形式上，税法体系是统一、完整、严密的；最后，在确定方式上，税收是法定机构按法定程序与标准制定、颁布和实施的。国家在征税之前以法律的形式预先规定了征税对象、征收比例或数额和征收方法等，使税收具有相对的稳定性。税收的固定性，使税收区别于罚没等财政收入形式。

税收的三个特征是互相联系、缺一不可的。税收的强制性决定了征收的无偿性，而强制性和无偿性又决定了税收的固定性。税收的特征使税收区别于其他财政收入形式（如上缴利润、国债收入、规费收入、罚没收入等）。税收的特征是不同社会形态下税收的共性，集中体现了税收的权威性。

（三）税收的作用

(1) 税收是国家组织财政收入的主要形式和工具。

由于税收具有强制性、无偿性和固定性的特征，同时其来源十分广泛，因而在筹集财政资金、实现财政收入和保证财政收入的稳定性等方面起着重要作用。

① 组织财政收入是税收的基本作用。税收是随着国家的产生而产生的，是为了满足国家实现其职能的物质需要而产生的。税收自产生之日起，为国家行使职能而组织财政收入成了它的第一职能。国家通过税收，可以把分散在各部门的国民收入集中起来，以满足国家实现其职能的物质需要。

② 税收是国家财政收入的重要支柱。目前，我国税收占国家财政收入的84%左右，在日本占91%，在英国占96%，在美国占98%。由此可见，税收在各种不同制度的国家普遍存在，并且在国家财政收入中都占有重要地位。所以，当前更应该强化和重视税收在组织财政收入方面的作用。

③ 税收可以使国家财政收入得到切实保证。税收具有强制性的特征，它是国家凭借政治权力，依靠法律预先规定的标准而取得的收入，这样便可以减少或避免拖欠和偷税漏税行为的发生。

(2) 税收是国家对经济实行宏观调控的重要经济杠杆之一。

政府可以通过制定符合国家宏观经济政策的税法，以法律形式确定国家与纳税义务人之间的利益分配关系，调节收入分配水平，调整产业结构，实现资源的优化配置，平衡纳税义务人的税收负担，促进平等竞争，为市场经济的发展创造良好的条件。

① 税收具有调节经济的职能。这种职能是指国家通过征税，改变不同纳税义务人、不同经济部门在国民收入中所占的比重以及不同产品的盈利水平，从而对经济的发展产生某种影响。国家的一些政策及政治、经济目的，就是通过这种调节职能的发挥来实现的。税收是一种经济杠杆，一般就是指税收的这种调节经济的职能，其调节的主要内容是资源配置、收入分配和经济总量。

② 税收调节经济活动的具体做法。国家通过征收耕地占用税的税收政策，加强了对耕地的管理；通过减征企业所得税（低税率）的税收政策，吸引了外资高新技术企业在我国投资，促进了我国技术水平的提高；通过免征和减征企业所得税，支持了边远和贫困地区新建企业的发展。

总之，国家可以运用税收手段，通过对纳税义务人、征收对象、税率以及具体的税收征管办法的确定，达到促进生产发展、技术进步、社会稳定以及国民经济持续、快速、健康发展的目的。

(3) 税收可以维护国家经济权益，促进对外经济交往。

在国际经济交往中，充分运用国家的税收管辖权，在平等互利的基础上，适应国际经济组织所规定的基本原则，利用国际税收协定等规范性手段，加强同各国、各地区的经济交流与合作，不断扩大和发展引进外资、技术的规模、形式和渠道，建立和完善涉外税收制度，在维护国家权益的同时，发展国家间的经济技术合作关系。

(4) 税收为国家及企业管理提供经济信息，对各项经济活动实行监督。

税收涉及国民经济的各个方面，税收收入的结构可以反映国民经济状况及其发展趋势。同时，税收深入到企业经济核算的各个环节，可以监督经营单位和个人依法经营，加强经济核算，提高经营管理水平。同时，通过税务检查，严肃查处各种违法行为，可以为国民经济的健康发展创造一个良好、稳定的经济秩序。

二、税收制度要素

（一）纳税义务人及其相关概念

1. 纳税义务人

纳税义务人简称纳税人，是税法中规定的直接负有纳税义务的单位和个人，也称纳税主体。

2. 负税人

负税人是与纳税人既有联系又有区别的一个概念。纳税人是直接向税务机关缴纳税款的单位和个人，负税人是实际负担税款的单位和个人。纳税人如果能够通过一定途径把税款转嫁或转移出去，就不再是负税人；否则，纳税人同时也是负税人。

3. 代扣代缴义务人

代扣代缴义务人是指虽不承担纳税义务，但依照有关规定有义务从持有的纳税人收入中扣除其应纳税款并代为缴纳的企业、单位和个人。

4.代收代缴义务人

代收代缴义务人是指虽不承担纳税义务，但依照有关规定有义务借助与纳税人的经济交往而向纳税人收取应纳税款并代为缴纳的单位。

5.代征代缴义务人

代征代缴义务人是指接受税务机关委托，按国家税法规定代征税款的单位和个人。由代征代缴义务人代征税款的征收方法，是税务机关为了加强征收管理，方便群众纳税，对于不便直接征收，有关单位又能控制的税源采取的一种有效征管形式。

（二）课税对象和计税依据

1.课税对象

课税对象又称征税对象，是税法中规定的征税的目的物，是国家据以征税的依据。通过规定课税对象，解决对什么征税这一问题。课税对象是税收实体法诸要素中的基础性要素。

2.计税依据

计税依据又称税基，是指税法中规定的据以计算各种应征税款的依据或标准，也是纳税人正确履行纳税义务，合理负担税收的重要标志。税款的计算方式一般有两种：一是从价计征；二是从量计征。

(1) 从价计征是以计税金额为计税依据的。计税金额是指征税对象的数量乘以计税价格的数额。我国税收法律制度大量采取从价计征方式。

(2) 从量计征是以征税对象的重量、体积、数量等为计税依据的。我国的车船税、城镇土地使用税、耕地占用税等税种采取从量计征方式。

（三）税目

税目是课税对象的具体化，反映具体的征税范围，代表征税的广度。税目的制定方法分为列举法和概括法。列举法是按照每一种商品或经营项目分别设计税目，必要时还可以在税目之下划分若干细目。概括法是对同一征税对象用集中概括的方法将其分类归并。列举法和概括法各有其优缺点，应配合运用。

（四）税率

税率是应纳税额与课税对象之间的数量关系或比例关系，是计算税额的尺度，代表征税的深度，关系着国家税收收入的多少和纳税人的负担程度。因此，税率是体现税收政策的中心环节。税率具体包括比例税率、累进税率和定额税率。

1.比例税率

比例税率是指对同一征税对象或同一税目，不论数额大小只规定一个比例，都按同一比例征税，税额与课税对象成正比例关系。比例税率的基本特点是：税率不随课税对象数额的变动而变动，便于按不同的产品设计不同的税率。比例税率主要包括：第一，单一比例税率（如增值税）；第二，差别比例税率，可分为产品差别比例税率（如消费税、关税等）、

行业差别比例税率 (如电信业增值税) 和地区差别比例税率 (如城市维护建设税)。

2. 累进税率

累进税率是指对同一课税对象，征收比例随数量的增大而提高的税率。它将课税对象按数额大小分为若干等级，不同等级适用由低到高的不同税率，包括最低税率、最高税率和若干等级的中间税率。累进税率包括：第一，超额累进税率 (如个人所得税中的工资薪金所得)；第二，超率累进税率 (如土地增值税)。

3. 定额税率

定额税率又称固定税额，是根据课税对象计量单位直接规定的固定的征税数额。定额税率的基本特点是：税率与课税对象的价值量无关，不受课税对象价值量变化的影响，适用于对价格稳定、质量等级和品种规格单一的大宗产品征税的税种。定额税率主要包括资源税、城镇土地使用税、车船税等。

(五) 税收优惠

税收优惠是指国家对某些纳税人和征税对象给予鼓励和照顾的一种特殊规定。制定这种特殊规定，一方面是为了鼓励和支持某些行业或项目的发展，另一方面是为了照顾某些纳税人的特殊困难。税收优惠有以下几种主要形式。

1. 减免税

减免税是指根据国家一定时期的政治、经济、社会政策要求，对生产经营活动中的某些特殊情况给予减轻或免除税收负担的照顾。对应征税款依法减少征收为减税；对应征税款全部免除纳税义务为免税。减免税的基本形式如下：

1) 税基式减免

税基式减免是通过直接缩小计税依据的方式实现的减免税，具体包括改变起征点、免征额、项目扣除以及跨期结转等。

2) 税率式减免

税率式减免是通过直接降低税率的方式实行的减免税，包括低税率、零税率等。例如，企业所得税中，对于符合小型微利条件的企业适用 20% 的税率，而对于国家重点扶持的高新技术企业，则适用 15% 的税率，因此，相对于 25% 的基本税率，20% 和 15% 的企业所得税税率就是税率式减免。

3) 税额式减免

税额式减免是通过直接减少应纳税额的方式实行的减免税，包括全部免征、减半征收、核定减免率等。

2. 起征点与免征额

1) 起征点

起征点是税法规定对征税对象开始征税的起点数额。征税对象的数额达到或超过起征点的就全部数额征税，未达到起征点的不征税。

2) 免征额

免征额是征税对象全部数额中免予征税的部分，只就超过免征额的部分计征税款。

（六）纳税环节

任何税种都要确定纳税环节。有的税种纳税环节较明确、固定，有的税种则需要在商品流转过程中确定适当的纳税环节。按照确定纳税环节的多少，纳税环节可以分为一次课征制、两次课征制和多次课征制。

（七）纳税期限

纳税期限是指税法规定的纳税主体向征税机关缴纳税款的具体时间。纳税期限是衡量征纳双方是否按时行使征税权力和履行纳税义务的尺度，是税收的强制性和固定性特征在时间上的体现。

（八）纳税地点

纳税地点是指缴纳税款的场所，即纳税人应向何地征税机关申报纳税并缴纳税款。纳税地点一般为纳税人的住所地，也有营业地、财产所在地或特定行为发生地。纳税地点关系到征税管辖权和是否方便纳税等问题，在税法中明确规定纳税地点，有利于防止漏征或重复征税。

（九）罚则

罚则是税收法律关系的主体因违反税法而应当承担的法律后果。税法规定的法律责任形式主要有三种：一是经济责任，包括补缴税款、加收滞纳金等；二是行政责任，包括吊销税务登记证、罚款、税收保全及强制执行等；三是刑事责任，对违反税法情节严重构成犯罪的行为，要依法承担刑事责任。罚则的规定对于保障国家税收利益不受或少受侵犯，具有十分重要的现实意义和威慑作用。

（十）附则

附则一般规定与相关税法紧密相关的内容，如税收征管法的解释权、生效时间等。

任务二　税收法律关系

一、税收法律关系的概念

税收法律关系是税法所确认和调整的，国家与纳税人之间在税收分配过程中形成的权利义务关系。税收法律关系包括：国家与纳税人之间的税收宪法性法律关系；征税机关与纳税主体之间的税收征纳关系；相关国家机关之间的税收权限划分法律关系；国际税收权益分配法律关系；税收救济法律关系；等等。税收法律关系是法律关系的一种具体形式，具有法律关系的一般特征。

二、税收法律关系的构成要素

(一)税收法律关系的主体

税收法律关系的主体即征纳主体，是指税收法律关系中依法享有权利和承担义务的双方当事人，一方为税务机关，另一方为纳税人。

第一，征税主体。税务机关是指参加税收法律关系，享有国家税收征管权力和履行国家税收征管职能，依法对纳税主体进行税收征收管理的当事人。严格意义上讲，只有国家才能享有税收的所有权。因此，国家是真正的征税主体。

第二，纳税主体。纳税主体就是通常所称的纳税人，即法律、行政法规规定负有纳税义务的单位和个人。对于纳税主体，有许多不同的划分方法。按照纳税主体在民法中身份的不同，可以分为自然人、法人、非法人单位；根据征税权行使范围的不同，可以分为居民纳税人和非居民纳税人等。

(二)税收法律关系的客体

税收法律关系的客体是指税收法律关系主体的权利、义务所共同指向的对象，即征税对象。

(三)税收法律关系的内容

税收法律关系的内容是指权利主体所享有的权利和所应承担的义务，这是税收法律关系中最实质的东西，也是税法的灵魂。

任务三 税收实体法和税收程序法

一、税收实体法

税收实体法是规定税收法律关系主体的实体权利、义务的法律规范的总称。其主要内容包括纳税主体、征税客体、计税依据、税目、税率、减税、免税等，是国家向纳税人行使征税权和纳税人负担纳税义务的条件，只有具备这些条件时，纳税人才负有纳税义务，国家才能向纳税人征税。

二、税收程序法

(一)税收程序法的概念

税收程序法也称税收行政程序法，是指规范税务机关和税务行政相对人在行政程序中权利义务的法律规范的总称，即只要是与税收程序有关的法律规范，不论其存在于哪个法律文件中，都属于税收程序法的范畴。如有关行政处罚、行政许可、行政强制的法律规定，同样适用于税收行政行为，并对其产生约束力。

（二）税收征收程序

1.税款征收

税款征收是指税务机关依据法律、行政法规规定的标准和范围，将纳税人依法应该向国家缴纳的税款，及时足额地征收入库的一系列活动的总和。税款征收的内容包括征收方式的确定、核定应纳税额、税款入库、减免税管理、欠税的追缴等。税款征收是税收征管的目的，在整个税收征管中处于核心环节和关键地位，是税收征管的出发点和归宿。税款征收中的相关制度主要包括应纳税额核定制度、纳税调整制度、代扣代缴税款制度、欠税管理制度、滞纳金征收制度、税款的退还和追征制度等。

（1）应纳税额核定制度。核定税额是针对由于纳税人的原因导致税务机关难以查账征收税款而采取的一种措施。但是核定税额不是简单地随意确定，而应有合法、合理的依据。

（2）纳税调整制度。纳税调整是指企业所得税中对企业所得进行课税，在计算上，税法有着严格的规定，与会计上的利润总额的计算有不一致的地方。因此，在计算企业应税所得时，以会计上的利润总额为基础，按照税法的规定进行调整，以计算出应税所得，并按规定计算缴纳企业所得税。这一过程，就是纳税调整。纳税调整是因为会计制度和税收法规差异形成的，就是按照相关法律对利润所得进行调整，包括按照税法，超规定的工资、费用和提取的业务招待费、福利费、工会费、教育费、折旧，不能在税前扣除的各种开支等等。还有未提取或者未提足的成本费用，可以进行调整提足。纳税调整一般发生在所得税汇算期，也就是说以前申报的税有不合适的地方，在汇算期内，根据国家税收法规调整纳税额，把应交的税都交了，把不应交的税也扣除了。

（3）代扣代缴税款制度。代扣代缴税款制度是指企业、单位等代为扣除纳税人的应纳税额并代为缴纳到税务机关，以便纳税人无须亲自缴纳税款的一种税收管理制度。该制度旨在减轻纳税人的负担，提高税收征管效率，促进税收的规范化管理。同时，代扣代缴税款制度也可以有效遏制一些企业或个人的税收逃漏行为，保障国家税收利益。在代扣代缴税款制度下，企业或单位需要按照相关规定将纳税人的税款直接从其工资、薪金或其他所得中扣除，并及时将扣缴的税款上缴到税务机关。

（4）欠税管理制度。欠税是指纳税人未按照规定期限缴纳税款，扣缴义务人未按照规定的期限解缴税款的行为。欠税时间从规定的纳税期限届满的次日至纳税人、扣缴义务人缴纳或者解缴税款的当日。欠税金额是指纳税人、扣缴义务人缴纳或者应解缴税款与纳税人、扣缴义务人实际缴纳或者解缴纳税款的差额。自2001年5月1日起，对欠税的纳税人、扣缴义务人按日征收欠缴税款万分之五的滞纳金。

（5）滞纳金征收制度。滞纳金征收制度是指纳税人未按照规定期限缴纳税款的，扣缴义务人未按照规定期限解缴税款的，税务机关除责令限期缴纳外，从滞纳税款之日起，按日加收滞纳税款万分之五的滞纳金。

（6）税款的退还制度。税款的退还制度是指对纳税人超过应纳税多缴的税款退回纳税人的制度。退还多缴的税款主要包括两种情况：一是因为技术上的原因或计算上的错误造成纳税人多缴或税务机关多征的税款；二是正常的税收征管的情况下造成的多缴税款。

在退还税款的过程中，如果纳税人有欠税，税务机关可以先用应退还的税款和利息，抵顶纳税人欠缴的税款和滞纳金；如果纳税人没有欠税，税务机关可以按照纳税人的要求，将应退的税款和利息留抵下期应纳税款。

(7) 税款的追征制度。税款的追征是指对纳税人、扣缴义务人未缴少缴税款的征收。造成纳税人、扣缴义务人未缴少缴税款的原因有很多，税务机关按照不同的情况进行追征。

对于因税务机关的责任造成的未缴或者少缴税款，税务机关可以在 3 年内要求纳税人、扣缴义务人补缴税款，但是不得加收滞纳金。

对于因纳税人、扣缴义务人计算错误等失误造成的未缴或者少缴税款，一般情况下，税务机关的追征期是 3 年；特殊情况下，追征期是 5 年。对于这种原因造成未缴或者少缴税款的，税务机关在追征税款的同时，还要追征滞纳金。

对偷税、抗税骗税的，税务机关可以无期限地追征偷税、抗税的税款、滞纳金和纳税人、扣缴义务人所骗取的税款。

2. 税收保全措施

1) 税收保全措施的条件

(1) 行为条件。行为条件是纳税人有逃避纳税义务的行为。没有逃避纳税义务行为的不能采取税收保全措施。逃避纳税义务行为主要包括转移、隐匿商品、货物或者其他财产等。

(2) 时间条件。时间条件是纳税人在规定的纳税期届满之前和责令缴纳税款的期限之内。超过了时限的规定而没有缴纳税款的，税务机关可以采取税收强制执行措施，而不是税收保全措施。

(3) 担保条件。在上述两个条件具备的情况下，税务机关可以责成纳税人提供纳税担保，纳税人不提供纳税担保的，税务机关可以依照法定权限和程序，采取税收保全措施。

2) 税收保全措施的内容

书面通知纳税人的开户银行或者其他金融机构冻结纳税人相当于应纳税款的存款。

扣押、查封纳税人的价值相当于应纳税款的商品、货物或者其他财产。

3. 税收强制执行措施

从事生产、经营的纳税人、扣缴义务人未按照规定的期限缴纳或者解缴税款，纳税担保人未按照规定的期限缴纳所担保的税款，由税务机关责令限期缴纳，逾期仍未缴纳的，经县以上税务局 (分局) 局长批准，税务机关可以采取强制执行措施。

1) 采取强制执行措施的对象

(1) 未按照规定的期限缴纳或者解缴税款，经税务机关责令限期缴纳，逾期仍未缴纳税款的从事生产、经营的纳税人、扣缴义务人。

(2) 未按照规定的期限缴纳所担保的税款，经税务机关责令限期缴纳，逾期仍未缴纳税款的纳税担保人。

2) 强制执行的措施

经县以上税务局 (分局) 局长批准，税务机关可以采取下列强制执行措施：

(1) 强制扣款，即书面通知其开户银行或者其他金融机构从其存款中扣缴税款。

(2) 拍卖变卖，即扣押、查封、依法拍卖或者变卖其价值相当于应纳税款的商品、货物或者其他财产，以拍卖或者变卖所得抵缴税款。

个人及其所扶养家属维持生活必需的住房和用品，不在强制执行措施的范围之内。税务机关对单价 5 000 元以下的其他生活用品，不采取强制执行措施。

任务四 税收的立法和执法

一、税收立法

税收立法是指国家机关依照其职权范围，通过一定程序制定（包括修改和废止）税收法律规范的活动，即特定的国家机关就税收问题所进行的立法活动。广义的税收立法指国家机关依据法定权限和程序，制定、修改、废止税收法律规范的活动；狭义的税收立法则是指国家最高权力机关制定税收法律规范的活动。税收立法如下所示：

(1) 全国人民代表大会及其常务委员会制定的税收法律。

(2) 全国人民代表大会及其常务委员会授权立法。

(3) 国务院制定的税收行政法规。

(4) 地方人民代表大会及其常务委员会制定的税收地方性法规。

(5) 国务院税务主管部门制定的税收部门规章。

(6) 地方政府制定的税收地方规章。

二、税收执法

（一）税收执法概述

税收执法又称税收行政执法，存在广义和狭义两种理解。广义的税收执法是指国家税务行政主管机关执行税收法律、法规的行为，既包括具体行政行为，也包括抽象行政行为以及行政机关的内部管理行为。狭义的税收执法专指国家税收机关依法定的职权和程序将税法的一般法律规范适用于税务行政相对人或事件，调整具体税收关系的实施税法的活动。

（二）税收执法监督

税收执法监督是指作为行政监督主体的税务机关，依照国家税收管理体制和有关法律法规的规定，对所属税务机关及其工作人员税收执法行为实施的监督检查。

练习题
（项目一）

练习题答案
（项目一）

项目二 增值税纳税实务

引言

改革开放四十多年来，税收改革始终是我国改革大潮中的重头戏。从持续实施大规模税制改革到不断推进税收征管服务数字化转型，从分税制设立两套税务机构分别运作到新时代合并两套税务机构，展现在世人面前的无一不是一幅幅波澜壮阔、永载史册的改革画卷。纵观整个税收改革的历程，增值税改革成为重中之重。由于国情不同、条件各异，我国增值税改革走出了一条颇具自身特点的发展道路。回顾改革历程，总结鲜明特色，不仅对丰富世界增值税改革实践有重要的借鉴作用，而且对指导我国进一步完善增值税乃至对整个税制改革也有积极的现实意义。

任务一 增值税的认知

一、增值税概述

增值税是对销售商品或者提供劳务过程中实现的增值额征收的一种税。目前，世界上已经有一百多个国家使用增值税，它已成为具有世界意义的流转税。增值税之所以能够在世界上众多国家推广，是因为其可以有效地防止商品在流转过程中的重复征税问题，并使其具备保持税收中性、普遍征收、税收负担由最终消费者承担、实行税款抵扣制度、实行比例税率、实行价外税制度等特点。

为了进一步完善增值税制，消除重复征税，促进经济结构优化，经国务院常务会议决定，自 2012 年 1 月 1 日起，在上海市开展交通运输业和部分现代服务业营业税改征增值税试点。2016 年 3 月 24 日，财政部、国家税务总局印发《营业税改征增值税试点实施办法》，自 2016 年 5 月 1 日起，在全国范围内全面推开营改增试点，建筑业、房地产业、金融业、生活服务业等全部营业税纳税人，纳入试点范围，由缴纳营业税改为缴纳增值税。这些构成我国增值税法律制度的主要内容。

二、增值税的纳税人和扣缴义务人及纳税人的分类

（一）纳税人

根据《中华人民共和国增值税暂行条例》（以下简称《增值税暂行条例》）的规定，在中华人民共和国境内销售货物或者加工、修理修配劳务，销售服务、无形资产、不动产以及进口货物的单位和个人，为增值税的纳税人。

单位，是指企业、行政单位、事业单位、军事单位、社会团体及其他单位。

个人，是指个体工商户和其他个人。其他个人是指除了个体工商户外的自然人。

单位以承包、承租、挂靠方式经营的，承包人、承租人、挂靠人（以下统称"承包人"）以发包人、出租人、被挂靠人（以下统称"发包人"）名义对外经营并由发包人承担相关法律责任的，以该发包人为纳税人。否则，以承包人为纳税人。

进口货物的收货人或办理报关手续的单位和个人为进口增值税的纳税人。

资管产品运营过程中发生的增值税应税行为，以资管产品管理人为增值税纳税人。

【例2-1】（单选题）根据增值税法律制度的规定，关于增值税纳税人的下列表述中，正确的是（　　）。

A. 转让无形资产，以无形资产受让方为纳税人

B. 提供建筑安装服务，以建筑安装服务接收方为纳税人

C. 资管产品运营过程中发生的增值税应税行为，以资管产品管理人为纳税人

D. 单位以承包、承租、挂靠方式经营的，一律以承包人为纳税人

【答案与解析】

答案为C。选项A，转让方为纳税人；选项B，提供建筑安装服务方为纳税人；选项D，单位以承包、承租、挂靠方式经营的，承包人、承租人、挂靠人以发包人、出租人、被挂靠人名义对外经营并由发包人承担相关法律责任的，以该发包人为纳税人。否则，以承包人为纳税人。

（二）扣缴义务人

中华人民共和国境外的单位或者个人在境内销售劳务，在境内未设有经营机构的，以其境内代理人为扣缴义务人；在境内没有代理人的，以购买方为扣缴义务人。

（三）纳税人的分类

由于增值税实行凭增值税专用发票抵扣进项税额的制度，因此，要求增值税纳税义务人会计核算健全，能够准确提供会计核算资料及进项税额、销项税额和应纳税额。为了严格执行增值税的征收管理，《增值税暂行条例》规定将纳税义务人按其经营规模大小和会计核算水平划分为小规模纳税人和一般纳税人，分别采取不同的增值税计税方法。

1. 小规模纳税人

小规模纳税人是指年销售额在规定标准以下，并且会计核算不健全，不能按规定报有关税务资料的增值税纳税人。会计核算不健全是指不能正确核算增值税的进项税额、销项

税额和应纳税额。小规模纳税人的标准如下：

(1) 自 2018 年 5 月 1 日起，增值税小规模纳税人标准为年应征增值税销售额 500 万元及以下。

(2) 年应税销售额超过小规模纳税人标准的其他个人，一律视同小规模纳税人。

(3) 年应税销售额超过小规模纳税人标准但不经常发生应税行为的单位和个体工商户，以及非企业性单位、不经常发生应税行为的企业，可以自行选择按小规模纳税人纳税。

小规模纳税人的标准由国务院财政、税务主管部门规定。

小规模纳税人实行简易办法征收增值税，一般不使用增值税专用发票。

小规模纳税人会计核算健全、能够提供准确税务资料的，可以向主管税务机关申请资格认定，不作为小规模纳税人，依照有关规定计算应纳税额。

2. 一般纳税人

一般纳税人是指年应纳增值税销售额在规定标准以上，并且会计核算健全，能够准确提供会计核算资料和报送纳税资料的增值税纳税人。一般纳税人的认定标准如下：

(1) 年应征增值税销售额超过 500 万元的纳税人。

(2) 年应税销售额超过规定标准的小规模纳税人，应当按照规定向主管税务机关申请一般纳税人资格登记。未申请办理一般纳税人资格登记的，应按销售额依照增值税税率计算应纳税额，不得抵扣进项税额，也不得使用增值税专用发票。

(3) 年应税销售额未超过标准的商业企业以外的小规模企业，会计核算健全，能准确核算并提供销项税额、进项税额的，可以按照现行规定向主管税务机关申请一般纳税人资格登记。

(4) 应税服务年销售额超过规定标准的其他个人不属于一般纳税人。

(5) 年应税销售额超过规定标准但不经常发生应税行为的非企业性单位、企业和个体工商户可选择按照小规模纳税人纳税。

(6) 增值税小规模纳税人偶然发生的转让不动产的销售额，不计入应税行为年应税销售额。

(7) 年应税销售额未超过规定标准的纳税人，会计核算健全，能够提供准确税务资料的，可以向主管税务机关办理一般纳税人资格登记，成为一般纳税人。会计核算健全是指能够按照国家统一的会计制度规定设置账簿，根据合法、有效凭证核算。

符合一般纳税人条件的纳税人应当向主管税务机关申请一般纳税人资格登记。

除财政部、国家税务总局另有规定外，纳税人自其选择的一般纳税人资格生效之日起，按照增值税一般计税方法计算应纳税额，并按照规定领用增值税专用发票。

除国家税务总局另有规定外，一经登记为一般纳税人后，不得转为小规模纳税人。

3. 下列纳税人不必办理一般纳税人资格登记手续

(1) 个体工商户以外的其他个人，其他个人指自然人。

(2) 全部销售免税货物的企业。

(3) 选择按小规模纳税人纳税的非企业性单位。

(4) 选择按小规模纳税人纳税的不经常发生应税行为的企业。

【例 2-2】（单选题）根据增值税法律制度的规定，年应税销售额在一定标准以下的纳税人为小规模纳税人。该标准是（   ）。

A. 50 万元　　　　　　　　　B. 80 万元

C. 500 万元　　　　　　　　 D. 1 000 万元

【答案】

答案为 C。

【例 2-3】（单选题）根据增值税法律制度的规定，下列关于小规模纳税人征税规定的表述中，不正确的是（   ）。

A. 实行简易征税办法

B. 一律不使用增值税专用发票

C. 不允许抵扣增值税进项税额

D. 可以请税务机关代开增值税专用发票

【答案与解析】

答案为 B。选项 A 和 C，小规模纳税人实行简易征税办法，不得抵扣进项税额。选项 B 和 D，小规模纳税人（其他个人除外）发生增值税应税行为，需要开具增值税专用发票的，可以自愿使用增值税发票管理系统自行开具，也可以请税务机关代开增值税专用发票。但销售其取得的不动产，需要开具增值税专用发票的，应当按照有关规定向税务机关申请代开。

三、增值税的征税范围

根据《增值税暂行条例》及其实施细则的规定，在中华人民共和国境内销售货物或者提供加工、修理修配劳务，销售服务、无形资产、不动产以及进口货物的单位和个人，应当依法缴纳增值税。

（一）增值税的一般征税范围

1. 销售或进口货物

货物是指有形动产，包括电力、热力、气体在内。销售货物是指有偿转让货物的所有权。有偿是指从购买方取得货币、货物或者其他经济利益。

进口货物是指申报进入我国海关境内的货物。

【例 2-4】（多选题）下列各项中，按照"销售货物"征收增值税的有（   ）。

A. 销售电力　　　　　　　　　B. 销售热力

C. 销售天然气　　　　　　　　D. 销售商品房

【答案】

答案为 ABC。

2. 提供加工、修理修配劳务

提供加工、修理修配劳务是指有偿提供加工、修理修配劳务。但单位或者个体工商户聘用的员工为本单位或者雇主提供加工、修理修配劳务不包括在内。

(1) 加工是指委托方提供原材料和主要材料，受托方只代垫辅助材料，按照委托方要求进行加工并收取加工费的行为。在委托加工业务中，货物的所有权始终归委托方所有。

(2) 修理修配是指受托方对损伤和丧失功能的货物进行修复，使其恢复原状和功能的业务。

3. 销售服务

销售服务是指提供交通运输服务、邮政服务、电信服务、建筑服务、金融服务、现代服务和生活服务。

1) 交通运输服务

交通运输服务是指利用运输工具将货物或者旅客送达目的地，使其空间位置得到转移的业务活动，包括陆路运输服务、水路运输服务、航空运输服务和管道运输服务。

(1) 陆路运输服务。陆路运输服务是指通过陆路 (地上或者地下) 运送货物或者旅客的运输业务活动，包括铁路运输服务和其他陆路运输服务。

铁路运输服务是指通过铁路运送货物或者旅客的运输业务活动。

其他陆路运输服务是指铁路运输以外的陆路运输业务活动，包括公路运输、缆车运输、索道运输、地铁运输、城市轻轨运输等。

纳税提示

出租车公司向使用本公司自有出租车的出租车司机收取的管理费用，应按照陆路运输服务缴纳增值税。

(2) 水路运输服务。水路运输服务是指通过江、河、湖、川等天然、人工水道或者海洋航道运送货物或者旅客的运输业务活动。

水路运输的程租、期租业务，属于水路运输服务。

程租业务是指运输企业为租船人完成某一特定航次的运输任务而开展的收取租赁费的业务。

期租业务是指运输企业将配备有操作人员的船舶承租给他人使用一定期限，承租期内听候承租方调遣，不论是否经营，均按天向承租方收取租赁费，发生的固定费用均由承租方负担的业务。

纳税提示

水路运输的光租业务，属于经营租赁。光租业务是指运输企业将船舶在约定的时间内出租给他人使用，不配备操作人员，不承担运输过程中发生的各项费用，只收取固定租赁费的业务活动。

(3) 航空运输服务。航空运输服务是指通过空中航线运送货物或者旅客的运输业务活动。

航空运输的湿租业务，属于航空运输服务。

湿租业务是指航空运输企业将配备有机组人员的飞机承租给他人使用一定期限，承租期内听候承租方调遣，不论是否经营，均按一定标准向承租方收取租赁费，发生的固定费用均由承租方承担的业务。

航天运输服务，按照航空运输服务缴纳增值税。

航天运输服务是指利用火箭等载体将卫星、空间探测器等空间飞行器发射到空间轨道的业务活动。

纳税提示

航空运输的干租业务，属于经营租赁。干租业务是指航空运输企业将飞机在约定的时间内出租给他人使用，不配备机组人员，不承担运输过程中发生的各项费用，只收取固定租赁费的业务活动。

(4) 管道运输服务。管道运输服务是指通过管道设施输送气体、液体、固体物质的运输业务活动。

无运输工具承运业务，按照交通运输服务缴纳增值税。

无运输工具承运业务是指经营者以承运人身份与托运人签订运输服务合同，收取运费并承担承运人责任，然后委托实际承运人完成运输服务的经营活动。

2) 邮政服务

邮政服务是指中国邮政集团公司及其所属邮政企业提供邮件寄递、邮政汇兑和机要通信等邮政基本服务的业务活动。它包括邮政普遍服务、邮政特殊服务和其他邮政服务。

邮政普遍服务是指函件、包裹等邮件寄递，以及邮票发行、报刊发行和邮政汇兑等业务活动。

邮政特殊服务是指义务兵平常信函、机要通信、盲人读物和革命烈士遗物的寄递等业务活动。

其他邮政服务是指邮册等邮品销售、邮政代理等业务活动。

3) 电信服务

电信服务是指利用有线、无线的电磁系统或者光电系统等各种通信网络资源，提供语音通话服务，传送、发射、接收或者应用图像、短信等电子数据和信息的业务活动。它包括基础电信服务和增值电信服务。

基础电信服务是指利用固网、移动网、卫星、互联网，提供语音通话服务的业务活动，以及出租或者出售带宽、波长等网络元素的业务活动。

增值电信服务是指利用固网、移动网、卫星、互联网、有线电视网络，提供短信和彩信服务、电子数据和信息的传输及应用服务、互联网接入服务等业务活动。

4) 建筑服务

建筑服务是指各类建筑物、构筑物及其附属设施的建造、修缮、装饰，线路、管道、设备、设施等的安装以及其他工程作业的业务活动。它包括工程服务、安装服务、修缮服务、装饰服务和其他建筑服务。

工程服务是指新建、改建各种建筑物、构筑物的工程作业，包括与建筑物相连的各种设备或者支柱、操作平台的安装或者装设工程作业，以及各种窑炉和金属结构工程作业。

安装服务是指生产设备、动力设备、起重设备、运输设备、传动设备、医疗实验设备以及其他各种设备、设施的装配、安置工程作业，包括与被安装设备相连的工作台、梯子、栏杆的装设工程作业，以及被安装设备的绝缘、防腐、保温、油漆等工程作业。固定电话、有线电视、宽带、水、电、燃气、暖气等经营者向用户收取的安装费、初装费、开户费、扩容费以及类似收费，按照安装服务缴纳增值税。

修缮服务是指对建筑物、构筑物进行修补、加固、养护、改善，使之恢复原来的使用价值或者延长其使用期限的工程作业。

装饰服务是指对建筑物、构筑物进行修饰装修，使之美观或者具有特定用途的工程作业。

其他建筑服务是指上列工程作业之外的各种工程作业服务，如钻井(打井)、拆除建筑物或者构筑物、平整土地、园林绿化、疏浚(不包括航道疏浚)、建筑物平移、搭脚手架、爆破、矿山穿孔、表面附着物(包括岩层、土层、沙层等)剥离和清理等工程作业。

【例 2-5】(单选题) 下列各项中，应按照"销售服务——建筑服务"税目计缴增值税的是(　　)。

A. 平整土地　　　　　B. 出售住宅
C. 出租办公楼　　　　D. 转让土地使用权

【答案】

答案为 A。

5) 金融服务

金融服务是指经营金融保险的业务活动。它包括贷款服务、直接收费金融服务、保险服务和金融商品转让。

(1) 贷款服务。贷款是指将资金贷与他人使用而取得利息收入的业务活动。各种占用、拆借资金取得的收入，包括金融商品持有期间(含到期)利息(保本收益、报酬、资金占用费补偿金等)收入、信用卡透支利息收入、买入返售金融商品利息收入、融资融券收取的利息收入，以及融资性售后回租、押汇、罚息、票据贴现、转贷等业务取得的利息及利息性质的收入，按照贷款服务缴纳增值税。

融资性售后回租是指承租方以融资为目的，将资产出售给从事融资性售后回租业务的企业后，从事融资性售后回租业务的企业将该资产出租给承租方的业务活动。以货币资金投资收取的固定利润或者保底利润，按照贷款服务缴纳增值税。

(2) 直接收费金融服务。直接收费金融服务，是指为货币资金融通及其他金融业务提供相关服务并且收取费用的业务活动。它包括提供货币兑换、账户管理、电子银行、信用卡、信用证、财务担保、资产管理、信托管理、基金管理、金融交易场所 (平台) 管理、资金结算、资金清算、金融支付等服务。

(3) 保险服务。保险服务是指投保人根据合同约定，向保险人支付保险费，保险人对于合同约定的可能发生的事故因其发生所造成的财产损失承担赔偿保险金责任，或者当被保险人死亡、伤残、疾病或者达到合同约定的年龄、期限等条件时承担给付保险金责任的商业保险行为。它包括人身保险服务和财产保险服务。

(4) 金融商品转让。金融商品转让是指转让外汇、有价证券、非货物期货和其他金融商品所有权的业务活动。其他金融商品转让包括基金、信托、理财产品等各类资产管理产品和各种金融衍生品的转让。

【例 2-6】(单选题) 根据增值税法律制度的规定，下列各项中，应按照"金融服务——贷款服务"税目计缴增值税的是 (   )。

A. 融资性售后回租　　　　　　B. 账户管理服务

C. 金融支付服务　　　　　　　D. 资金结算服务

【答案】

答案为 A。

6) 现代服务

现代服务是指围绕制造业、文化产业、现代物流产业等提供技术性、知识性服务的业务活动。它包括研发和技术服务、信息技术服务、文化创意服务、物流辅助服务、租赁服务、鉴证咨询服务、广播影视服务、商务辅助服务和其他现代服务。

(1) 研发和技术服务。研发和技术服务包括研发服务、合同能源管理服务、工程勘察勘探服务、专业技术服务。

研发服务也称技术开发服务，是指就新技术、新产品、新工艺或者新材料及其系统进行研究与试验开发的业务活动。

合同能源管理服务是指节能服务公司与用能单位以契约形式约定节能目标，节能服务公司提供必要的服务，用能单位以节能效果支付节能服务公司投入及其合理报酬的业务活动。

工程勘查勘探服务是指在采矿、工程施工前后，对地形、地质构造、地下资源蕴藏情况进行实地调查的业务活动。

专业技术服务是指气象服务、地震服务、海洋服务、测绘服务、城市规划、环境与生态监测服务等专项技术服务。

(2) 信息技术服务。信息技术服务是指利用计算机、通信网络等技术对信息进行生产收集、处理、加工、存储、运输、检索和利用，并提供信息服务的业务活动。它包括软件服务、电路设计及测试服务、信息系统服务、业务流程管理服务和信息系统增值服务。

软件服务是指提供软件开发服务、软件维护服务、软件测试服务的业务活动。

电路设计及测试服务是指提供集成电路和电子电路产品设计、测试及相关技术支持服务的业务活动。

信息系统服务是指提供信息系统集成、网络管理、网站内容维护、桌面管理与维护信息系统应用、基础信息技术管理平台整合、信息技术基础设施管理、数据中心、托管中心、信息安全服务、在线杀毒、虚拟主机等业务活动。它包括网站对非自有的网络游戏提供的网络运营服务。

业务流程管理服务是指依托信息技术提供的人力资源管理、财务经济管理、审计管理、税务管理、物流信息管理、经营信息管理和呼叫中心等服务的活动。

信息系统增值服务是指利用信息系统资源为用户附加提供的信息技术服务。它包括数据处理、分析和整合、数据库管理、数据备份、数据存储、容灾服务、电子商务平台等。

(3) 文化创意服务。文化创意服务包括设计服务、知识产权服务、广告服务和会议展览服务。

设计服务是指把计划、规划、设想通过文字、语言、图画、声音、视觉等形式传递出来的业务活动。它包括工业设计、内部管理设计、业务运作设计、供应链设计、造型设计、服装设计、环境设计、平面设计、包装设计、动漫设计、网游设计、展示设计、网站设计、机械设计、工程设计、广告设计、创意策划、文印晒图等。

知识产权服务是指处理知识产权事务的业务活动。它包括对专利、商标、著作权、软件、集成电路布图设计的登记、鉴定、评估、认证、检索服务。

广告服务是指利用图书、报纸、杂志、广播、电视、电影、幻灯、路牌、招贴、橱窗、霓虹灯、灯箱、互联网等各种形式为客户的商品、经营服务项目、文体节目或者通告、声明等委托事项进行宣传和提供相关服务的业务活动。它包括广告代理和广告的发布、播映、宣传、展示等。

会议展览服务是指为商品流通、促销、展示、经贸洽谈、民间交流、企业沟通、国际往来等举办或者组织安排的各类展览和会议的业务活动。

(4) 物流辅助服务。物流辅助服务，包括航空服务、港口码头服务、货运客运场站服务、打捞救助服务、装卸搬运服务、仓储服务和收派服务。

① 航空服务，包括航空地面服务和通用航空服务。

航空地面服务是指航空公司、飞机场、民航管理局、航站等向在境内航行或者在境内机场停留的境外飞机或者其他飞行器提供的导航等劳务性地面服务的业务活动。它包括旅客安全检查服务、停机坪管理服务、机场候机厅管理服务、飞机清洗消毒服务、空中飞行管理服务、飞机起降服务、飞行通信服务、地面信号服务、飞机安全服务、飞机跑道管理服务、空中交通管理服务等。

通用航空服务是指为专业工作提供飞行服务的业务活动。它包括航空摄影、航空培训、航空测量、航空勘探、航空护林、航空吊挂播撒、航空降雨、航空气象探测、航空海洋监测、航空科学实验等。

② 港口码头服务是指港务船舶调度服务、船舶通信服务、航道管理服务、航道疏浚

服务、灯塔管理服务、航标管理服务、船舶引航服务、理货服务、系解缆服务、停泊和移泊服务、海上船舶溢油清除服务、水上交通管理服务、船只专业清洗消毒检测服务和防止船只漏油服务等为船只提供服务的业务活动。

③ 货运客运场站服务是指货运客运场站提供货物配载服务、运输组织服务、中转换乘服务、车辆调度服务、票务服务、货物打包整理、铁路线路使用服务、加挂铁路客车服务、铁路行包专列发送服务、铁路到达和中转服务、铁路车辆编解服务、车辆挂运服务、铁路接触网服务、铁路机车牵引服务等业务活动。

④ 打捞救助服务是指提供船舶人员救助、船舶财产救助、水上救助和沉船沉物打捞服务的业务活动。

⑤ 装卸搬运服务是指使用装卸搬运工具或者人力、畜力将货物在运输工具之间、装卸现场之间或者运输工具与装卸现场之间进行装卸和搬运的业务活动。

⑥ 仓储服务是指利用仓库、货场或者其他场所代客贮放、保管货物的业务活动。

⑦ 收派服务是指接受寄件人委托，在承诺的时限内完成函件和包裹的收件、分拣、派送服务的业务活动。

(5) 租赁服务。租赁服务包括融资租赁服务和经营租赁服务。

① 融资租赁服务是指具有融资性质和所有权转移特点的租赁活动，即出租人根据承租人所要求的规格、型号、性能等条件购入有形动产或者不动产租赁给承租人，合同期内租赁物所有权属于出租人，承租人只拥有使用权，合同期满付清租金后，承租人有权按照残值购入租赁物，以拥有其所有权。不论出租人是否将租赁物销售给承租人，均属于融资租赁。

按照标的物的不同，融资租赁服务可分为有形动产融资租赁服务和不动产融资租赁服务。

② 经营租赁服务是指在约定时间内将有形动产或者不动产转让他人使用且租赁物所有权不变更的业务活动。

按照标的物的不同，经营租赁服务可分为有形动产经营租赁服务和不动产经营租赁服务。

纳税提示

① 将建筑物、构筑物等不动产或者飞机、车辆等有形动产的广告位出租给其他单位或者个人用于发布广告，按照经营租赁服务缴纳增值税。

② 车辆停放服务、道路通行服务(包括过路费、过桥费、过闸费等)按照不动产经营租赁服务缴纳增值税。

③ 水路运输的光租业务、航空运输的干租业务，属于经营租赁。

(6) 鉴证咨询服务。鉴证咨询服务包括认证服务、鉴证服务和咨询服务。

认证服务是指具有专业资质的单位利用检测、检验、计量等技术，证明产品、服务、管理体系符合相关技术规范、相关技术规范的强制性要求或者标准的业务活动。

鉴证服务是指具有专业资质的单位受托对相关事项进行鉴证，发表具有证明力的意见的业务活动。它包括会计鉴证、税务鉴证、法律鉴证、职业技能鉴定、工程造价鉴证、工程监理、资产评估、环境评估、房地产土地评估、建筑图纸审核、医疗事故鉴定等。

咨询服务是指提供信息、建议、策划、顾问等服务的活动。它包括金融、软件、技术、财务、税收、法律、内部管理、业务运作、流程管理、健康等方面的咨询。翻译服务和市场调查服务按照咨询服务缴纳增值税。

(7) 广播影视服务。广播影视服务包括广播影视节目(作品)的制作服务、发行服务和播映(含放映，下同)服务。

广播影视节目(作品)制作服务是指进行专题(特别节目)、专栏、综艺、体育、动画片、广播剧、电视剧、电影等广播影视节目和作品制作的服务。它具体包括与广播影视节目和作品相关的策划、采编、拍摄、录音、音视频文字图片素材制作、场景布置、后期的剪辑、翻译(编译)、字幕制作、片头制作、片尾制作、片花制作、特效制作、影片修复、编目和确权等业务活动。

广播影视节目(作品)发行服务是指以分账、买断、委托等方式，向影院、电台、电视台、网站等单位和个人发行广播影视节目(作品)以及转让体育赛事等活动的报道及播映权的业务活动。

广播影视节目(作品)播映服务是指在影院、剧院、录像厅及其他场所播映广播影视节目(作品)，以及通过电台、电视台、卫星通信、互联网、有线电视等无线或者有线装置播映广播影视节目(作品)的业务活动。

(8) 商务辅助服务。商务辅助服务包括企业管理服务、经纪代理服务、货物运输代理服务、人力资源服务和安全保护服务。

企业管理服务是指提供总部管理、投资与资产管理、市场管理、物业管理、日常综合管理等服务的业务活动。

经纪代理服务是指各类经纪、中介、代理服务。它包括金融代理、知识产权代理、货物运输代理、报关代理、法律代理、房地产中介、职业中介、婚姻中介、记账代理、拍卖等。

货物运输代理服务是指接受货物收货人、发货人、船舶所有人、船舶承租人或者船舶经营人的委托，以委托人的名义，为委托人办理货物运输、装卸、仓储和船舶进出港口、引航、靠泊等相关手续的业务活动。

人力资源服务是指提供公共就业、劳务派遣、人才委托招聘、劳动力外包等服务的业务活动。

安全保护服务是指提供保护人身安全和财产安全，维护社会治安等的业务活动。它包括场所住宅保安、特种保安、安全系统监控以及其他安保服务。

(9) 其他现代服务。其他现代服务是指除研发和技术服务、信息技术服务、文化创意服务、物流辅助服务、租赁服务、鉴证咨询服务、广播影视服务和商务辅助服务以外的现代服务。

【例2-7】（单选题）下列各项中，不属于按照"现代服务"缴纳增值税的是（   ）。

A. 广告设计   B. 有形动产租赁

C. 不动产租赁   D. 教育医疗服务

【答案】

答案为D。

7) 生活服务

生活服务是指为满足城乡居民日常生活需求提供的各类服务活动。它包括文化体育服务、教育医疗服务、旅游娱乐服务、餐饮住宿服务、居民日常服务和其他生活服务。

(1) 文化体育服务。文化体育服务包括文化服务和体育服务。

文化服务是指为满足社会公众文化生活需求提供的各种服务。它包括文艺创作、文艺表演、文化比赛，图书馆的图书和资料借阅，档案馆的档案管理，文物及非物质遗产保护，组织举办宗教活动、科技活动、文化活动，提供游览场所。

体育服务是指组织举办体育比赛、体育表演、体育活动，以及提供体育训练、体育指导、体育管理的业务活动。

(2) 教育医疗服务。教育医疗服务包括教育服务和医疗服务。

教育服务是指提供学历教育服务、非学历教育服务、教育辅助服务的业务活动。学历教育服务是指根据教育行政管理部门确定或者认可的招生和教学计划组织教学，并颁发相应学历证书的业务活动。它包括初等教育、初级中等教育、高级中等教育、高等教育等。非学历教育服务包括学前教育及各类培训、演讲、讲座、报告会等。教育辅助服务包括教育测评、考试、招生等服务。

医疗服务是指提供医学检查、诊断、治疗、康复、预防、保健、接生、计划生育、防疫服务等方面的服务，以及与这些服务有关的提供药品、医用材料器具、救护车、病房住宿和伙食的业务。

(3) 旅游娱乐服务。旅游娱乐服务包括旅游服务和娱乐服务。

旅游服务是指根据旅游者的要求，组织安排交通、游览、住宿、餐饮、购物、文娱、商务等服务的业务活动。

娱乐服务是指为娱乐活动同时提供场所和服务的业务。它具体包括歌厅、舞厅、夜总会、酒吧、台球、高尔夫球、保龄球、游艺 (包括射击、狩猎、跑马、游戏机、蹦极、卡丁车、热气球、动力伞、射箭、飞镖)。

(4) 餐饮住宿服务。餐饮住宿服务包括餐饮服务和住宿服务。

餐饮服务是指通过同时提供饮食和饮食场所的方式为消费者提供饮食消费服务的业务活动。

住宿服务是指提供住宿场所及配套服务等的活动。它包括宾馆、旅馆、旅社、度假村和其他经营性住宿场所提供的住宿服务。

(5) 居民日常服务。居民日常服务是指主要为满足居民个人及其家庭日常生活需求提供的服务，包括市容市政管理、家政、婚庆、养老、殡葬、照料和护理、救助救济、美容美发、按摩、桑拿、氧吧、足疗、沐浴、洗染、摄影扩印等服务。

(6) 其他生活服务。其他生活服务是指除文化体育服务、教育医疗服务、旅游娱乐服务、餐饮住宿服务和居民日常服务之外的生活服务。

【例 2-8】（单选题）下列各项中，应按照"销售服务——生活服务"税目计缴增值税的是（　　）。

A. 文化创意服务　　　　　　　　B. 车辆停放服务
C. 广播影视服务　　　　　　　　D. 旅游娱乐服务

【答案】

答案为 D。

4. 销售无形资产

销售无形资产是指转让无形资产所有权或者使用权的业务活动。无形资产是指不具有实物形态但能带来经济利益的资产，包括技术、商标著作权、商誉、自然资源使用权和其他权益性无形资产。其他权益性无形资产包括基础设施资产经营权、公共事业特许权、配额、经营权（包括特许经营权、连锁经营权、其他经营权）、经销权、分销权、代理权、会员权、席位权、网络游戏虚拟道具、域名、名称权、肖像权、冠名权、转会费等。

5. 销售不动产

销售不动产是指转让不动产所有权的业务活动。不动产是指不能移动或者移动后会引起性质、形状改变的财产，包括建筑物、构筑物等。

【例 2-9】（单选题）下列行为中，应按照"销售不动产"税目计缴增值税的是（　　）。

A. 将建筑物广告位出租给其他单位用于发布广告
B. 销售底商
C. 转让高速公路经营权
D. 转让国有土地使用权

【答案】

答案为 B。

（二）增值税特殊的证税范围

1. 折扣销售

1) 商业折扣

商业折扣是企业为了促销而在标价上给予的价格扣除。企业销售商品涉及商业折扣的，应当按照扣除商业折扣后的金额（即净额）确定收入，会计处理上要求按照净额法核算。

2) 现金折扣

现金折扣是为了鼓励购货方尽快付款而提供的债务扣除。一般现金折扣的表示方法为："2/10，1/20，n/30"（10 天内付款给予 2% 的折扣，20 天内付款给予 1% 的折扣，20 天以后付款没有现金折扣，最迟的付款期为 30 天），会计处理上要求按照总额法核算。

3) 销售折让

销售折让是指货物销售后由于其品种、质量等原因购货方未予退货，但销货方需给予购货方的一种价格折让。销售折让可以将折让后的销售额作为增值税计税销售额。

纳税提示

销售额和折扣额必须在同一张发票上的金额栏分别注明。未在同一张发票金额栏注明折扣额,而仅在发票的备注栏注明折扣额或另外开具一张发票注明折扣额的,折扣额不得从销售额中减除。

2. 视同销售

1) 视同销售货物

单位或者个体工商户的下列行为,视同销售货物,征收增值税:

(1) 将货物交付其他单位或者个人代销。

(2) 销售代销货物。

(3) 设有两个以上机构并实行统一核算的纳税人将货物从一个机构移送其他机构用于销售,但相关机构设在同一县(市)的除外。

(4) 将自产或者委托加工的货物用于非增值税应税项目。

(5) 将自产、委托加工的货物用于集体福利或者个人消费。

(6) 将自产、委托加工或者购进的货物作为投资,提供给其他单位或者个体工商户。

(7) 将自产、委托加工或者购进的货物分配给股东或者投资者。

(8) 将自产、委托加工或者购进的货物无偿赠送其他单位或者个人。

2) 视同销售服务、无形资产或不动产

单位或者个人的下列情形视同销售服务、无形资产或者不动产,征收增值税:

(1) 单位或者个体工商户向其他单位或者个人无偿提供服务,但用于公益事业或者以社会公众为对象的除外。

(2) 单位或者个人向其他单位或者个人无偿转让无形资产或者不动产,但用于公益事业或者以社会公众为对象的除外。

(3) 财政部和国家税务总局规定的其他情形。

【例 2-10】(单选题)根据增值税法律制度的规定,企业发生的下列行为中,不属于视同销售货物行为的是(   )。

A. 将购进的货物作为投资提供给其他单位

B. 将购进的货物用于集体福利

C. 将委托加工的货物分配给股东

D. 将自产的货物用于个人消费

【答案】

答案为 B。

【例 2-11】(多选题)根据增值税法律制度的规定,企业发生的下列行为中,属于视同销售货物行为的有 (　　　)。

  A. 将服装交付他人代销

  B. 将自产服装用于职工福利

  C. 将购进服装无偿赠送给某小学

  D. 销售代销服装

【答案】

答案为 ABCD。

3. 混合销售行为和兼营行为

1) 混合销售行为

  一项销售行为如果既涉及货物又涉及服务，为混合销售。从事货物的生产、批发或者零售的单位和个体工商户的混合销售行为，按照销售货物 (税率为 13%，9%，3% 或 0) 缴纳增值税；其他单位和个体工商户的混合销售行为，按照销售服务 (税率为 9%，6%，5% 或 3%) 缴纳增值税。

  上述从事货物的生产、批发或者零售的单位和个体工商户，包括以从事货物的生产、批发或者零售为主，并兼营销售服务的单位和个体工商户在内。

  自 2017 年 5 月起，纳税人销售活动板房、机器设备、钢结构件等自产货物的同时提供建筑、安装服务，不属于混合销售，应分别核算货物和建筑服务的销售额，分别适用不同的税率或者征收率。

纳税提示

  (1) 界定"混合销售"行为的标准有两点：一是其销售行为必须是一项；二是该项行为必须既涉及服务又涉及货物。其中，货物是指增值税条例中规定的有形动产，包括电力、热力和气体；服务是指属于全面营改增范围的交通运输服务、建筑服务、金融保险服务、邮政服务、电信服务、现代服务、生活服务等。

  (2) 如果一项销售行为只涉及销售服务，不涉及货物，这种行为就不是混合销售行为；反之，如果涉及销售服务和涉及货物的行为，不是在一项销售行为中，也不是混合销售行为。

  例如，超市销售货物同时提供送货上门服务，该业务按照 13% 的增值税税率计算。

2) 兼营行为

  兼营，是指纳税人的经营中包括销售货物、加工修理修配劳务以及销售服务、无形资产和不动产的行为。

  纳税人发生兼营行为，应当分别核算适用不同税率或征收率的销售额，未分别核算销售额的，按照以下办法适用税率或征收率：

  (1) 兼有不同税率的销售货物、劳务、服务、无形资产或者不动产，从高适用税率。

  (2) 兼有不同征收率的销售货物、劳务、服务、无形资产或者不动产，从高适用征收率。

(3) 兼有不同税率和征收率的销售货物、劳务、服务、无形资产或者不动产，从高适用税率。

纳税提示

兼营行为中的销售业务和兼营业务是两项销售行为，两者是独立的业务。

混合销售和兼营行为的判定标准主要是看其销售货物行为与提供劳务行为是否同时发生在同一业务中。如果是，则为混合销售行为；如果不是，则为兼营行为。

【例 2-12】（单选题）下列关于混合销售与兼营的说法中，错误的是（ ）。

A. 混合销售是指一项销售行为既涉及货物又涉及服务

B. 兼营是指纳税人的经营中包括销售货物、加工修理修配劳务以及销售服务、无形资产和不动产的行为

C. 混合销售行为发生在一项销售行为中，兼营不发生在同一项销售行为中

D. 兼营发生在一项销售行为中，混合销售行为不发生在同一项销售行为中

【答案】

答案为 D。

（三）不征收增值税项目

(1) 根据国家指令无偿提供的铁路运输服务、航空运输服务，属于《营业税改征增值税试点实施办法》规定的用于公益事业的服务。

(2) 存款利息。

(3) 被保险人获得的保险赔付。

(4) 房地产主管部门或者其指定机构、公积金管理中心、开发企业以及物业管理单位代收的住宅专项维修资金。

(5) 在资产重组过程中，通过合并、分立、出售、置换等方式，将全部或者部分实物资产以及与其相关联的债权、负债和劳动力一并转让给其他单位和个人，其中涉及的不动产、土地使用权转让行为。

(6) 纳税人在资产重组过程中，通过合并、分立、出售、置换等方式，将全部或者部分实物资产以及与其相关联的债权、负债和劳动力一并转让给其他单位和个人，不属于增值税的征税范围，其中涉及的货物转让，不征收增值税。

(7) 纳税人取得的财政补贴收入，与其销售货物、劳务、服务、无形资产、不动产的收入或者数量直接挂钩的，应按规定计算缴纳增值税。纳税人取得的其他情形的财政补贴收入，不属于增值税应税收入，不征收增值税。

四、增值税的税率和征收率

我国增值税采用比例税率，其中一般纳税人适用税率，小规模纳税人和采用简易办法计税的增值税一般纳税人适用征收率。

（一）增值税的税率

1. 基本税率

增值税的基本税率为 13%，适用范围如下：

(1) 一般纳税人销售或者进口货物。

(2) 一般纳税人提供加工、修理修配应税劳务。

(3) 一般纳税人提供有形动产租赁服务。

【例 2-13】（单选题）下列各项增值税服务中，增值税税率为 13% 的是（   ）。

A. 邮政服务　　　　　　　　　B. 交通运输服务

C. 有形动产租赁服务　　　　　D. 增值电信服务

【答案】

答案为 C。

2. 低税率

(1) 自 2018 年 5 月 1 日起，一般纳税人销售或者进口下列货物，按 9% 的税率计征增值税。

① 农产品、食用植物油。农产品是指种植业、养殖业、林业、牧业、水产业生产的各种植物、动物的初级产品。

② 自来水、冷气、暖气、热水、煤气、天然气、石油液化气、沼气、居民用煤炭制品。

③ 图书、报纸、杂志。

④ 饲料、化肥、农药、农机（不含农机零部件）、农膜。

⑤ 音像制品。

⑥ 电子出版物。

⑦ 二甲醚。

⑧ 食用盐。

(2) 一般纳税人提供交通运输、邮政、基础电信、建筑、不动产租赁服务，销售不动产，转让土地使用权，税率为 9%。

(3) 一般纳税人提供增值电信、金融、现代服务（除有形动产租赁服务和不动产租赁服务外）、生活服务，销售无形资产（除转让土地使用权外），税率为 6%。

【例 2-14】（多选题）根据增值税法律制度的规定，一般纳税人销售的下列货物中，适用 9% 的税率的有（   ）。

A. 洗衣液　　　　　　　　　　B. 文具盒

C. 挂面　　　　　　　　　　　D. 玉米胚芽

【答案】

答案为 CD。

3. 零税率

(1) 纳税人出口货物。

(2) 中华人民共和国境内的单位和个人销售下列服务和无形资产适用零税率：

① 国际运输服务。

② 航天运输服务。

③ 向境外单位提供的完全在境外消费的下列服务：研发服务；合同能源管理服务；设计服务、广播影视节目（作品）的制作和发行服务；软件服务；电路设计及测试服务；信息系统服务；业务流程管理服务；离岸服务外包业务；转让技术。

【例 2-15】（单选题）下列项目中，适用增值税零税率的是（   ）。

A. 国际运输服务

B. 在境外提供的广播影视节目的播映服务

C. 工程项目在境外的建筑服务

D. 存储地点在境外的仓储服务

【答案】

答案为 A。

（二）增值税的征收率

1. 征收率的一般规定

小规模纳税人以及一般纳税人选择简易办法计税的，征收率为 3%。另有规定除外。具体如下：

(1) 一般纳税人销售自己使用过的属于《增值税暂行条例》第十条规定，不得抵扣且未抵扣进项税额的固定资产，按简易办法依照 3% 征收率减按 2% 征收增值税，可以放弃减免，按照简易办法依照 3% 征收率缴纳增值税，并可以开具增值税专用发票。

(2) 一般纳税人销售自己使用过的其他固定资产应区分不同情形征收增值税：

① 销售自己使用过的 2009 年 1 月 1 日以后购进或者自置的固定资产，按照适用税率征收增值税。

② 2008 年 12 月 31 日以前未纳入扩大增值税抵扣范围试点的纳税人，销售自己使用过的 2008 年 12 月 31 日以前购进或者自置的固定资产，按照简易办法依照 3% 征收率减按 2% 征收增值税。

③ 2008 年 12 月 31 日以前已纳入扩大增值税抵扣范围试点的纳税人，销售自己使用过的在本地区扩大增值税抵扣范围试点以前购进或者自置的固定资产，按照简易办法依照 3% 征收率减按 2% 征收增值税；销售自己使用过的在本地区扩大增值税抵扣范围试点以后购进或者自制的固定资产，按照适用税率征收增值税。

(3) 一般纳税人销售自己使用过的除固定资产以外的物品，应当按照适用税率征收增值税。

(4) 小规模纳税人（除其他个人外，下同）销售自己使用过的固定资产，减按 2% 征收率征收增值税，可以放弃减免，依照 3% 征收率缴纳增值税，并可以开具增值税专用发票。

小规模纳税人销售自己使用过的除固定资产以外的物品，应按 3% 的征收率征收增值税。

(5) 纳税人销售旧货，按照简易办法依照 3% 征收率减按 2% 征收增值税。

旧货是指进入二次流通的具有部分使用价值的货物 (含旧汽车、旧摩托车和旧游艇)，但不包括自己使用过的物品。

自 2020 年 5 月 1 日至 2023 年 12 月 31 日，从事二手车经销业务的纳税人销售其收购的二手车，由原按照简易办法依 3% 征收率减按 2% 征收增值税，改为减按 0.5% 征收增值税，并按下列公式计算销售额：

$$销售额 = \frac{含税销售额}{1 + 0.5\%}$$

(6) 一般纳税人销售自产的下列货物，可选择按照简易办法依照 3% 征收率计算缴纳增值税，选择简易办法计算缴纳增值税后，36 个月内不得变更，具体适用范围如下：

① 县级及县级以下小型水力发电单位生产的电力。小型水力发电单位是指各类投资主体建设的装机容量为 5 万千瓦以下 (含 5 万千瓦) 的小型水力发电单位。

② 建筑用和生产建筑材料所用的砂、土、石料。

③ 以自己采掘的砂、土、石料或其他矿物连续生产的砖、瓦、石灰 (不含黏土实心砖、瓦)。

④ 用微生物、微生物代谢产物、动物毒素、人或动物的血液或组织制成的生物制品。

⑤ 自来水。

⑥ 商品混凝土 (仅限于以水泥为原料生产的水泥混凝土)。

(7) 一般纳税人销售货物属于下列情形之一的，暂按简易办法依照 3% 的征收率计算缴纳增值税：

① 寄售商店代销寄售物品 (包括居民个人寄售的物品在内)。

② 典当业销售死当物品。

(8) 建筑企业一般纳税人提供建筑服务属于老项目的，可以选择简易办法依照 3% 的征收率征收增值税。

2. 征收率的特殊规定

(1) 小规模纳税人转让其取得的不动产，按照 5% 的征收率征收增值税。

(2) 一般纳税人转让其 2016 年 4 月 30 日前取得的不动产，选择简易计税方法计税的，按照 5% 的征收率征收增值税。

(3) 小规模纳税人出租其取得的不动产 (不含个人出租住房)，按照 5% 的征收率征收增值税。

(4) 一般纳税人出租其 2016 年 4 月 30 日前取得的不动产，选择简易计税方法计税的，按照 5% 的征收率征收增值税。

(5) 房地产开发企业 (一般纳税人) 销售自行开发的房地产老项目，选择简易计税方法计税的，按照 5% 的征收率征收增值税。

(6) 房地产开发企业（小规模纳税人）销售自行开发的房地产项目，按照 5% 的征收率征收增值税。

(7) 一般纳税人提供劳务派遣服务，可以按照《财政部国家税务总局关于全面推开营业税改征增值税试点的通知》（财税〔2016〕36 号）的有关规定，以取得的全部价款和价外费用为销售额，按照一般计税方法计算缴纳增值税；也可以选择差额纳税，以取得的全部价款和价外费用，扣除代用工单位支付给劳务派遣员工的工资、福利和为其办理社会保险及住房公积金后的余额为销售额，按照简易计税方法以 5% 的征收率计算缴纳增值税。

(8) 自 2021 年 10 月 1 日起，住房租赁企业中的增值税一般纳税人向个人出租住房取得的全部出租收入，可以选择适用简易计税方法，按照 5% 的征收率减按 1.5% 计算缴纳增值税，或适用一般计税方法计算缴纳增值税。住房租赁企业中的增值税小规模纳税人向个人出租住房，按照 5% 的征收率减按 1.5% 计算缴纳增值税。

五、增值税的税收优惠

（一）增值税的免税项目

(1) 农业生产者销售的自产农业产品。
(2) 避孕药品和用具。
(3) 古旧图书。
(4) 直接用于科学研究、科学试验和教学的进口仪器、设备。
(5) 外国政府、国际组织无偿援助的进口物资和设备。
(6) 来料加工、来件装配和补偿贸易所需进口的设备。
(7) 由残疾人组织直接进口供残疾人专用的物品。
(8) 销售自己使用过的物品。

纳税提示

(1) 纳税人兼营免税、减税项目的，应当分别核算免税、减税项目的销售额；未分别核算销售额的，不得免税、减税。

(2) 纳税人销售货物或者应税劳务适用免税规定的，可以放弃免税，依照《增值税暂行条例》的规定缴纳增值税。放弃免税后，36 个月内不得再申请免税。

【例 2-16】 （单选题）根据增值税法律制度的规定，下列各项中，属于免税项目的是（　　）。
A. 超市销售保健品
B. 外贸公司进口供残疾人专用的物品
C. 商场销售儿童玩具
D. 外国政府无偿援助的进口物资

【答案】

答案为 D。

【例 2-17】（单选题）一般纳税人销售下列货物或者应税劳务适用免税规定的是（　　）。

A. 农产品　　　　　　　B. 避孕药品

C. 图书　　　　　　　　D. 自己使用过的汽车

【答案】

答案为 B。

（二）营改增的免征增值税项目

(1) 托儿所、幼儿园提供的保育和教育服务。

(2) 养老机构提供的养老服务。

(3) 残疾人福利机构提供的育养服务。

(4) 婚姻介绍服务。

(5) 殡葬服务。

(6) 残疾人员本人为社会提供的服务。

(7) 医疗机构提供的医疗服务。

(8) 从事学历教育的学校提供的教育服务。

(9) 学生勤工俭学提供的服务。

(10) 农业机耕、排灌、病虫害防治、植物保护、农牧保险以及相关技术培训业务，家禽、牲畜、水生动物的配种和疾病防治。

(11) 纪念馆、博物馆、文化馆、文物保护单位管理机构、美术馆、展览馆、书画院、图书馆在自己的场所提供文化体育服务取得的第一道门票收入。

(12) 寺院、宫观、清真寺和教堂举办文化、宗教活动的门票收入。

(13) 行政单位之外的其他单位收取的符合《营业税改征增值税试点实施办法》第十条规定条件的政府性基金和行政事业性收费。

(14) 个人转让著作权。

(15) 个人销售自建自用住房。

(16) 台湾航运公司、航空公司从事海峡两岸海上直航、空中直航业务在大陆取得的运输收入。

(17) 纳税人提供的直接或者间接国际货物运输代理服务。

(18) 符合规定条件的贷款、债券利息收入。

(19) 被撤销金融机构以货物、不动产、无形资产、有价证券、票据等财产清偿债务。

(20) 保险公司开办的一年期以上人身保险产品取得的保费收入。

(21) 符合规定条件的金融商品转让收入。

(22) 金融同业往来利息收入。

(23) 同时符合规定条件的担保机构从事中小企业信用担保或者再担保业务取得的收入 (不含信用评级、咨询、培训等收入)3 年内免征增值税。

(24) 国家商品储备管理单位及其直属企业承担商品储备任务，从中央或者地方财政取得的利息补贴收入和价差补贴收入。

(25) 纳税人提供技术转让、技术开发和与之相关的技术咨询、技术服务。

(26) 同时符合规定条件的合同能源管理服务。

(27) 政府举办的从事学历教育的高等、中等和初等学校 (不含下属单位)，举办进修班、培训班取得的全部归该学校所有的收入。

(28) 政府举办的职业学校设立的主要为在校学生提供实习场所并由学校出资自办、由学校负责经营管理、经营收入归学校所有的企业，从事《销售服务、无形资产或者不动产注释》中"现代服务" (不含融资租赁服务、广告服务和其他现代服务)、"生活服务" (不含文化体育服务、其他生活服务和桑拿、氧吧) 业务活动取得的收入。

(29) 家政服务企业由员工制家政服务员提供家政服务取得的收入。

(30) 福利彩票、体育彩票的发行收入。

(31) 为了配合国家住房制度改革，企业、行政事业单位按房改成本价、标准价出售住房取得的收入。

(32) 将土地使用权转让给农业生产者用于农业生产。

(33) 涉及家庭财产分割的个人无偿转让不动产、土地使用权。

(34) 土地所有者出让土地使用权和土地使用者将土地使用权归还给土地所有者。

(35) 县级以上地方人民政府或自然资源行政主管部门出让、转让或收回自然资源使用权 (不含土地使用权)。

(36) 随军家属就业。

(37) 军队转业干部就业。

(38) 提供社区养老、托育、家政等服务取得的收入。

(39) 对法律援助人员按照《中华人民共和国法律援助法》规定获得的法律援助补贴。

【例 2-18】(单选题) 根据增值税法律制度的规定，下列各项中，不属于免税项目的是 (　　)。

A. 养老机构提供的养老服务

B. 装修公司提供的装饰服务

C. 婚介所提供的婚姻介绍服务

D. 托儿所提供的保育服务

【答案】

答案为 B。

【例 2-19】(单选题) 根据增值税法律制度的规定，下列各项中，不属于增值税免税项目的是 (　　)。

A. 培训机构开设考前培训班取得的收入

B. 个人转让著作权取得的收入

C. 发行福利彩票取得的收入

D. 农业生产者销售自产农产品取得的收入

【答案】

答案为 A。

（三）增值税即征即退

(1) 一般纳税人提供管道运输服务，实际税负超过 3% 的部分实行增值税即征即退政策。

(2) 提供有形动产融资租赁服务和有形动产融资性售后回租服务，实际税负超过 3% 的部分实行增值税即征即退政策。

（四）小微企业和制造业等行业期末留抵退税

(1) 自 2021 年 4 月 1 日起，加大小微企业增值税期末留抵退税政策力度，将先进制造业按月全额退还增值税增量留抵税额政策范围扩大至符合条件的小微企业（含个体工商户，下同），并一次性退还小微企业存量留抵税额。

(2) 自 2021 年 4 月 1 日起，加大"制造业""科学研究和技术服务业""电力、热力、燃气及水生产和供应业""软件和信息技术服务业""生态保护和环境治理业""交通运输、仓储和邮政业"（以下简称制造业等行业）增值税期末留抵退税政策力度，将先进制造业按月全额退还增值税增量留抵税额政策范围扩大至符合条件的制造业等行业企业（含个体工商户，下同），并一次性退还制造业等行业企业存量留抵税额。

(3) 小微企业和制造业等行业纳税人办理期末留抵退税，需同时符合以下条件：

① 纳税信用等级为 A 级或者 B 级。

② 申请退税前 36 个月未发生骗取留抵退税、骗取出口退税或虚开增值税专用发票情形。

③ 申请退税前 36 个月未因偷税被税务机关处罚两次及以上。

④ 2019 年 4 月 1 日起未享受即征即退、先征后返（退）政策。

（五）增值税的起征点

增值税起征点的适用范围限于个人（含小规模纳税人的个体工商户、其他个人）。纳税人销售额未达到起征点的，免征增值税；达到起征点的，全额计算缴纳增值税。增值税起征点的幅度规定如下：

(1) 按期纳税的，为月销售额 5 000 ～ 20 000 元（含本数）。

(2) 按次纳税的，为每次（日）销售额 300 ～ 500 元（含本数）。

省、自治区、直辖市财政厅（局）应在国家税务总局规定的幅度内，根据实际情况确定本地区适用的起征点，并报财政部、国家税务总局备案。

【例 2-20】(判断题) 增值税起征点的适用范围限于个人，且不适用于登记为一般纳税人的个体工商户。(   )

【答案】

答案为√。

任务二 »» 增值税应纳税额的计算

一、增值税的计税方法

增值税的计税方法，包括一般计税方法和简易计税方法。

(一) 一般计税方法

一般纳税人销售货物、提供加工修理修配劳务、销售服务、无形资产或不动产适用一般计税方法计税。

其计算公式如下：

$$当期应纳增值税税额 = 当期销项税额 - 当期进项税额 - 上期留抵税额$$

(二) 简易计税方法

小规模纳税人销售货物、提供应税劳务和销售服务、无形资产或不动产适用简易计税方法计税。但是上述一般纳税人销售或提供财政部和国家税务总局规定的特定的货物、提供加工修理修配劳务、销售服务、无形资产或不动产，也可以选择适用简易计税方法计税。

其计算公式如下：

$$当期应纳增值税额 = 当期销售额 (不含增值税) \times 征收率$$

纳税提示

只有建筑业、房地产业等一般纳税人可以采用简易计税方法。

二、一般纳税人一般计税方法下应纳税额的计算

(一) 应纳税额的计算原理

应纳税额的计算原理如图 2-1 所示。

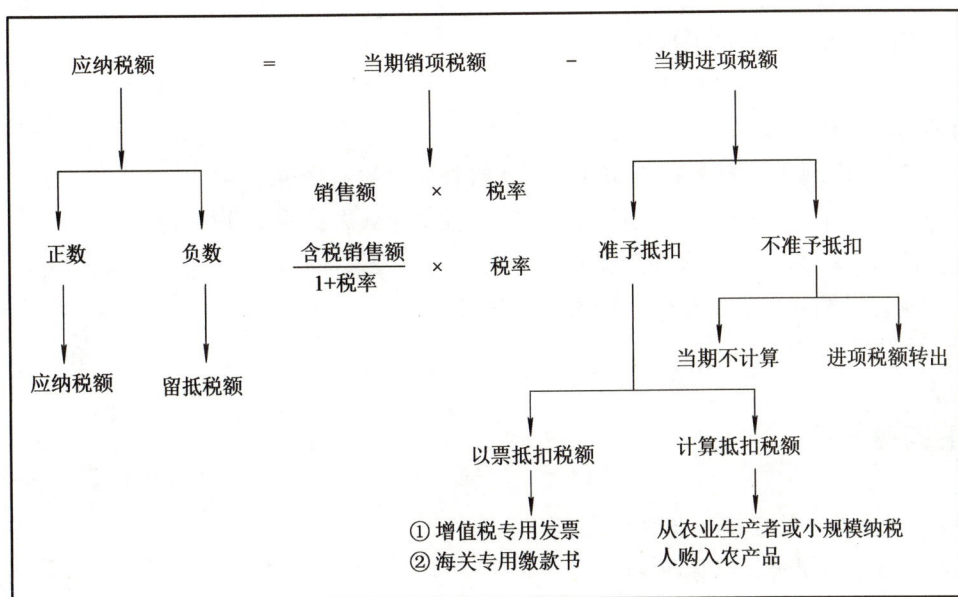

图 2-1　增值税应纳税额的计算原理

（二）销项税额的确定

由于"当期销项税额 = 不含税销售额 × 适用税率 (13%，9% 或 6%)"，因此，销项税额的确定关键在于应税销售额的确定。

1. 一般销售方式下销售额的确定

纳税人销售货物或提供应税劳务以销售额为计税依据，销售额是指纳税人销售货物或提供应税劳务向购买方收取的全部价款和价外费用。

销售额的计算公式如下：

$$销售额 = 价款 + 价外费用$$

(1) 一般纳税人销售货物或者提供应税劳务开具普通发票或没有开具发票的按下列公式换算销售额：

$$不含税销售额 = \frac{含税销售额}{1 + 适用税率}$$

(2) 价外费用，包括价外向购买方收取的手续费、补贴、基金、集资费、返还利润、奖励费、违约金、延期付款利息、包装费、包装物租金、储备费、优质费、运输装卸费、代收款项、代垫款项及其他各种性质的价外收费。

上述价外费用，无论其会计制度如何核算，均应并入销售额计算应纳税额。价外费用及包装物押金，应视为含税收入，计税时应换算成不含税收入。其换算公式如下：

$$不含税销售额 = \frac{含税销售额}{1 + 适用税率}$$

(3) 下列项目不包括在销售额内：

① 向购买方收取的销项税额。

② 同时符合以下条件的"代垫"运费：一是承运者的运费发票开给购货方；二是纳税人将该项发票转交给购货方。

③ 受托加工应征消费税的消费品所"代收代缴"的消费税。

④ 同时符合一定条件"代为收取"的政府性基金或者行政事业性收费。

⑤ 销售货物的同时"代办"保险等而向购买方收取的保险费，以及向购买方收取的"代"购买方缴纳的车辆购置税、车辆牌照费。

纳税提示

以下说法给出的金额为含税销售额：

① 明确告知"含税销售额"。

② 零售价格。

③ 价外费用。

④ 普通发票上注明的金额。

【例2-21】（多选题）根据增值税法律制度的规定，纳税人销售货物向购买方收取的下列款项中，属于价外费用的有（   ）。

A. 延期付款利息   B. 代收款项

C. 手续费   D. 包装物租金

【答案】

答案为ABCD。

【例2-22】甲公司为增值税一般纳税人，2023年5月取得咨询服务不含税收入318万元，另收取奖励费5.3万元。已知咨询服务增值税税率为6%。计算甲公司该业务增值税的销项税额。

【解析】

$$不含税销售额 = 318 + \frac{5.3}{1 + 6\%} = 323\ 万元$$

$$销项税额 = 323 \times 6\% = 19.38\ 万元$$

2. 特殊销售方式下销售额的确定

1) 包装物押金销售额的确定

(1) 销售货物收取的包装物押金，如果单独记账核算，时间在1年以内又未过期的，不并入销售额征税。

(2) 因逾期（1年为限）未收回包装物不再退还的押金，应并入销售额征税。其计算公式为

$$应纳增值税 = \frac{逾期押金}{1 + 增值税税率} \times 增值税税率$$

各类包装物押金销售额的确定见表 2-1。

表 2-1　各类包装物押金销售额的确定

产 品	取得时	逾期时
除酒类产品以外的其他货物	×	√
白酒、其他酒	√	×
啤酒、黄酒	×	√

注："√"表示缴纳增值税，"×"表示不缴纳增值税。

纳税提示

与包装物"租金"进行区分，租金属于价外费用，押金不一定属于价外费用。

【例 2-23】　某酒厂为增值税一般纳税人，经营范围是生产和销售白酒，当月销售白酒的不含税销售额为 500 万元，发出货物包装物押金为 10.17 万元（尚未逾期）。计算该酒厂当月产生的增值税销项税额。

【解析】

白酒包装物押金无论是否逾期在取得时均缴纳增值税。

$$增值税销项税额 = \left(500 + \frac{10.17}{1 + 13\%}\right) \times 13\% = 66.17\ 万元$$

【例 2-24】　某啤酒厂为增值税一般纳税人，2023 年 3 月销售啤酒的不含税销售额为 100 万元，发出货物包装物押金为 2.26 万元（本月逾期未退还包装物押金）。计算该啤酒厂当月产生的增值税销项税额。

【解析】

啤酒包装物押金在逾期时才缴纳增值税。

$$增值税销项税额 = \left(100 + \frac{2.26}{1 + 13\%}\right) \times 13\% = 13.26\ 万元$$

2) 商业折扣、现金折扣、销售折让销售额的确定

商业折扣与实现销售同时发生，因此，税法规定，如果销售额和折扣额在同一张发票上分别注明，则可以将发票上注明的折扣额扣除后的余额作为销售额计算增值税；如果将商业折扣额开在另一张发票上，则无论财务上如何处理，均不得从销售额中减除折扣额。

现金折扣发生在销售之后，属于一种理财行为，因此，现金折扣不得从销售额中扣除，现金折扣仅限于货物价格的折让优惠。

销售折让可以将折让后的销售额作为增值税计税销售额。销售折让的税务处理是：购货方未做账并抵扣进项税额的，销货方可将原发票联和抵扣联收回作废，重新填开折扣后金额的增值税专用发票；购货方已做账并抵扣进项税额的，销货方可根据从购货方主管税务机关开具的《销货退回及索取折让证明单》，就折扣额开具红字发票。

【例 2-25】 甲企业为增值税一般纳税人，本月销售一批 A 产品给乙企业，不含税销售额 80 万元，由于乙企业支付货款及时，根据合同规定，给予乙企业 2% 的现金折扣。计算甲企业当月该笔业务增值税销项税额。

【解析】

增值税销项税额 = 80 × 13% = 10.4 万元

【例 2-26】 甲企业为增值税一般纳税人，本月销售一批 A 产品给乙企业，不含税销售额 100 万元，由于属于批量销售，按 9 折优惠价格成交，并将折扣额与销售额开在同一张发票上。计算甲企业当月该笔业务增值税销项税额。

【解析】

增值税销项税额 = 100 × 90% × 13% = 11.7 万元

3) 以旧换新销售额的确定

以旧换新销售是指纳税人在销售货物时，折价收回同类旧货物，并以折价款部分冲减新货物价款的一种销售方式。根据税法的规定，采取以旧换新方式销售货物的，应按新货物的同期销售价格确定销售额，不得扣减旧货物的收购价格 (金银首饰除外)。

【例 2-27】 某电冰箱零售企业为增值税一般纳税人，采取以旧换新方式销售冰箱一台，旧冰箱折价 200 元，向消费者收取现金 2 500 元。计算该笔业务应缴纳的增值税销项税额。

【解析】

$$增值税销项税额 = \frac{2\ 500}{1+13\%} \times 13\% \approx 287.6 \text{ 万元}$$

4) 以物易物销售额的确定

以物易物是指购销双方不是以货币结算，而是以同等价款的货物相互结算，实现货物购销的一种方式。根据税法的规定，以物易物双方都应作购销处理，以各自发出的货物核算销售额并计算销项税额，以各自收到的货物按规定核算购货额并计算进项税额。在以物易物活动中，应分别开具合法的票据，如收到的货物不能取得相应的增值税专用发票或其他合法票据的，不能抵扣进项税额。

3. 视同销售货物行为销售额的确定

纳税人发生视同销售行为，由于视同销售行为一般不以资金的形式反映出来，因而会出现无销售额的情况。在此情况下，主管税务机关有权按照下列顺序核定其销售额：

(1) 按纳税人最近时期同类货物、劳务、服务、无形资产或不动产的平均销售价格确定。

(2) 按其他纳税人最近时期同类货物、劳务、服务、无形资产或不动产的平均销售价格确定。

(3) 按组成计税价格确定。其计算公式为

$$组成计税价格 = 成本 \times (1 + 成本利润率)$$

征收增值税的货物，同时又征收消费税的，其组成计税价格中应包含消费税税额。其计算公式为

$$组成计税价格 = 成本 \times (1 + 成本利润率) + 消费税税额$$

如果消费税是比例税率，上述公式还可以演化成

$$组成计税价格 = \frac{成本 \times (1 + 成本利润率)}{1 - 消费税税率}$$

公式中的"成本"分两种情况：销售自产货物的为实际生产成本；销售外购货物的为实际采购成本。公式中的"成本利润率"由国家税务总局确定，通常为10%。

纳税提示

必须按上述"顺序"判定销售额，不能直接组价。

【例2-28】　甲公司为增值税一般纳税人，2023 年 1 月将两台自产的电视机奖励给职工。已知该电视机的生产成本为 2 500 元/台，成本利润率为 10%，市场最高不含税售价为 4 500 元/台，平均不含税售价为 4 200 元/台。计算甲公司当月该笔业务的增值税销项税额。

【解析】

增值税销项税额 = 4 200 × 2 × 13% = 1 092 元

【例2-29】　甲服装厂为增值税一般纳税人，2023 年 2 月将自产的 200 件新型羽绒服作为福利发给本厂职工。该新型羽绒服生产成本为 1 000 元/件，无同类销售价格。已知增值税税率为 13%，成本利润为 10%。计算甲服装厂当月该笔业务的增值税销项税额。

【解析】

增值税销项税额 = 200 × 1 000 × (1 + 10%) × 13% = 28 600 元

（三）进项税额的确定

进项税额，是指纳税人购进货物、劳务、服务、无形资产或者不动产，支付或者负担的增值税额。

1. 准予从销项税额中抵扣的进项税额

(1) 从销售方取得的增值税专用发票（含税控机动车销售统一发票）上注明的增值税额。

(2) 从海关取得的海关进口增值税专用缴款书上注明的增值税额。

(3) 购进农产品，取得一般纳税人开具的增值税专用发票或者海关进口增值税专用缴

款书的，以增值税专用发票或海关进口增值税专用缴款书上注明的增值税额为进项税额；按照简易计税方法依照 3% 征收率计算缴纳增值税的小规模纳税人取得增值税专用发票的，以增值税专用发票上注明的金额和 9% 的扣除率计算进项税额；取得（开具）农产品销售发票或收购发票的，以农产品收购发票或销售发票上注明的农产品买价和 9% 的扣除率计算进项税额；纳税人购进用于生产或者委托加工 13% 税率货物的农产品，按照 10% 的扣除率计算进项税额。进项税额计算公式为

$$进项税额 = 买价 \times 扣除率$$

购进农产品，按照《农产品增值税进项税额核定扣除试点实施办法》抵扣进项税额的除外。

(4) 纳税人购进国内旅客运输服务未取得增值税专用发票的，暂按照以下规定确定进项税额：

取得增值税电子普通发票的，为发票上注明的税额。

取得注明旅客身份信息的航空运输电子客票行程单的，按照下列公式计算进项税额：

$$航空旅客运输进项税额 = \frac{票价 + 燃油附加}{1 + 9\%} \times 9\%$$

取得注明旅客身份信息的铁路车票的，按照下列公式计算进项税额：

$$铁路旅客运输进项税额 = \frac{票面金额}{1 + 9\%} \times 9\%$$

取得注明旅客身份信息的公路、水路等其他客票的，按照下列公式计算进项税额：

$$公路、水路等其他旅客运输进项税额 = \frac{票面金额}{1 + 3\%} \times 3\%$$

(5) 自境外单位或者个人购进劳务、服务、无形资产或者境内的不动产，从税务机关或者扣缴义务人取得的代扣代缴税款的完税凭证上注明的增值税额。

(6) 原增值税一般纳税人购进货物或者接受劳务，用于《销售服务、无形资产或者不动产注释》所列项目的，不属于《增值税暂行条例》第十条规定不得抵扣进项税额的项目，其进项税额准予从销项税额中抵扣。

(7) 原增值税一般纳税人购进服务、无形资产或者不动产，取得的增值税专用发票上注明的增值税额为进项税额，准予从销项税额中抵扣。

(8) 原增值税一般纳税人自用的应征消费税的摩托车、汽车、游艇，其进项税额准予从销项税额中抵扣。

纳税人购进货物、劳务、服务、无形资产、不动产，取得的增值税扣税凭证不符合法律、行政法规或者国务院税务主管部门有关规定的，其进项税额不得从销项税额中抵扣。

增值税扣税凭证，是指增值税专用发票、海关进口增值税专用缴款书、农产品收购发票、农产品销售发票、完税凭证和符合规定的国内旅客运输发票。

纳税人凭完税凭证抵扣进项税额的，应当具备书面合同、付款证明和境外单位的对账

单或者发票。资料不全的，其进项税额不得从销项税额中抵扣。

2. 不得从销项税额中抵扣的进项税额

纳税人支付的所有进项税额并不是都可以从销项税额中抵扣，具体包括：

1) 不再产生后续销项税额

用于简易计税方法计税项目、免征增值税项目、集体福利或者个人消费的购进货物、加工修理修配劳务、服务、无形资产和不动产。其中，不得抵扣的固定资产、无形资产、不动产，仅指"专用"于上述项目的固定资产、无形资产(不包括其他权益性无形资产)、不动产。

纳税提示

无论"购入"或"租入"固定资产、不动产，"既"用于一般计税方法计税项目，"又"用于简易计税方法计税项目、免征增值税项目、集体福利或者个人消费的，其进项税额"准予全额抵扣"。例如，某企业购入(或租入)一栋楼房，既用于生产经营，又用于职工宿舍，进项税额准予抵扣；某企业购入(或租入)一栋楼房，专门用于职工宿舍，进项税额不得抵扣。

一般纳税人"兼营"简易计税方法计税项目、免税项目而无法划分不得抵扣的进项税额的，按照下列公式计算不得抵扣的进项税额：

不得抵扣的进项税额＝当期无法划分的全部进项税额×

$$\frac{当期简易计税方法计税项目销售额+免征增值税额项目销售额}{当期全部销售额}$$

【例2-30】(多选题)根据增值税法律制度的规定，下列各项中，外购货物进项税额准予从销项税额中抵扣的有(　　　)。

A. 将外购货物无偿赠送给客户

B. 将外购货物作为投资提供给联营单位

C. 将外购货物分配给股东

D. 将外购货物用于本单位职工福利

【答案】

答案为ABC。

【例2-31】某制药厂(增值税一般纳税人)3月份销售抗生素药品113万元(含税)，销售免税药品50万元，当月购入生产用原材料一批，取得增值税专用发票上注明税款6.8万元，抗生素药品与免税药品无法划分耗料情况。计算该制药厂当月不得抵扣的进项税额。

【解析】

$$当期全部销售额 = \frac{113}{1+13\%} + 50 = 150 \text{ 万元}$$

$$不得抵扣的进项税额 = 6.8 \times \frac{50}{150} = 2.27 \text{ 万元}$$

2) 非正常损失

(1) 非正常损失的购进货物，以及相关的加工修理修配劳务和交通运输服务。

(2) 非正常损失的在产品、产成品所耗用的购进货物 (不包括固定资产)、加工修理修配劳务和交通运输服务。

(3) 非正常损失的不动产，以及该不动产所耗用的购进货物、设计服务和建筑服务。

(4) 非正常损失的不动产在建工程 (纳税人新建、改建、扩建、修缮、装饰不动产) 所耗用的购进货物、设计服务和建筑服务。

非正常损失，是指因管理不善造成被盗、丢失、霉烂变质的损失及被执法部门依法没收、销毁、拆除的货物或不动产。

因地震等"自然灾害"造成的非正常损失，进项税额准予抵扣；生产经营过程中的"合理损耗"进项税额准予抵扣。

【例 2-32】 (多选题) 根据增值税法律制度的规定，一般纳税人购进货物的下列进项税额中，不得从销项税额中抵扣的有 (   )。

A. 因管理不善造成被盗的购进货物的进项税额

B. 被执法部门依法没收的购进货物的进项税额

C. 被执法部门强令自行销毁的购进货物的进项税额

D. 因地震造成毁损的购进货物的进项税额

【答案】

答案为 ABC。

3) 营改增特殊项目

(1) 贷款服务、餐饮服务、居民日常服务和娱乐服务。

(2) 纳税人接受贷款服务向贷款方支付的与该笔贷款直接相关的投融资顾问费、手续费、咨询费等。

4) 其他不得抵扣进项税额的情形

(1) 一般纳税人按简易办法征收增值税的，不得抵扣进项税额。

(2) 一般纳税人会计核算不健全，不能够准确提供税务资料，或应当办理一般纳税人资格登记而未办理，按照 13% 税率征收增值税，不得抵扣进项税额，不得使用增值税专用发票。

【例 2-33】 某企业是增值税一般纳税人，适用一般税率 13%，2023 年 2 月有关生产经营业务如下：

① 月初外购货物一批，支付增值税进项税额 24 万元，中下旬因管理不善，造成该批货物一部分发生霉烂变质，经核实造成 25% 的损失。

② 外购的动力燃料支付的增值税进项税 20 万元，一部分用于应税项目，一部分用于免税项目，无法分开核算。

③ 销售应税货物取得不含增值税销售额 700 万元，销售免税货物取得销售额 300 万元。

【解析】

① 外购货物可抵扣的进项税额 $= 24 - 24 \times 25\% = 18$ 万元

② 销售货物可抵扣的进项税额 $= 20 - \dfrac{20 \times 300}{700 + 300} = 14$ 万元

③ 当月可抵扣的进项税额 $= 18 + 14 = 32$ 万元

【例 2-34】 某广播影视公司为增值税一般纳税人，2023 年 3 月份提供广告设计服务取得不含税销售额 80 万元，提供广告发布服务取得不含税销售额 250 万元。当月接受旅客铁路运输服务，支付票面金额 20 万元。计算该广播影视公司 2023 年 3 月份应缴纳的增值税税额。

【解析】

该公司 3 月份应缴纳增值税 $= (80 + 250) \times 6\% + \dfrac{20}{1 + 9\%} \times 9\% \approx 21.45$ 万元

【例 2-35】 某生产企业为增值税一般纳税人，适用增值税税率 13%，2023 年 9 月份的有关生产经营业务如下（假设相关票据均符合税法的规定）：

① 销售甲产品给某大商场，开具增值税专用发票，取得不含税销售额 80 万元；另外，取得销售甲产品的送货运输费收入 5.65 万元（含增值税价格，与销售货物不能分开）。

② 销售乙产品，开具普通发票，取得含税销售额 28.25 万元。

③ 将试制的一批应税新产品用于发放大客户免费体验，成本价为 20 万元，国家税务总局规定的成本利润率为 10%，该新产品无同类产品市场销售价格。

④ 销售 2023 年 10 月份购进作为固定资产使用过的进口摩托车 5 辆，开具增值税专用发票，上面注明取得销售额每辆 1 万元。

⑤ 购进货物取得增值税专用发票，注明支付的货款 60 万元，进项税额 7.8 万元；另外，支付购货的运输费用 6 万元（不含税价），取得运输公司开具的增值税专用发票。

⑥ 向农业生产者购进免税农产品一批，支付收购价 30 万元，支付给运输单位的运费 5 万元（不含税价），取得相关的合法票据。本月下旬将购进的农产品的 20% 用于本企业职工福利。

请计算该企业 9 月份应缴纳的增值税额。

【解析】

① 销售甲产品的销项税额 $= 80 \times 13\% + \dfrac{5.65}{1 + 13\%} \times 13\% = 11.05$ 万元

② 销售乙产品的销项税额 $= \dfrac{28.25}{1 + 13\%} \times 13\% = 3.25$ 万元

③ 自用新产品的销项税额 = 20 × (1 + 10%) × 13% = 2.86 万元

④ 销售使用过的摩托车的销项税额 = 1 × 13% × 5 = 0.65 万元

⑤ 外购货物应抵扣的进项税额 = 7.8 + 6 × 9% = 8.34 万元

⑥ 外购免税农产品应抵扣的进项税额 = (30 × 9% + 5 × 9%) × (1 − 20%) = 2.52 万元

该企业 9 月份应缴纳的增值税额 = 11.05 + 3.25 + 2.86 + 0.65 − 8.34 − 2.52 = 6.95 万元

【例 2-36】 甲公司为增值税一般纳税人，主要生产和销售洗衣机。2023 年 8 月有关经济业务如下：

① 购进一批原材料，取得增值税专用发票上注明的税额为 272 000 元；支付运输费，取得增值税专用发票上注明税额 2 750 元。

② 购进低值易耗品，取得增值税普通发票上注明的税额为 8 500 元。

③ 销售 A 型洗衣机 1 000 台，含增值税销售单价 3 390 元/台；另收取优质费 508 500 元、包装物租金 169 500 元。

④ 采取以旧换新方式销售 A 型洗衣机 50 台，旧洗衣机作价 113 元/台。

⑤ 向优秀职工发放 A 型洗衣机 10 台，生产成本 2 034 元/台。

已知：增值税税率为 13%，上期留抵增值税额 59 000 元，取得的增值税专用发票已通过税务机关认证。

要求：根据上述资料，分析回答下列小题。

① (多选题) 甲公司下列增值税进项税额中，准予抵扣的是 (　　　　)。

A. 购进低值易耗品的进项税额 8 500 元

B. 上期留抵的增值税额 59 000 元

C. 购进原材料的进项税额 272 000 元

D. 支付运输费的进项税额 2 750 元

【答案与解析】

答案为 BCD。选项 A 中，购进低值易耗品，取得增值税普通发票，所以不得抵扣进项税额。

② (单选题) 甲公司当月销售 A 型洗衣机增值税销项税额的下列计算中，正确的是 (　　　　)。

A. $\left(1\,000 \times 3\,390 + \dfrac{508\,500}{1+13\%}\right) \times 13\% = 499\,200$ 元

B. $(1\,000 \times 3\,390 + 508\,500 + 169\,500) \times 13\% = 528\,840$ 元

C. $\dfrac{1\,000 \times 3\,390 + 508\,500 + 169\,500}{1+13\%} \times 13\% = 468\,000$ 元

D. $1\,000 \times 3\,390 \times 13\% = 440\,700$ 元

【答案与解析】

答案为 C。收取优质费 508 500 元、包装物租金 169 500 元，属于价外费用，要一并计入销售额征税。

③ (单选题) 甲公司当月以旧换新方式销售 A 型洗衣机增值税销项税额的下列计算

中，正确的是（　　）。

A. $50 \times 3\,390 \times 13\% = 22\,035$ 元

B. $50 \times \dfrac{3\,390 - 113}{1 + 13\%} \times 13\% = 18\,850$ 元

C. $\dfrac{50 \times 3\,390}{1 + 13\%} \times 13\% = 19\,500$ 元

D. $50 \times (3\,390 - 113) \times 13\% = 21\,300.5$ 元

【答案与解析】

答案为 C。对于金银首饰以外的货物以旧换新的，按新货物的不含税售价计算增值税。

④（单选题）甲公司当月向优秀职工发放 A 型洗衣机增值税销项税额的下列计算中，正确的是（　　）。

A. $\dfrac{10 \times 2\,034}{1 + 13\%} \times 13\% = 2\,340$ 元

B. $10 \times 3\,390 \times 13\% = 4\,407$ 元

C. $10 \times 2\,034 \times 13\% = 2\,644.2$ 元

D. $\dfrac{10 \times 3\,390}{1 + 13\%} \times 13\% = 3\,900$ 元

【答案与解析】

答案为 D。将自产货物用于职工福利，视同销售计算增值税销项税额，按同类货物的不含税售价计算。

三、一般纳税人采用简易计税方法时应纳税额的计算

一般纳税人在特殊情况下，也可以采用简易计税办法计算应纳税额。简易计税办法下应纳税额根据销售额和增值税征收率进行计算，但不得抵扣进项税额。

应纳税额的计算公式如下：

$$应纳税额 = 销售额 \times 征收率$$

简易计税办法下的销售额为不含税销售额，纳税人的销售额如果是含税销售额，应采用下列公式进行还原：

$$销售额 = \dfrac{含税销售额}{1 + 征收率}$$

纳税人适用简易计税办法的，因销售折让、中止或者退回而退还给购买方的销售额，应当从当期销售额中扣减。扣减当期销售额后仍有余额造成多交的税款，可以从以后应纳税额中扣减。

一般纳税人发生下列应税行为可以选择适用简易计税方法计税，不允许抵扣进项税额。

(1) 公共交通运输服务，包括轮客渡、公交客运、地铁、城市轻轨、出租车、长途客运、班车。

(2) 经认定的动漫企业为开发动漫产品提供的动漫脚本编撰、形象设计、背景设计、

动画设计、分镜、动画制作、摄制、描线、上色、画面合成、配音、配乐、音效合成、剪辑、字幕制作、压缩转码(面向网络动漫、手机动漫格式适配)服务,以及在境内转让动漫版权(包括动漫品牌、形象或者内容的授权及再授权)。

(3) 电影放映服务、仓储服务、装卸搬运服务、收派服务和文化体育服务。

(4) 以纳入"营改增"试点之日前取得的有形动产为标的物提供的经营租赁服务。

(5) 在纳入"营改增"试点之日前签订的尚未执行完毕的有形动产租赁合同。

一般纳税人发生财政部和国家税务总局规定的特定应税行为,可以选择适用简易计税方法计税,但一经选择,36 个月内不得变更。

【例 2-37】 甲演艺公司为增值税一般纳税人,2023 年 4 月举办文艺表演 6 场,取得门票收入 212 万元。甲演艺公司 5 月购买音响道具取得增值税专用发票上注明的税额合计 6 万元。计算甲公司本月应纳增值税税额。

【解析】

增值税一般纳税人提供文化体育服务可选简易计税方法。

① 按一般计税方法。

$$销项税额 = \frac{212}{1+6\%} \times 6\% = 12 \ 万元$$

应纳增值税 = 12 - 6 = 6 万元

② 按简易计税方法。

$$应纳增值税 = \frac{212}{1+3\%} \times 3\% \approx 6.17 \ 万元$$

【例 2-38】 某消防员培训学校为增值税一般纳税人,8 月提供非学历教育服务获得含税服务收入 300 000 元,该培训学校选择适用简易计税方法。计算该公司本月应纳增值税税额。

【解析】

一般纳税人提供非学历教育服务、教育辅导服务,可以选择适用简易计税方法按照 3% 征收率计算应纳税额。

$$应纳增值税 = \frac{300 \ 000}{1+3\%} \times 3\% \approx 8 \ 737.86 \ 元$$

四、小规模纳税人应纳税额的计算

(一) 一般业务应纳税额的计算

小规模纳税人发生应税销售行为采用简易计税方法计税,应按照销售额和征收率计算应纳增值税税额,不得抵扣进项税额。其计算公式为

应纳税额 = 销售额 × 征收率

简易计税方法的销售额不包括其应纳税额,纳税人采用销售额和应纳税额合并定价方

法的，按照下列公式计算销售额：

$$销售额 = \frac{含税销售额}{1 + 征收率}$$

（二）折让、中止或者退回应纳税额的计算

纳税人适用简易计税方法计税的，因销售折让、中止或者退回而退还给购买方的销售额，应当从当期销售额中扣减。扣减当期销售额后仍有余额造成多缴的税款，可以从以后的应纳税额中扣减。

纳税提示

小规模纳税人发生销售折让、中止或者退回，同样应当开具红字增值税发票。

【例2-39】 甲便利店为增值税小规模纳税人，2023年第四季度零售商品取得收入103 000元，将一批外购商品无偿赠送给物业公司用于社区活动，该批商品的含税价格为721元。已知增值税征收率为3%。计算甲便利店第四季度应缴纳的增值税税额。

【解析】

$$销售额 = \frac{103\,000 + 721}{1 + 3\%} = 100\,700 \; 元$$

应纳税额 = 100 700 × 3% = 3 021 元

【例2-40】 甲设计公司为增值税小规模纳税人，2023年6月提供设计服务取得含增值税价款206 000元；因服务中止，退还给客户含增值税价款10 300元。已知小规模纳税人增值税征收率为3%。计算甲设计公司当月应缴纳的增值税税额。

【解析】

$$销售额 = \frac{206\,000 - 10\,300}{1 + 3\%} = 190\,000 \; 元$$

应纳税额 = 190 000 × 3% = 5 700 元

五、进口货物应纳税额的计算

纳税人进口货物，无论是一般纳税人还是小规模纳税人，均应按照组成计税价格和规定的税率计算应纳税额，不允许抵扣发生在境外的任何税金。其计算公式为

应纳税额 = 组成计税价格 × 增值税税率

组成计税价格的构成分两种情况：

组成计税价格 = 关税完税价格 + 关税

(1) 如果进口货物不征收消费税，则上述公式中组成计税价格的计算公式为

组成计税价格 = 关税完税价格 + 关税

其中：

$$关税 = 关税完税价格 × 关税税率$$

（2）如果进口货物征收消费税，则上述公式中组成计税价格的计算公式为

$$组成计税价格 = 关税完税价格 + 关税消费税$$

如果应税消费品属于比例税率，则上述公式还可以演化为

$$组成计税价格 = \frac{关税完税价格 + 关税}{1 - 消费税税率}$$

按照《中华人民共和国海关法》和《中华人民共和国进出口关税条例》的规定，一般贸易下进口货物的关税完税价格以海关审定的成交价格为基础的到岸价格作为完税价格。所谓成交价格，是一般贸易下进口货物的买方为购买该项货物向卖方实际支付或应当支付的价格；到岸价格包括货价，加上货物运抵我国国境内输入地点起卸前的包装费、运费、保险费和其他劳务费等费用构成的一种价格。特殊贸易下进口的货物，由于进口时没有"成交价格"可作依据，为此，《中华人民共和国进出口关税条例》对这些进口货物制定了确定其完税价格的具体办法。

纳税提示

进口环节缴纳的增值税作为国内销售环节的进项税额抵扣。

【例 2-41】 2023 年 3 月甲公司进口一批设备，关税完税价格为 150 万元，已知关税税率为 5%，增值税税率为 13%。计算甲公司当月该笔业务应缴纳的增值税。

【解析】

组成计税价格 = 150 + 150 × 5% = 157.5 万元

进口应纳增值税 = 157.5 × 13% = 20.5 万元

【例 2-42】 2023 年 5 月甲贸易公司进口一批高档化妆品，关税完税价格为 850 000 元。已知增值税税率为 13%，消费税税率为 15%，关税税率为 5%。计算甲贸易公司当月该笔业务应缴纳的增值税税额。

【解析】

$$组成计税价格 = \frac{850\,000 + 850\,000 × 5\%}{1 - 15\%} = 1\,050\,000 \ 元$$

进口应纳增值税 = 1 050 000 × 13% = 136 500 元

六、增值税的特殊计算

（一）小规模纳税人销售自己使用过的固定资产和物品

（1）小规模纳税人销售自己使用过的固定资产，按 3% 征收率减按 2% 征收增值税，销售行为发生在 2009 年 1 月 1 日以后，不区分购进年限，小规模纳税人不包括其他个人。

纳税提示

小规模纳税人销售自己使用过的固定资产，应开具普通发票，不得由税务机关代开增值税专用发票。

(2) 小规模纳税人销售自己使用过的除固定资产外的其他物品，按 3% 的征收率征收增值税。

纳税提示

2015 年 12 月 22 日，国家税务总局规定自 2016 年 2 月 1 日起，对纳税人销售自己使用过的固定资产，现行政策规定适用简易办法按 3% 的征收率减按 2% 征收增值税的，可以放弃享受优惠政策，适用简易办法按 3% 的征收率缴纳增值税，并可以开具增值税专用发票。

【例 2-43】 甲公司为小规模纳税人，销售自己使用过的一台设备，确认收入为 20 500 元。计算甲公司销售该设备应缴纳的增值税税额。

【解析】

$$应纳税额 = \frac{20\ 500}{1+3\%} \times 2\% = 398\ 元$$

（二）个人销售自己使用过的固定资产和物品

个人仅指其他个人。

(1) 个人销售自己使用过的固定资产。

① 个人销售购买不足 2 年的不动产，按照 5% 的增值税税率计算增值税。个人销售购买超过 2 年的不动产，免征增值税。

② 销售动产类固定资产，免征增值税。

(2) 个人销售自己使用过的物品，免征增值税。

【例 2-44】 2023 年 11 月 11 日，赵某将 2022 年 11 月 11 日购买，位于北京南六环外的一套 250 平方米的房屋出售。该房屋购入价格为 600 万元，出售价格为 800 万元。已知个人出售住房适用的增值税征收率为 5%。计算赵某出售该房屋应缴纳的增值税。

【解析】

$$应纳税额 = \frac{800}{1+5\%} \times 5\% = 38.1\ 万元$$

（三）一般纳税人销售自己使用过的固定资产和物品

1. 一般纳税人销售自己使用过的固定资产

(1) 销售抵扣过进项税额且在 2009 年 1 月 1 日后购进的固定资产，按适用税率 13%

征税。

(2) 销售属于按规定不得抵扣进项税额，并在 2009 年 1 月 1 日后购进应抵扣而未抵扣的固定资产，按照简易办法按 3% 征收率减按 2% 征收增值税。

(3) 销售 2009 年 1 月 1 日前购进的固定资产，按照简易办法按 3% 征收率减按 2% 征收增值税。

纳税提示

一般纳税人销售自己使用过的固定资产，如果属于按简易办法依 2% 征收率征收增值税政策的，应开具普通发票，不得开具增值税专用发票。

2. 一般纳税人销售自己使用过除固定资产外的其他物品

一般纳税人销售自己使用过除固定资产外的其他物品，按适用税率 13% 征税。

【例 2-45】 某企业为增值税一般纳税人，主营二手车交易，2022 年 2 月取得含税销售额 206 万元；除上述收入外，该企业当月又将本企业于 2007 年 6 月购入自用的一辆货车和 2010 年 10 月购入自用的一辆货车分别以含增值税 10.3 万元和 33.9 万元的价格出售。计算该企业当月应纳的增值税税额。

【解析】

$$应纳税额 = \frac{206}{1+3\%} \times 2\% + \frac{10.3}{1+3\%} \times 2\% + \frac{33.9}{1+13\%} \times 13\% = 8.1 \ 万元$$

任务三　增值税专用发票的使用及管理

一、增值税专用发票的使用

（一）专用发票的联次及用途

专用发票由基本联次或者基本联次附加其他联次构成，基本联次为 3 联，分别为

(1) 发票联，作为购买方核算采购成本和增值税进项税额的记账凭证。

(2) 抵扣联，作为购买方报送主管税务机关认证和留存备查的凭证。

(3) 记账联，作为销售方核算销售收入和增值税销项税额的记账凭证。

其他联次用途，由一般纳税人自行确定。

（二）专用发票的开票限额

增值税专用发票实行最高开票限额管理，最高开票限额是指单份增值税专用发票开具

的销售额合计数不得达到的上限额度。

最高开票限额由一般纳税人申请，税务机关依法审批。最高开票限额为 10 万元及以下的，由区（县）级税务机关审批；最高开票限额为 10～100 万元（不含 10 万元、100 万元）的，由地市级税务机关审批；最高开票限额为 1 000 万元及以上的，由省级税务机关审批。防伪税控系统的具体发行工作由区（县）级税务机关负责。

（三）专用发票的领购

增值税专用发票只限于增值税一般纳税人领购和使用，增值税小规模纳税人和非增值税纳税人属于免税项目者不得领购和使用增值税专用发票。

(1) 一般纳税人有下列情形之一的，不得领购和使用增值税专用发票：

① 会计核算不健全，不能按会计制度和税务机关的要求准确核算增值税的销项税额、进项税额和应纳税额的，以及不能向税务机关提供有关税务资料的增值税一般纳税人。

② 有《中华人民共和国税收征收管理法》规定的税收违法行为，拒不接受税务机关处理的增值税一般纳税人。

(2) 有下列行为之一，经税务机关责令限期改正而仍未改正的，不得领购和使用增值税专用发票：

① 虚开增值税专用发票。

② 私自印制专用发票。

③ 向税务机关以外的单位和个人买取专用发票。

④ 借用他人专用发票。

⑤ 未按规定开具、保管专用发票和专用设备。

⑥ 未按规定申请办理防伪税控系统变更发行。

⑦ 未按规定接受税务机关检查。

（四）专用发票开具范围及要求

1. 专用发票开具范围

增值税一般纳税人销售货物、提供应税劳务或者发生应税行为，必须向购货方开具增值税专用发票。有下列情形之一的，不得开具增值税专用发票：

(1) 增值税一般纳税人向消费者个人销售货物、提供应税劳务或者发生应税行为。

(2) 增值税一般纳税人销售货物、提供应税劳务或者发生应税行为适用免征税规定的，不得开具增值税专用发票，法律、法规及国家税务总局另有规定的除外。

(3) 对商业企业零售的烟、酒、食品、服装、鞋帽（不包括劳保专用物品）、化妆品等消费品。

(4) 小规模纳税人销售货物、提供应税劳务或者应税行为，需要开具增值税专用发票的，可以向主管税务机关申请代开，国家税务总局另有规定的除外。

(5) 增值税一般纳税人销售自己使用过的不得抵扣且未抵扣进项税额的固定资产。

(6) 增值税一般纳税人销售旧货。

2. 专用发票开具要求

专用发票应按下列要求开具：

(1) 项目齐全，与实际交易相符。

销售方开具增值税专用发票时，发票内容应按照实际销售情况如实开具，不得根据购买方要求填开与实际交易不符的内容。

(2) 字迹清楚，不得压线、错格。

(3) 发票联和抵扣联上加盖财务专用章或发票专用章。

(4) 按增值税纳税义务的发生时间开具。

开具的增值税专用发票不符合上述要求的，不得作为扣税凭证，购买方有权拒收。

一般纳税人销售货物、提供应税劳务或者发生应税行为，可汇总开具增值税专用发票。汇总开具增值税专用发票的同时，要使用防伪税控系统开具销售货物、提供应税劳务或者发生应税行为清单，并加盖财务专用章或者发票专用章。

二、增值税专用发票的管理

纳税人必须严格按照《增值税专用发票使用规定》保管使用专用发票，对违反规定发生被盗、丢失专用发票的纳税人，按国家有关规定，处以一定数额的罚款，并可视具体情况，对丢失专用发票的纳税人，在一定期限内停止领购专用发票。纳税人丢失专用发票后，必须按规定程序向当地主管税务机关、公安机关报失。

任务四 增值税的征收管理

一、增值税的纳税义务发生时间

按销售结算方式的不同，销售货物、应税劳务或者发生应税行为的纳税义务发生时间也有所不同，具体规定如下：

(1) 采取直接收款方式销售货物，不论货物是否发出，均为收到销售款或者取得索取销售款凭据的当天。

(2) 采取托收承付和委托银行收款方式销售货物，为发出货物并办妥托收手续的当天。

(3) 采取赊销和分期收款方式销售货物，为书面合同约定的收款日期的当天，无书面合同的或者书面合同没有约定收款日期的，为货物发出的当天。

(4) 采取预收货款方式销售货物，为货物发出的当天，但生产销售生产工期超过2个月的大型机械设备、船舶、飞机等货物，为收到预收款或者书面合同约定的收款日期的当天。

(5) 委托其他纳税人代销货物，为收到代销单位的代销清单或者收到全部或者部分货款的当天。未收到代销清单及货款的，为发出代销货物满180天的当天。

(6) 销售劳务，为提供劳务同时收讫销售款或者取得索取销售款的凭据的当天。

(7) 纳税人提供建筑服务、租赁服务采取预收款方式的，其纳税义务发生时间为收到预收款的当天。

(8) 纳税人从事金融商品转让的，为金融商品所有权转移的当天。

(9) 纳税人发生除将货物交付其他单位或者个人代销和销售代销货物以外的视同销售货物行为，为货物移送的当天。

(10) 纳税人视同销售服务、无形资产或不动产的，其纳税义务发生时间为服务、无形资产转让完成的当天或者不动产权属变更的当天。

(11) 纳税人进口货物，为报关进口的当天。

(12) 增值税扣缴义务发生时间为纳税人增值税纳税义务发生的当天。

上述销售货物、劳务或者发生应税行为纳税义务发生时间的确定，明确了企业在计算应纳税额时，对"当期销项税额"时间的限定，是增值税计税和征收管理中重要的规定。目前，一些企业没有按照上述规定的纳税义务发生时间将实现的销售收入及时入账并计算纳税，而是采取延迟入账或不计销售收入等做法，以拖延纳税或逃避纳税，这些做法都是错误的。企业必须按上述规定的时限及时、准确地记录销售额和计算当期销项税额。

【例 2-46】（单选题）根据增值税法律制度的规定，下列关于增值税纳税义务发生时间的表述中，不正确的是（　　）。

A. 进口货物，为报关进口的当天

B. 从事金融商品转让的，为金融商品所有权转移的当天

C. 采取托收承付和委托银行收款方式销售货物，为收到银行款项的当天

D. 提供租赁服务采取预收款方式的，为收到预收款的当天

【答案】

答案为 C。

二、增值税的纳税期限

增值税的纳税期限分别为 1 日、3 日、5 日、10 日、15 日、1 个月或者 1 个季度。纳税人的具体纳税期限由主管税务机关根据纳税人应纳税额的大小分别核定。以 1 个季度为纳税期限的规定适用于小规模纳税人、银行、财务公司、信托投资公司、信用社，以及财政部和国家税务总局规定的其他纳税人。不能按照固定期限纳税的，可以按次纳税。

纳税人以 1 个月或者 1 个季度为一个纳税期的，自期满之日起 15 日内申报纳税；以 1 日、3 日、5 日、10 日或者 15 日为一个纳税期的，自期满之日起 5 日内预缴税款，于次月 1 日起 15 日内申报纳税并结清上月应纳税款。

扣缴义务人解缴税款的期限，依照前述规定执行。

纳税人进口货物，应当自海关填发海关进口增值税专用缴款书之日起 15 日内缴纳税款。

按固定期限纳税的小规模纳税人可以选择以 1 个月或 1 个季度为纳税期限，一经选择，一个会计年度内不得变更。

三、增值税的纳税地点

为了保证纳税人按期申报纳税，根据企业跨地区经营和商品流通的特点及不同情况，税法还具体规定了增值税的纳税地点：

(1) 固定业户应当向其机构所在地的主管税务机关申报纳税。总机构和分支机构不在同一县 (市) 的，应当分别向各自所在地的主管税务机关申报纳税；经财政部和国家税务总局或者其授权的财政、税务机关批准，可以由总机构汇总向总机构所在地的主管税务机关申报纳税。

(2) 固定业户到外县 (市) 销售货物或者应税劳务，应当向其机构所在地的主管税务机关报告外出经营事项，并向其机构所在地的主管税务机关申报纳税；未报告的，应当向销售地或者劳务发生地的主管税务机关申报纳税；未向销售地或者劳务发生地的主管税务机关申报纳税的，由其机构所在地的主管税务机关补征税款。

(3) 非固定业户销售货物或者劳务，应当向销售地或者劳务发生地的主管税务机关申报纳税；未向销售地或者劳务发生地的主管税务机关申报纳税的，由其机构所在地或者居住地的主管税务机关补征税款。

(4) 进口货物，应当向报关地海关申报纳税。

(5) 扣缴义务人应当向其机构所在地或者居住地的主管税务机关申报缴纳其扣缴的税款。

【例 2-47】(多选题) 根据增值税法律制度的规定，下列关于固定业户纳税地点的表述中，不正确的有 (   )。

A. 销售商标使用权，应当向商标使用权购买方所在地税务机关申报纳税

B. 销售采矿权，应当向矿产所在地税务机关申报纳税

C. 销售设计服务，应当向设计服务发生地税务机关申报纳税

D. 销售广告服务，应当向机构所在地税务机关申报纳税

【答案】

答案为 ABC。

任务五　　增值税的纳税申报

一、增值税纳税申报表的填制

(一) 一般纳税人的纳税申报

一般纳税人的纳税申报资料包括纳税申报表及附列资料和纳税申报其他资料。

1. 一般纳税人的纳税申报表及附列资料

(1)《增值税及附加税费申报表 (一般纳税人适用)》。

(2)《增值税及附加税费申报表附列资料(一)》(本期销售情况明细)。

(3)《增值税及附加税费申报表附列资料(二)》(本期进项税额明细)。

(4)《增值税及附加税费申报表附列资料(三)》(服务、不动产和无形资产扣除项目明细)。

一般纳税人销售服务、不动产和无形资产,在确定服务、不动产和无形资产销售额时,按照有关规定可以从取得的全部价款和价外费用中扣除价款的,需填报《增值税及附加税费申报表附列资料(三)》。其他情况不需要填写该附列资料。

(5)《增值税及附加税费申报表附列资料(四)》(税额抵减情况表)。

(6)《增值税及附加税费申报表附列资料(五)》(附加税费情况表)。

(7)《增值税减免税申报明细表》。

2.纳税申报其他资料

(1)已开具的税控机动车销售统一发票和普通发票的存根联。

(2)符合抵扣条件且在本期申报抵扣的增值税专用发票(含税控机动车销售统一发票)的抵扣联。

(3)符合抵扣条件且在本期申报抵扣的海关进口增值税专用缴款书、购进农产品取得的普通发票的复印件。

(4)符合抵扣条件且在本期申报抵扣的税收完税凭证及其清单,书面合同、付款证明和境外单位的对账单或者发票。

(5)已开具的农产品收购凭证的存根联或报查联。

(6)纳税人销售服务、不动产和无形资产,在确定服务、不动产和无形资产销售额时,按照有关规定从取得的全部价款和价外费用中扣除价款的合法凭证及其清单。

(7)主管税务机关规定的其他资料。

(二)小规模纳税人的纳税申报

增值税小规模纳税人(以下简称小规模纳税人)纳税申报表及其附列资料包括:

(1)《增值税及附加税费申报表(小规模纳税人适用)》。

(2)《增值税及附加税费申报表(小规模纳税人适用)附列资料》。

小规模纳税人销售服务,在确定服务销售额时,按照有关规定可以从取得的全部价款和价外费用中扣除价款的,需填报《增值税及附加税费申报表(小规模纳税人适用)附列资料》。

(3)《增值税减免税申报明细表》,参考一般纳税人关于增值税减免税申报明细表及其填报说明。

以上纳税申报表及其附列资料(表式及填报要求本书略)为必报资料,纳税申报其他资料的报备要求按各省、自治区、直辖市和计划单列市国家税务总局确定。

二、增值税及附加税费申报表

增值税及附加税费申报表(一般纳税人适用)格式见表2-2。

表 2-2　增值税及附加税费申报表

（一般纳税人适用）

根据国家税收法律法规及增值税相关规定制定本表。纳税人不论有无销售额，均应按税务机关核定的纳税期限填写本表，并向当地税务机关申报。

税款所属时间：自　年　月　日至　年　月　日　填表日期：　年　月　日　金额单位：元（列至角分）

纳税人识别号（统一社会信用代码）：□□□□□□□□□□□□□□□□□□□□

纳税人名称：		法定代表人姓名		注册地址		生产经营地址	
开户银行及账号		登记注册类型			所属行业	电话号码	

项　目	栏次	一般项目		即征即退项目	
		本月数	本年累计	本月数	本年累计
销售额	（一）按适用税率计税销售额	1				
	其中：应税货物销售额	2				
	应税劳务销售额	3				
	纳税检查调整的销售额	4				
	（二）按简易办法计税销售额	5				
	其中：纳税检查调整的销售额	6				
	（三）免、抵、退办法出口销售额	7		—	—
	（四）免税销售额	8		—	—
	其中：免税货物销售额	9		—	—
	免税劳务销售额	10		—	—

续表一

项目		栏次	一般项目		即征即退项目	
			本月数	本年累计	本月数	本年累计
税款计算	销项税额	11				
	进项税额	12				
	上期留抵税额	13				—
	进项税额转出	14				
	免、抵、退应退税额	15			—	—
	按适用税率计算的纳税检查应补缴税额	16		—	—	—
	应抵扣税额合计	17 = 12 + 13 - 14 - 15 + 16		—		
	实际抵扣税额	18（如 17<11，则为 17，否则为 11）				
	应纳税额	19 = 11 - 18				
	期末留抵税额	20 = 17 - 18				—
	简易计税办法计算的应纳税额	21				—
	按简易计税办法计算的纳税检查应补缴税额	22			—	
	应纳税额减征额	23				
	应纳税额合计	24 = 19 + 21 - 23		—		
税款缴纳	期初未缴税额（多缴为负数）	25				
	实收出口开具专用缴款书退税额	26			—	
	本期已缴税额	27 = 28 + 29 + 30 + 31				
	①分次预缴税额	28				—

续表二

项 目			一般项目		即征即退项目	
			本月数	本年累计	本月数	本年累计
税款缴纳	②出口开具专用缴款书预缴税额	29		—	—	—
	③本期缴纳上期应纳税额	30		—		—
	④本期缴纳欠缴税额	31				
	期末未缴税额（多缴为负数）	32＝24＋25＋26－27				
	其中：欠缴税额（≥0）	33＝25＋26－27		—	—	—
	本期应补（退）税额	34＝24－28－29		—		—
	即征即退实际退税额	35	—			—
	期初未缴查补税额	36			—	—
	本期入库查补税额	37			—	—
	期末未缴查补税额	38＝16＋22＋36－37			—	—
附加税费	城市维护建设税本期应补（退）税额	39				
	教育费附加本期应补（退）费额	40				
	地方教育附加本期应补（退）费额	41				

声明：此表是根据国家税收法律法规及相关规定填写的，本人（单位）对填报内容（及附带资料）的真实性、可靠性、完整性负责。

纳税人（签章）：

受理人：

经办人：

经办人身份证号：

代理机构签章：

代理机构统一社会信用代码：

受理税务机关（章）：

受理日期：　　　年　月　日

　　　年　月　日

纳税提示

《增值税及附加税费申报表（一般纳税人适用）》填写说明

本纳税申报表填写说明（以下简称本表及填写说明）适用于增值税一般纳税人（以下简称纳税人）。

一、名词解释

（一）本表及填写说明所称"货物"，是指增值税的应税货物。

（二）本表及填写说明所称"劳务"，是指增值税的应税加工、修理、修配劳务。

（三）本表及填写说明所称"服务、不动产和无形资产"，是指销售服务、不动产和无形资产。

（四）本表及填写说明所称"按适用税率计税""按适用税率计算"和"一般计税方法"，均指按"应纳税额＝当期销项税额－当期进项税额"公式计算增值税应纳税额的计税方法。

（五）本表及填写说明所称"按简易办法计税""按简易征收办法计算"和"简易计税方法"，均指按"应纳税额＝销售额×征收率"公式计算增值税应纳税额的计税方法。

（六）本表及填写说明所称"扣除项目"，是指纳税人销售服务、不动产和无形资产，在确定销售额时，按照有关规定允许其从取得的全部价款和价外费用中扣除价款的项目。

二、填写说明

（一）"税款所属时间"：指纳税人申报的增值税应纳税额的所属时间，应填写具体的起止年、月、日。

（二）"填表日期"：指纳税人填写本表的具体日期。

（三）"纳税人识别号"：填写纳税人的税务登记证件号码（统一社会信用代码）。

（四）"所属行业"：按照国民经济行业分类与代码中的小类行业填写。

（五）"纳税人名称"：填写纳税人单位名称全称。

（六）"法定代表人姓名"：填写纳税人法定代表人的姓名。

（七）"注册地址"：填写纳税人税务登记证件所注明的详细地址。

（八）"生产经营地址"：填写纳税人实际生产经营地的详细地址。

（九）"开户银行及账号"：填写纳税人开户银行的名称和纳税人在该银行的结算账户号码。

（十）"登记注册类型"：按纳税人税务登记证件的栏目内容填写。

（十一）"电话号码"：填写可联系到纳税人的常用电话号码。

（十二）"即征即退项目"列：填写纳税人按规定享受增值税即征即退政策的货物、劳务和服务、不动产、无形资产的征（退）税数据。

（十三）"一般项目"列：填写除享受增值税即征即退政策以外的货物、劳务和服务、不动产、无形资产的征（免）税数据。

（十四）"本年累计"列：一般填写本年度内各月"本月数"之和。其中，第13、20、25、32、36、38栏及第18栏"实际抵扣税额""一般项目"列的"本年累计"分别按本填写说明第（二十七）（三十四）（三十九）（四十六）（五十）（五十二）（三十二）条要求填写。

（十五）第1栏"（一）按适用税率计税销售额"：填写纳税人本期按一般计税方法计算缴纳增值税的销售额，包含：在财务上不作销售但按税法规定应缴纳增值税的视同销售和价外费用的销售额；外贸企业作价销售进料加工复出口货物的销售额；税务、财政、审计部门检查后按一般计税方法计算调整的销售额。

营业税改征增值税的纳税人，服务、不动产和无形资产有扣除项目的，本栏应填写扣除之前的不含税销售额。

本栏"一般项目"列"本月数"=《附列资料（一）》第9列第1至5行之和－第9列第6、7行之和；

本栏"即征即退项目"列"本月数"=《附列资料（一）》第9列第6、7行之和。

（十六）第2栏"其中：应税货物销售额"：填写纳税人本期按适用税率计算增值税的应税货物的销售额。包含在财务上不作销售但按税法规定应缴纳增值税的视同销售货物和价外费用销售额，以及外贸企业作价销售进料加工复出口货物的销售额。

（十七）第3栏"应税劳务销售额"：填写纳税人本期按适用税率计算增值税的应税劳务的销售额。

（十八）第4栏"纳税检查调整的销售额"：填写纳税人因税务、财政、审计部门检查，并按一般计税方法在本期计算调整的销售额。但享受增值税即征即退政策的货物、劳务和服务、不动产、无形资产，经纳税检查属于偷税的，不填入"即征即退项目"列，而应填入"一般项目"列。

营业税改征增值税的纳税人，服务、不动产和无形资产有扣除项目的，本栏应填写扣除之前的不含税销售额。

本栏"一般项目"列"本月数"=《附列资料（一）》第7列第1至5行之和。

（十九）第5栏"按简易办法计税销售额"：填写纳税人本期按简易计税方法计算增值税的销售额。包含纳税检查调整按简易计税方法计算增值税的销售额。

营业税改征增值税的纳税人，服务、不动产和无形资产有扣除项目的，本栏应填写扣除之前的不含税销售额；服务、不动产和无形资产按规定汇总计算缴纳增值税的分支机构，其当期按预征率计算缴纳增值税的销售额也填入本栏。

本栏"一般项目"列"本月数"≥《附列资料（一）》第9列第8至13b行之和－第9列第14、15行之和；

本栏"即征即退项目"列"本月数"≥《附列资料（一）》第9列第14、15行之和。

（二十）第6栏"其中：纳税检查调整的销售额"：填写纳税人因税务、财政、审计部门检查，并按简易计税方法在本期计算调整的销售额。但享受增值税即征即退政策的货物、劳务和服务、不动产、无形资产，经纳税检查属于偷税的，不填入"即征即退项目"列，而应填入"一般项目"列。

营业税改征增值税的纳税人，服务、不动产和无形资产有扣除项目的，本栏应填写扣除之前的不含税销售额。

（二十一）第7栏"免、抵、退办法出口销售额"：填写纳税人本期适用免、抵、退税办法的出口货物、劳务和服务、无形资产的销售额。

营业税改征增值税的纳税人，服务、无形资产有扣除项目的，本栏应填写扣除之前的销售额。

本栏"一般项目"列"本月数"=《附列资料（一）》第9列第16、17行之和。

（二十二）第8栏"免税销售额"：填写纳税人本期按照税法规定免征增值税的销售额和适用零税率的销售额，但零税率的销售额中不包括适用免、抵、退税办法的销售额。

营业税改征增值税的纳税人，服务、不动产和无形资产有扣除项目的，本栏应填写扣除之前的免税销售额。

本栏"一般项目"列"本月数"=《附列资料（一）》第9列第18、19行之和。

（二十三）第9栏"其中：免税货物销售额"：填写纳税人本期按照税法规定免征增值税的货物销售额及适用零税率的货物销售额，但零税率的销售额中不包括适用免、抵、退税办法出口货物的销售额。

（二十四）第10栏"免税劳务销售额"：填写纳税人本期按照税法规定免征增值税的劳务销售额及适用零税率的劳务销售额，但零税率的销售额中不包括适用免、抵、退税办法的劳务的销售额。

（二十五）第11栏"销项税额"：填写纳税人本期按一般计税方法计税的货物、劳务和服务、不动产、无形资产的销项税额。

营业税改征增值税的纳税人，服务、不动产和无形资产有扣除项目的，本栏应填写扣除之后的销项税额。

本栏"一般项目"列"本月数"=《附列资料（一）》（第10列第1、3行之和 - 第10列第6行）+（第14列第2、4、5行之和 - 第14列第7行）；

本栏"即征即退项目"列"本月数"=《附列资料（一）》第10列第6行+第14列第7行。

（二十六）第12栏"进项税额"：填写纳税人本期申报抵扣的进项税额。

本栏"一般项目"列"本月数"+"即征即退项目"列"本月数"=《附列资料（二）》第12栏"税额"。

（二十七）第13栏"上期留抵税额"："本月数"按上一税款所属期申报表第20栏"期末留抵税额""本月数"填写。

本栏"一般项目"列"本年累计"不填写。

（二十八）第14栏"进项税额转出"：填写纳税人已经抵扣，但按税法规定本期应转出的进项税额。

本栏"一般项目"列"本月数"+"即征即退项目"列"本月数"=《附列资料（二）》第13栏"税额"。

（二十九）第15栏"免、抵、退应退税额"：反映税务机关退税部门按照出口货物、劳务和服务、无形资产免、抵、退办法审批的增值税应退税额。

（三十）第16栏"按适用税率计算的纳税检查应补缴税额"：填写税务、财政、审计部门检查，按一般计税方法计算的纳税检查应补缴的增值税税额。

本栏"一般项目"列"本月数"≤《附列资料（一）》第8列第1至5行之和+《附列资料（二）》第19栏。

（三十一）第17栏"应抵扣税额合计"：填写纳税人本期应抵扣进项税额的合计数。按表中所列公式计算填写。

（三十二）第18栏"实际抵扣税额"："本月数"按表中所列公式计算填写。

本栏"一般项目"列"本年累计"不填写。

（三十三）第19栏"应纳税额"：反映纳税人本期按一般计税方法计算并应缴纳的增值税额。

1.适用加计抵减政策的纳税人，按以下公式填写。

本栏"一般项目"列"本月数"=第11栏"销项税额""一般项目"列"本月数"－第18栏"实际抵扣税额""一般项目"列"本月数"－"实际抵减额"；

本栏"即征即退项目"列"本月数"=第11栏"销项税额""即征即退项目"列"本月数"－第18栏"实际抵扣税额""即征即退项目"列"本月数"－"实际抵减额"。

适用加计抵减政策的纳税人是指，按照规定计提加计抵减额，并可从本期适用一般计税方法计算的应纳税额中抵减的纳税人（下同）。"实际抵减额"是指按照规定可从本期适用一般计税方法计算的应纳税额中抵减的加计抵减额，分别对应《附列资料（四）》第6行"一般项目加计抵减额计算"、第7行"即征即退项目加计抵减额计算"的"本期实际抵减额"列。

2.其他纳税人按表中所列公式填写。

（三十四）第20栏"期末留抵税额"："本月数"按表中所列公式填写。

本栏"一般项目"列"本年累计"不填写。

（三十五）第21栏"简易计税办法计算的应纳税额"：反映纳税人本期按简易计税方法计算并应缴纳的增值税额，但不包括按简易计税方法计算的纳税检查应补缴税额。按以下公式计算填写：

本栏"一般项目"列"本月数"=《附列资料（一）》（第10列第8、9a、10、11行之和－第10列第14行）+（第14列第9b、12、13a、13b行之和－第14列第15行）；

本栏"即征即退项目"列"本月数"=《附列资料（一）》第10列第14行+第14列第15行。

营业税改征增值税的纳税人，服务、不动产和无形资产按规定汇总计算缴纳增值税的分支机构，应将预征增值税额填入本栏。预征增值税额＝应预征增值税的销售额×预征率。

（三十六）第22栏"按简易计税办法计算的纳税检查应补缴税额"：填写纳税人本期因税务、财政、审计部门检查并按简易计税方法计算的纳税检查应补缴税额。

（三十七）第23栏"应纳税额减征额"：填写纳税人本期按照税法规定减征的增值税应纳税额。包含按照规定可在增值税应纳税额中全额抵减的增值税税控系统专用设备费用以及技术维护费。

当本期减征额小于或等于第19栏"应纳税额"与第21栏"简易计税办法计算的应纳税额"之和时，按本期减征额实际填写；当本期减征额大于第19栏"应纳税额"与第21栏"简易计税办法计算的应纳税额"之和时，按本期第19栏与第21栏之和填写。本期减征额不足抵减部分结转下期继续抵减。

（三十八）第24栏"应纳税额合计"：反映纳税人本期应缴增值税的合计数。按表中所列公式计算填写。

（三十九）第25栏"期初未缴税额（多缴为负数）"："本月数"按上一税款所属期申报表第32栏"期末未缴税额（多缴为负数）""本月数"填写。"本年累计"按上年度最后一个税款所属期申报表第32栏"期末未缴税额（多缴为负数）""本年累计"填写。

（四十）第26栏"实收出口开具专用缴款书退税额"：本栏不填写。

（四十一）第27栏"本期已缴税额"：反映纳税人本期实际缴纳的增值税额，但不包括本期入库的查补税款。按表中所列公式计算填写。

（四十二）第28栏"①分次预缴税额"：填写纳税人本期已缴纳的准予在本期增值税应纳税额中抵减的税额。

营业税改征增值税的纳税人，分以下几种情况填写：

1. 服务、不动产和无形资产按规定汇总计算缴纳增值税的总机构，其可以从本期增值税应纳税额中抵减的分支机构已缴纳的税款，按当期实际可抵减数填入本栏，不足抵减部分结转下期继续抵减。

2. 销售建筑服务并按规定预缴增值税的纳税人，其可以从本期增值税应纳税额中抵减的已缴纳的税款，按当期实际可抵减数填入本栏，不足抵减部分结转下期继续抵减。

3. 销售不动产并按规定预缴增值税的纳税人，其可以从本期增值税应纳税额中抵减的已缴纳的税款，按当期实际可抵减数填入本栏，不足抵减部分结转下期继续抵减。

4. 出租不动产并按规定预缴增值税的纳税人，其可以从本期增值税应纳税额中抵减的已缴纳的税款，按当期实际可抵减数填入本栏，不足抵减部分结转下期继续抵减。

（四十三）第29栏"② 出口开具专用缴款书预缴税额"：本栏不填写。

（四十四）第30栏"③ 本期缴纳上期应纳税额"：填写纳税人本期缴纳上一税款所属期应缴未缴的增值税额。

（四十五）第31栏"④ 本期缴纳欠缴税额"：反映纳税人本期实际缴纳和留抵税额抵减的增值税欠税额，但不包括缴纳入库的查补增值税额。

（四十六）第32栏"期末未缴税额（多缴为负数）"："本月数"反映纳税人本期期末应缴未缴的增值税额，但不包括纳税检查应缴未缴的税额。按表中所列公式计算填写。"本年累计"与"本月数"相同。

（四十七）第33栏"其中：欠缴税额（≥0）"：反映纳税人按照税法规定已形成欠税的增值税额。按表中所列公式计算填写。

（四十八）第34栏"本期应补（退）税额"：反映纳税人本期应纳税额中应补缴或应退回的数额。按表中所列公式计算填写。

（四十九）第35栏"即征即退实际退税额"：反映纳税人本期因符合增值税即征即退政策规定，而实际收到的税务机关退回的增值税额。

（五十）第36栏"期初未缴查补税额"："本月数"按上一税款所属期申报表第38栏"期末未缴查补税额""本月数"填写。"本年累计"按上年度最后一个税款所属期申报表第38栏"期末未缴查补税额""本年累计"填写。

（五十一）第37栏"本期入库查补税额"：反映纳税人本期因税务、财政、审计部门检查而实际入库的增值税额，包括按一般计税方法计算并实际缴纳的查补增值税额和按简易计税方法计算并实际缴纳的查补增值税额。

（五十二）第38栏"期末未缴查补税额"："本月数"反映纳税人接受纳税检查后应在本期期末缴纳而未缴纳的查补增值税额。按表中所列公式计算填写，"本年累计"与"本月数"相同。

（五十三）第39栏"城市维护建设税本期应补（退）税额"填写《附列资料（五）》城市维护建设税对应第11栏本期应补（退）税（费）额。

（五十四）第40栏"教育费附加本期应补（退）费额"：填写《附列资料（二）》教育费附加对应第11栏本期应补（退）税（费）额。

（五十五）第41栏"地方教育附加本期应补（退）费额"：填写《附列资料（二）》地方教育附加对应第11栏本期应补（退）税（费）额。

增值税及附加税费申报表（小规模纳税人适用）格式见表2-3。

表 2-3　增值税及附加税费申报表

（小规模纳税人适用）

纳税人识别号（统一社会信用代码）：□□□□□□□□□□□□□□□□□□

纳税人名称：

税款所属期：　　年　　月　　日至　　年　　月　　日　　　　填表日期：　　年　　月　　日　　　　金额单位：元（列至角分）

	项　目	栏　次	本期数		本年累计	
			货物及劳务	服务、不动产和无形资产	货物及劳务	服务、不动产和无形资产
一、计税依据	（一）应征增值税不含税销售额（3%征收率）	1				
	增值税专用发票不含税销售额	2				
	其他增值税发票不含税销售额	3				
	（二）应征增值税不含税销售额（5%征收率）	4	—		—	
	增值税专用发票不含税销售额	5	—		—	
	其他增值税发票不含税销售额	6	—		—	
	（三）销售使用过的固定资产不含税销售额	7(7≥8)				
	其中：其他增值税发票不含税销售额	8		—		—
	（四）免税销售额	9＝10＋11＋12				
	其中：小微企业免税销售额	10				
	未达起征点销售额	11		—		—
	其他免税销售额	12				

续表

项 目		栏 次	本期数		本年累计	
			货物及劳务	服务、不动产和无形资产	货物及劳务	服务、不动产和无形资产
	(五)出口免税销售额	13(13≥14)				
	其中:其他增值税发票不含税发票销售额	14				
二、税款计算	本期应纳税额	15				
	本期应纳税额减征额	16				
	本期免税额	17				
	其中:小微企业免税额	18				
	未达起征点免税额	19				
	应纳税额合计	20=15-16				
	本期预缴税额	21			—	—
	本期应补(退)税额	22=20-21			—	—
三、附加税费	城市维护建设税本期应补(退)税额	23				
	教育费附加本期应补(退)费额	24				
	地方教育附加本期应补(退)费额	25				

声明:此表是根据国家税收法律法规及相关规定填写的,本人(单位)对填报内容(及附带资料)的真实性、可靠性、完整性负责。

纳税人(签章):

年 月 日

经办人:
经办人身份证号:
代理机构签章:
代理机构统一社会信用代码:

受理人:
受理税务机关(章):
受理日期: 年 月 日

纳税提示

《增值税及附加税费申报表（小规模纳税人适用）》填写说明

本申报表（以下简称本表及填写说明）适用于增值税小规模纳税人（以下简称纳税人）。

一、名词解释

（一）本表及填写说明所称"货物"，是指增值税的应税货物。

（二）本表及填写说明所称"劳务"，是指增值税的应税加工、修理、修配劳务。

（三）本表及填写说明所称"服务、不动产和无形资产"，是指销售服务、不动产和无形资产（以下简称应税行为）。

（四）本表及填写说明所称"扣除项目"，是指纳税人发生应税行为，在确定销售额时，按照有关规定允许其从取得的全部价款和价外费用中扣除价款的项目。

二、填写说明

本表"货物及劳务"与"服务、不动产和无形资产"各项目应分别填写。

（一）"税款所属期"是指纳税人申报的增值税应纳税额的所属时间，应填写具体的起止年、月、日。

（二）"纳税人识别号（统一社会信用代码）"：填写纳税人的统一社会信用代码或纳税人识别号。

（三）"纳税人名称"栏，填写纳税人名称全称。

（四）第1栏"应征增值税不含税销售额(3%征收率)"：填写本期销售货物及劳务、发生应税行为适用3%征收率的不含税销售额，不包括应税行为适用5%征收率的不含税销售额、销售使用过的固定资产（不含不动产，下同）和销售旧货的不含税销售额、免税销售额、出口免税销售额、查补销售额，国家税务总局另有规定的除外。

纳税人发生适用3%征收率的应税行为且有扣除项目的，本栏填写扣除后的不含税销售额，与当期《附列资料（一）》第8栏数据一致，适用小微企业免征增值税政策的纳税人除外。

（五）第2栏"增值税专用发票不含税销售额"：填写纳税人自行开具和税务机关代开的增值税专用发票销售额合计。

（六）第3栏"其他增值税发票不含税销售额"：填写增值税发票管理系统开具的增值税专用发票之外的其他发票不含税销售额。

（七）第4栏"应征增值税不含税销售额(5%征收率)"：填写本期发生应税行为适用5%征收率的不含税销售额。

纳税人发生适用5%征收率应税行为且有扣除项目的，本栏填写扣除后的不含税销售额,与当期《附列资料(一)》第16栏数据一致,适用小微企业免征增值税政策的纳税人除外。

(八)第5栏"增值税专用发票不含税销售额":填写纳税人自行开具和税务机关代开的增值税专用发票销售额合计。

(九)第6栏"其他增值税发票不含税销售额":填写增值税发票管理系统开具的增值税专用发票之外的其他发票不含税销售额。

(十)第7栏"销售使用过的固定资产不含税销售额":填写销售自己使用过的固定资产和销售旧货的不含税销售额,销售额=含税销售额/(1+3%)。

(十一)第8栏"其中:其他增值税发票不含税销售额":填写纳税人销售自己使用过的固定资产和销售旧货,在增值税发票管理系统开具的增值税专用发票之外的其他发票不含税销售额。

(十二)第9栏"免税销售额":填写销售免征增值税的货物及劳务、应税行为的销售额,不包括出口免税销售额。

应税行为有扣除项目的纳税人,填写扣除之后的销售额。

(十三)第10栏"小微企业免税销售额":填写符合小微企业免征增值税政策的免税销售额,不包括符合其他增值税免税政策的销售额。个体工商户和其他个人不填写本栏次。

(十四)第11栏"未达起征点销售额":填写个体工商户和其他个人未达起征点(含支持小微企业免征增值税政策)的免税销售额,不包括符合其他增值税免税政策的销售额。本栏次由个体工商户和其他个人填写。

(十五)第12栏"其他免税销售额":填写销售免征增值税的货物及劳务、应税行为的销售额,不包括符合小微企业免征增值税和未达起征点政策的免税销售额。

(十六)第13栏"出口免税销售额":填写出口免征增值税货物及劳务、出口免征增值税应税行为的销售额。

应税行为有扣除项目的纳税人,填写扣除之前的销售额。

(十七)第14栏"其中:其他增值税发票不含税销售额":填写出口免征增值税货物及劳务、出口免征增值税应税行为,在增值税发票管理系统开具的增值税专用发票之外的其他发票销售额。

(十八)第15栏"本期应纳税额":填写本期按征收率计算缴纳的应纳税额。

(十九)第16栏"本期应纳税额减征额":填写纳税人本期按照税法规定减征的增值税应纳税额。包含可在增值税应纳税额中全额抵减的增值税税控系统专用设备费用以及技术维护费,可在增值税应纳税额中抵免的购置税控收款机的增值税税额,支持和促进重点群体创业就业、扶持自主就业退役士兵创业就业等有关税收政策可扣减的增值税额,按照规定可填列的减按征收对应的减征增值税税额等。

当本期减征额小于或等于第15栏"本期应纳税额"时,按本期减征额实际填写;当本期减征额大于第15栏"本期应纳税额"时,按本期第15栏填写,本期减征额不足抵减部分结转下期继续抵减。

(二十)第17栏"本期免税额":填写纳税人本期增值税免税额,免税额根据第9栏"免税销售额"和征收率计算。

（二十一）第 18 栏"小微企业免税额"：填写符合小微企业免征增值税政策的增值税免税额，免税额根据第 10 栏"小微企业免税销售额"和征收率计算。

（二十二）第 19 栏"未达起征点免税额"：填写个体工商户和其他个人未达起征点（含支持小微企业免征增值税政策）的增值税免税额，免税额根据第 11 栏"未达起征点销售额"和征收率计算。

（二十三）第 21 栏"本期预缴税额"：填写纳税人本期预缴的增值税额，但不包括查补缴纳的增值税额。

（二十四）第 23 栏"城市维护建设税本期应补（退）税额"：填写《附列资料（二）》城市维护建设税对应第 9 栏本期应补（退）税（费）额。

（二十五）第 24 栏"教育费附加本期应补（退）费额"：填写《附列资料（二）》教育费附加对应第 9 栏本期应补（退）税（费）额。

（二十六）第 25 栏"地方教育附加本期应补（退）费额"：填写《附列资料（二）》地方教育附加对应第 9 栏本期应补（退）税（费）额。

练习题
（项目二）

练习题答案
（项目二）

项目三　消费税纳税实务

引言

党的二十大报告指出，中国式现代化既是"全体人民共同富裕的现代化"，也是"人与自然和谐共生的现代化"。为实现共同富裕目标，党的二十大报告强调要"加大税收、社会保障、转移支付等的调节力度"；为推动人与自然和谐共生，党的二十大报告强调要"完善支持绿色发展的财税、金融、投资、价格政策和标准体系"。作为我国重要税种之一的消费税，既对部分高档消费品征收，又针对特定高耗能、高污染产品征收，同时具备调节收入分配和支持绿色发展的职能作用。近年来，我国持续推进消费税改革并取得积极成效，但现行消费税仍存在一些需要解决的问题。面对新形势新任务，习近平总书记明确指出要加大消费环节税收调节力度，研究扩大消费税征收范围。因此，有必要回顾消费税改革历程，坚持问题导向，持续优化消费税制度，进一步发挥消费税的职能作用。

任务一　消费税的认知

一、消费税概述

（一）概念

消费税是对我国境内从事生产、委托加工和进口应税消费品的单位和个人就其销售额或销售数量，在特定环节征收的一种税。简单地说，消费税就是对特定的消费品和消费行为征收的一种税。

消费税是在对货物普遍征收增值税的基础上，选择少数消费品再征收的一个税种，主要是为了调节产品结构，引导消费方向，保证国家财政收入。

消费税是世界各国广泛征收的税种。根据荷兰克劳森教授的研究，在 129 个样本国家或地区中有 119 个国家或地区开征了消费税。消费税是商品（劳务）税的一个重要税种，发展中国家大多重视商品（劳务）税，因此消费税在其税收收入中一般占比较高。尽管在以所得税为主体的国家中消费税占其税收收入的比重有所下降，但仍然受到各国的普遍重视。

（二）特点

1. 征收范围具有选择性

我国消费税并不是对所有的消费品和消费行为都征收，而是基于调节消费、引导生产、节约资源、保护环境等目的，选择部分特定消费品和消费行为征税。因此，消费税在征收范围上仅选择部分高档消费品、非生活必需品、奢侈品及需要限制消费和具有财政意义的消费品征税，而不是对所有消费品都征收消费税，以起到特殊的调节作用。

2. 征税环节具有单一性

消费税主要采用一次课征制度，除少数商品（如金银首饰、钻石首饰在零售环节征税，卷烟在批发环节加征一道消费税）外，大部分商品主要在出厂销售或者进口环节征税，其他环节一般不再征收消费税。用外购的已税消费品进行应税消费品的生产时，则通过扣除已纳消费税税额的办法避免重复课税。消费税选择在生产销售环节课征，其主要目的是节省征收成本、提高征收效率、防止税源流失。

3. 征收方法具有灵活性

消费税根据每一课税对象的不同特点，选择不同的征收方法。一般对价格差异较大且便于按价格核算的应税消费品采用从价定率征收；对价格差异小，品种、规格比较单一的大宗应税消费品从量定额征收；而对于一些特殊商品（在我国主要是烟酒），实行从价和从量复合计征。

4. 税收负担的转嫁性

增值税实行价外计税，而消费税是价内税，即消费税款包含在应税消费品的价格之中。纳税人在生产销售环节、零售环节、进口环节、批发环节缴纳的消费税税款，都会以提高应税商品价格的方式转嫁给最终消费者，也就是说，消费者才是消费税的最终负担者。

5. 征收方法具有特殊性

消费税属于国家运用税收杠杆对某些消费品或消费行为特殊调节的税种。这一特性主要表现在消费税的平均税率水平比较高且税负差异大。消费税的平均税率水平一般定得比较高，并且不同征税项目的税负差异较大，对需要限制或控制消费的消费品，通常税负较重，如卷烟的比例税率可高达 56%。

（三）纳税义务人

消费税的纳税义务人是指在中华人民共和国境内生产、委托加工和进口《中华人民共和国消费税暂行条例》规定的消费品（以下简称应税消费品）的单位和个人，以及国务院确定的销售应税消费品的其他单位和个人。"中华人民共和国境内"是指生产、委托、加工和进口应税消费品的起运地或所在地在我国境内；"单位"是指各类企业、行政单位、事业单位、军事单位、社会团体及其他单位；"个人"是指个体工商户及其他个人。

二、消费税的纳税环节

（一）生产应税消费品

我国大部分应税消费品在生产销售环节征收消费税。对于大多数消费税商品而言，在生产销售环节征税以后，流通环节不再缴纳消费税。但卷烟在生产销售环节征税后，还需要在批发环节再征收消费税。自产自用的应税消费品，如果用于应税消费品生产使用，则不缴纳消费税；如果用于其他用途，则于转移时缴纳消费税。

（二）委托加工应税消费品

委托加工应税消费品是指委托方提供原料和主要材料，受托方只收取加工费和代垫部分辅助材料加工的应税消费品。委托加工的应税消费品，由受托方向委托方交货时代收代缴税款。委托人委托个体经营者加工的，委托方收回后在委托方所在地缴纳消费税税款。委托加工的应税消费品收回后，再继续用于生产应税消费品销售且符合现行政策规定的，其加工环节缴纳的消费税税款可以扣除。

（三）进口应税消费品

单位和个人进口属于消费税征税范围的货物，在进口环节要缴纳消费税。为了减少征税成本，进口环节缴纳的消费税由海关代征。

（四）零售应税消费品

经国务院批准，自 1995 年 1 月 1 日起，金银首饰消费税由生产环节征收改为零售环节征收。改在零售环节征收消费税的金银首饰范围仅限于金、银和金基、银基合金首饰，以及金、银和金基、银基合金的镶嵌首饰，进口环节暂不征收，零售环节适用税率为 5%，在纳税人销售金银首饰、钻石及钻石饰品时征收。其计税依据是不含增值税的销售额。

对既销售金银首饰，又销售非金银首饰的生产、经营单位，应将两类商品划分清楚，分别核算销售额。凡划分不清楚或不能分别核算的，在生产环节销售的，一律从高适用税率征收消费税；在零售环节销售的，一律按金银首饰征收消费税。金银首饰与其他产品组成成套消费品销售的，应按销售额全额征收消费税。金银首饰连同包装物销售的，无论包装物是否单独计价，也无论会计上如何核算，均应并入金银首饰的销售额计征消费税。带料加工的金银首饰，应按受托方销售同类金银首饰的销售价格确定计税依据征收消费税；没有同类金银首饰的销售价格的，按照组成计税价格计算纳税。纳税人采用以旧换新（含翻新改制）方式销售的金银首饰，应按实际收取的不含增值税的全部价款确定计税依据征收消费税。

（五）卷烟批发环节

自 2009 年 5 月 1 日起，卷烟在批发环节加征一道从价税。自 2015 年 5 月 10 日起，卷烟批发环节从价税税率由 5% 提高至 11%，并按 0.005 元 / 支加征从量税。纳税人兼营卷烟批发和零售业务的，应当分别核算批发和零售环节的销售额、销售数量；未分别核算批发和零售环节销售额、销售数量的，按照全部销售额、销售数量计征批发环节消费税。

卷烟消费税在生产和批发两个环节征收后，批发企业在计算纳税时不得扣除已含的生产环节的消费税税款。

纳税提示

烟草批发企业将卷烟销售给其他烟草批发企业的，不缴纳消费税。纳税人兼营卷烟批发和零售业务的应当分别核算，未分别核算的按照全部销售额、销售数量计征批发环节消费税。

三、消费税的税目和税率

（一）消费税的税目

现行消费税的税目共有 15 个，具体征税范围如下。

1. 烟

烟是以烟叶为原料加工生产的特殊消费品，本税目下设卷烟（分生产环节和批发环节）、雪茄烟和烟丝三类。其中，卷烟是指将各种烟叶切成烟丝并按照一定的配方加之以糖、酒、香料加工而成的产品。

卷烟的征税范围包括各种规格型号的国产卷烟、进口卷烟、白包卷烟、手工卷烟等；雪茄烟的征税范围包括各种规格型号的雪茄烟；烟丝的征税范围包括以烟叶为原料加工生产的不经卷制的散装烟，如斗烟、莫合烟、烟末、水烟、黄红烟丝等。

2. 酒

酒是指酒精度在 1 度以上的各种酒类饮料。本税目下设白酒、啤酒、黄酒和其他酒 4 个子目。

(1) 白酒：指以高粱、玉米、大米、糯米、大麦、小麦、青稞等各种粮食为原料，经过糖化、发酵后，采用蒸馏方法酿制的白酒。白酒分为粮食白酒和薯类白酒。

(2) 黄酒：指以糯米、粳米、籼米、大米、黄米、玉米、小麦、薯类等为原料，经加温、糖化、发酵、压榨酿制的酒。由于工艺、配料和含糖量的不同，黄酒分为干黄酒、半干黄酒、半甜黄酒、甜黄酒 4 类。黄酒的征税范围包括各种原料酿制的黄酒和酒精度超过 12 度（含 12 度）的土甜酒。

(3) 啤酒：指以大麦或其他粮食为原料，加入啤酒花，经糖化、发酵、过滤酿制的含有二氧化碳的酒。啤酒按照杀菌方法的不同，可分为熟啤酒和生啤酒或鲜啤酒。啤酒的征税范围包括各种包装和散装的啤酒。无醇啤酒比照啤酒征税。对啤酒源、菠萝啤酒、果啤应按啤酒征收消费税。

果啤是一种口味介于啤酒和饮料之间的低度酒精饮料，主要成分为啤酒和果汁。根据国税函〔2005〕333 号文，果啤应征消费税。对饮食业、商业、娱乐业举办的啤酒屋（啤酒坊）利用啤酒生产设备生产的啤酒，应当征收消费税。

(4) 其他酒：指除白酒、黄酒、啤酒以外，酒精度在 1 度以上的各种酒，包括糠麸白酒、其他原料白酒、土甜酒、复制酒、果木酒、药酒等。国税函〔2008〕742 号文件中规定，调味料酒不征收消费税。

《国家税务总局关于配制酒消费税适用税率问题的公告》(国家税务总局公告 2011 年第 53 号) 规定，对以蒸馏酒或食用酒精为酒基，同时符合以下条件的配制酒，按消费税税目税率表"其他酒"10% 适用税率征收消费税：① 具有国家相关部门批准的国食健字或卫食健字文号；② 酒精度低于 38 度 (含)。以发酵酒为酒基，酒精度低于 20 度 (含) 的配制酒，按"其他酒"10% 适用税率征收消费税。其他配制酒，按"白酒"税率征收消费税。

3. 高档化妆品

本税目征收范围包括高档美容、修饰类化妆品，高档护肤类化妆品和成套化妆品。高档美容、修饰类化妆品和高档护肤类化妆品是指生产 (进口) 环节销售 (完税) 价格 (不含增值税) 在 10 元 / 毫升 (克) 或 15 元 / 片 (张) 及以上的美容、修饰类化妆品和护肤类化妆品。

从 2016 年 10 月 1 日起，取消对普通美容、修饰类化妆品征收消费税，将"化妆品"税目更名为"高档化妆品"。

4. 贵重首饰及珠宝玉石

本税目征税范围包括各种金银珠宝首饰和经采掘、打磨、加工的各种珠宝玉石。金银珠宝首饰包括凡以金、银、白金、宝石、珍珠、钻石、翡翠、珊瑚、玛瑙等高贵稀有物质以及其他金属、人造宝石等制作的各种纯金银首饰及镶嵌首饰 (含人造金银、合成金银首饰等)。宝石坯是经采掘、打磨、初级加工的珠宝玉石半成品，因此，对宝石坯应按规定征收消费税。

5. 鞭炮、焰火

本税目征税范围包括各种鞭炮、焰火。鞭炮、焰火通常分为 13 类，即喷花类、旋转类、旋转升空类、火箭类、吐珠类、线香类、小礼花类、烟雾类、造型玩具类、爆竹类、摩擦炮类、组合烟花类和礼花弹类。

体育上用的发令纸、鞭炮药引线，不按本税目征税。

6. 成品油

本税目包括汽油、柴油、航空煤油、石脑油、溶剂油、润滑油和燃料油 7 个子目。

(1) 汽油：指用原油或其他原料加工生产的辛烷值不小于 66 的可用作汽油发动机燃料的各种轻质油。汽油分为车用汽油和航空汽油。以汽油、汽油组分调和生产的甲醇汽油、乙醇汽油也属于本税目征收范围。

(2) 柴油：指用原油或其他原料加工生产的倾点或凝点在 -50 号至 30 号的可用作柴油发动机燃料的各种轻质油和以柴油组分为主、经调和精制可用作柴油发动机燃料的非标油。以柴油、柴油组分调和生产的生物柴油也属于本税目征收范围。

(3) 航空煤油：也叫喷气燃料，是用原油或其他原料加工生产的用作喷气发动机和喷气推进系统燃料的各种轻质油。

(4) 石脑油：又叫化工轻油，是以原油或其他原料加工生产的用于化工原料的轻质油。

石脑油的征税范围包括除汽油、柴油、航空煤油、溶剂油以外的各种轻质油。

非标汽油、重整生成油、拔头油、戊烷原料油、轻裂解料 (减压柴油 VGO 和常压柴油 AGO)、重裂解料、加氢裂化尾油、芳烃抽余油均属轻质油，属于石脑油征税范围。

(5) 溶剂油：用原油或其他原料加工生产的用于涂料、油漆、食用油、印刷油墨、皮革、农药、橡胶、化妆品生产和机械清洗、胶黏行业的轻质油。橡胶填充油、溶剂油原料，属于溶剂油征税范围。

(6) 润滑油：用原油或其他原料加工生产的用于内燃机，机械加工过程的润滑产品。润滑油分为矿物性润滑油、植物性润滑油、动物性润滑油和化工原料合成润滑油。

(7) 燃料油：也称重油、渣油，是用原油或其他原料加工生产，主要用作电厂发电，锅炉用燃料、加热炉燃料、冶金和其他工业炉燃料。蜡油、船用重油、常压重油、减压重油、180CTS 燃料油、7 号燃料油、糠醛油、工业燃料油、4 ~ 6 号燃料油等油品的主要用途是作为燃料燃烧，属于燃料油征税范围。

根据财税〔2019〕98 号文的规定，从 2009 年 1 月 1 日起，对成品油生产企业在生产成品油过程中，作为燃料、动力及原料消耗掉的自产成品油免征消费税；对用于其他用途或直接对外销售的成品油照章征收消费税。根据国家税务总局公告 2012 年第 46 号的规定，自 2012 年 11 月 1 日起，催化料、焦化料属于燃料油的征收范围，应当征收消费税。

7. 摩托车

摩托车是指气缸容量为 250 毫升的摩托车和气缸容量为 250 毫升 (不含) 以上的摩托车两种。

8. 小汽车

小汽车是指由动力驱动，具有 4 个或 4 个以上车轮的非轨道承载的车辆。小汽车税目下设乘用车、中轻型商务客车子税目。乘用车征收范围包括含驾驶员座位在内最多不超过 9 个座位 (含) 的、在设计和技术特性上用于载运乘客和货物的各类乘用车。中轻型商务车征收范围包括含驾驶员座位在内的座位数在 10 ~ 23 座 (含 23 座) 的，在设计和技术特性上用于载运乘客和货物的各类中轻型商用客车。

根据《财政部国家税务总局关于对超豪华小汽车加征消费税有关事项》的通知 (财税〔2016〕129 号) 的规定，自 2016 年 12 月 1 日起，"小汽车"税目下增设"超豪华小汽车"子税目。征收范围为每辆零售价格 130 万元 (不含增值税) 及以上的乘用车和中轻型商用客车，即乘用车和中轻型商用客车子税目中的超豪华小汽车。

纳税提示

2014 年 12 月 1 日起，取消汽车轮胎税目，即取消征收汽车轮胎消费税。汽车轮胎税目中的子午线轮胎 (子午线轮胎是指在轮胎结构中，胎体帘线按子午线方向排列，并有钢丝帘线，排列几乎接近圆周方向的带束层束紧胎体的轮胎) 和翻新轮胎免征消费税。其余汽车轮胎按 10% 的比例税率征收消费税。

9. 高尔夫球及球具

高尔夫球及球具是指从事高尔夫球运动所需的各种专用装备，包括高尔夫球、高尔夫球杆及高尔夫球包（袋）等。

10. 高档手表

高档手表是指销售价格（不含增值税）每只在 100（含）万元以上的各类手表。

11. 游艇

游艇是指长度大于 8 米小于 90 米，船体由玻璃钢、钢、铝合金、塑料等多种材料制作，可以在水上移动的水上浮载体。按照动力划分，游艇分为无动力艇、帆艇和机动艇。本税目征收的范围包括艇身长度大于 8 米（含）小于 90 米（含），内置发动机，可以在水上移动，一般为私人或者团体购置，主要用于水上运动和休闲娱乐等活动的各类机动艇。

12. 木制一次性筷子

木制一次性筷子是指以木材为原料经过锯段、浸泡、旋切、刨切、烘干、打磨、倒角、包装等环节加工而成的各类一次性使用的筷子。未经打磨、倒角的一次性筷子属于本税目征税范围。

纳税提示

为增强环保意识、引导消费和节约木材资源，国家税务总局于 2006 年 3 月 20 日发文规定：自 2006 年 4 月 1 日起对木制一次性筷子加征 5% 的消费税。消费税属于国税税种，征收的对象是筷子生产厂家，按照营业额的 5% 缴纳消费税。国家对一次性木筷征收 5% 的消费税，并不能使一次性木筷的价格提高多少，主要目的在于提醒消费者少用一次性木筷，保护国家的森林资源。注意"木制一次性筷子"表述的完整性，如果木制筷子不是供一次性使用的，不用交消费税。

13. 实木地板

实木地板是指以木材为原料，经锯割、干燥、刨光、截断、开榫、涂漆等工序加工而成的块状或条状的地面装饰材料。实木地板按生产工艺不同，可分为独板（块）实木地板、实木指接地板和实木复合地板三类；按表面处理状态不同，可分为未涂地板（白坯板、素板）和漆饰地板两类。本税目征收范围包括各类规格的实木地板、实木指接地板、实木复合地板及用于装饰墙壁和天棚的侧端面为榫和槽的实木装饰板和未经涂饰的素板。

14. 电池

电池是一种将化学能、光能等直接转换为电能的装置，一般由电极、电解质、容器、极端，通常还有隔离层组成的基本功能单元，以及用一个或多个基本功能单元装配成的电池组。电池的征税范围包括原电池、蓄电池、燃料电池、太阳能电池和其他电池。原电池又称一次电池,是按照不可以充电设计的电池,包括锌原电池、锂原电池和其他原电池;蓄电池又称二次电池,是指按照可充电、重复使用设计的电池,包括酸性蓄电池、碱性或其他非酸性蓄电池、氧化还原液流电池和其他蓄电池;燃料电池是指通过一个电化学过程,将连续供应的反应物和氧化剂的化学能直接转换为电能的电化学发电装置;太阳能电池是指将太阳光能转化成电能的装置。

15. 涂料

涂料是指涂于物体表面能形成具有保护、装饰或特殊性能的固态涂膜的一类液体或固体材料的总称。涂料由主要成膜物质、次要成膜物质等构成。按主要成膜物质划分,涂料可分为油脂类、天然树脂类、酚醛树脂类、沥青类、醇酸树脂类、氨基树脂类、硝基类、过滤乙烯树脂类、烯类树脂类、丙烯酸酯类树脂类、聚酯树脂类、环氧树脂类、聚氨酯树脂类、元素有机类、橡胶类、纤维素类、其他成膜物类等。

自 2015 年 2 月 1 日起对涂料征收消费税。对施工状态下挥发性有机物(VOC)含量低于 420 克 / 升(含)的涂料免征消费税。

(二)消费税的税率

1. 消费税的税率形式

消费税的税率有两种形式:比例税率和定额税率。我国消费税共设置了 20 多档不同的税率或者税额,大多采用比例税率,对于啤酒、黄酒、成品油等采用定额税率,对于白酒、卷烟等实行从价定率和从量定额复合计征,具体见表 3-1。

表 3-1   消费税税目税率(税额)表

税　　目	税率(税额)
一、烟 1. 卷烟 (1) 甲类卷烟〔调拨价在 70 元 / 条(不含增值税)以上(含)〕 (2) 乙类卷烟〔调拨价在 70 元 / 条(不含增值税)以下〕 (3) 批发环节 2. 雪茄烟 3. 烟丝 4. 电子烟	 56% 加 0.003 元 / 支(生产环节) 36% 加 0.003 元 / 支(生产环节) 11% 加 0.005 元 / 支(批发环节) 36%(生产环节) 30%(生产环节) 36%(生产环节)
二、酒 1. 白酒 2. 黄酒 3. 啤酒 (1) 甲类啤酒〔出厂价(含包装物和包装物押金)≥ 3 000 元〕 (2) 乙类啤酒〔出厂价(含包装物和包装物押金)＜ 3 000 元〕 4. 其他酒	 20% 加 0.5 元 /500 克(或者 500 毫升) 240 元 / 吨 250 元 / 吨 220 元 / 吨 10%

续表

税　目	税率（税额）
三、高档化妆品	15%
四、贵重首饰及珠宝玉石	
1.金银首饰、铂金首饰和钻石及钻石饰品	5%
2.其他贵重首饰和珠宝玉石	10%
五、鞭炮、焰火	15%
六、成品油	
1.汽油	1.52元/升
2.柴油	1.20元/升
3.航空煤油	1.20元/升
4.石脑油	1.52元/升
5.溶剂油	1.52元/升
6.润滑油	1.52元/升
7.燃料油	1.20元/升
七、摩托车	
1.气缸容量（排气量，下同）为250毫升的	3%
2.气缸容量在250毫升（不含）以上的	10%
八、小汽车	
1.乘用车	
(1)气缸容量（排气量，下同）在1.0升（含1.0升）以下的	1%
(2)气缸容量在1.0升至1.5升（含1.5升）的	3%
(3)气缸容量在1.5升至2.0升（含2.0升）的	5%
(4)气缸容量在2.0升至2.5升（含2.5升）的	9%
(5)气缸容量在2.5升至3.0升（含3.0升）的	12%
(6)气缸容量在3.0升至4.0升（含4.0升）的	25%
(7)气缸容量在4.0升以上的	40%
2.中轻型商用客车	5%
3.超豪华小汽车	10%(零售环节)
九、高尔夫球及球具	10%
十、高档手表	20%
十一、游艇	10%
十二、木制一次性筷子	5%
十三、实木地板	5%
十四、电池	4%
十五、涂料	4%

注：电子烟消费税于2022年11月1日起开始征收。

2. 消费税适用税率的特殊规定

(1) 最高税率的运用。消费税按照税目设置不同税率，征税界限清楚，一般不会发生错用税率的情况。但对于下列情况，要适用最高税率征税：① 纳税人兼营不同税率的应税消费品未分别核算的，按最高税率征税；② 纳税人将应税消费品与非应税消费品以及适用税率不同的应税消费品组成成套消费品销售的，应根据成套消费品的销售金额按应税消费品中适用最高税率的消费品税率征税。例如，某酒厂主要生产白酒和其他酒，现将白酒和药酒各 1 斤组装套装，白酒 80 元 / 斤，药酒 100 元 / 斤，组装套装每套不含税价格为 200 元，则应缴纳的消费税为 $200 \times 20\% + 2 \times 0.5 = 41$ 元。

(2) 适用税率的特殊规定。对白包卷烟、手工卷烟、自产自用没有同号牌规格调拨价的卷烟、委托加工没有同牌号规格调拨价的卷烟、未经国务院批准纳入计划的企业和个人生产的卷烟，除定额税率外，一律按照 56% 的比例税率征收消费税。

每条进口卷烟 (200 支) 确定消费税适用比例税率按照价格确定。价格计算公式如下：

$$价格 = \frac{关税完税价格 + 关税 + 消费税定额税率}{1 - 消费税税率}$$

如果适用比例税率的价格大于等于 70 元的，适用比例税率为 56%；如果价格小于 70 元的，适用比例税率为 36%。

3. 国内消费税免税政策

国家对消费税的特殊征税对象出台了一些优惠政策。

(1) 废矿物油再生油品免征消费税。为进一步促进资源综合利用和环境保护，经国务院批准，《财政部国家税务总局关于对废矿物油再生油品免征消费税的通知》（财税〔2013〕105 号）实施期限延长 5 年，自 2018 年 11 月 1 日至 2023 年 10 月 31 日止。

(2) 跨境电子商务零售进口的消费税政策。自 2019 年 1 月 1 日起，跨境电商零售进口商品单次交易在 5 000 元内、年度交易在 26 000 元内的，免征进口环节消费税。完税价格超过 5 000 元单次交易限值但低于 26 000 元年度交易限值，且订单下仅一件商品时，可以自跨境电商零售渠道进口，按照货物税率全额征收关税和进口环节增值税、消费税，交易额计入年度交易总额。年度交易总额超过年度交易限值的，应按一般贸易管理。

任务二 ▶▶▶ 消费税应纳税额的计算

一、消费税的计税方法

（一）从价定率计征

在从价定率计算方法下，应纳税额等于应税消费品的销售额乘以适用税率，应纳税额的多少取决于应税消费品的销售额和适用税率两个因素。

$$应纳税额 = 销售额 \times 税率$$

在从价计征的情况下，当税率一定时，应纳税额的计算取决于应税销售额的多少。因此，销售额的确定是应纳税额确定的关键。

1. 一般销售额的确定

应税消费品的销售额是指纳税人销售应税消费品向购买方收取的全部价款和价外费用，不包括应向购买方收取的增值税税款。价外费用是指价外向购买方收取的手续费、补贴、基金、集资费、返还利润、奖励费、违约金、滞纳金、延期付款利息、赔偿金、代收款项、代垫款项、包装费、包装物租金、储备费、优质费、运输装卸费以及其他各种性质的价外收费。但下列项目不包括在销售额内：

(1) 同时符合以下条件的代垫运输费用：一是承运部门的运输费用发票开具给购买方的；二是纳税人将该项发票转交给购买方的。

(2) 同时符合以下条件代为收取的政府性基金或者行政事业性收费：

① 由国务院或者财政部批准设立的政府性基金，由国务院或者省级人民政府及其财政、价格主管部门批准设立的行政事业性收费。

② 收取时开具省级以上财政部门印制的财政票据。

③ 所收款项全额上缴财政。

2. 特殊销售额的确定

(1) 纳税人通过自设非独立核算门市部销售的自产应税消费品，应当按照门市部对外销售额或者销售数量征收消费税。

(2) 纳税人用于换取生产资料和消费资料、投资入股和抵偿债务等方面的应税消费品，应当以纳税人同类应税消费品的最高销售价格作为计税依据计算消费税。

(3) 白酒生产企业向商业销售单位收取的"品牌使用费"是随着应税白酒的销售而向购货方收取的，属于应税白酒销售价款的组成部分，因此，不论企业采取何种方式或以何种名义收取价款，均应并入白酒的销售额中缴纳消费税。

(4) 实行从价计征办法征收消费税的应税消费品连同包装销售的，无论包装物是否单独计价以及在会计上如何核算，均应并入应税消费品的销售额中缴纳消费税。

如果包装物不作价随同产品销售，而是收取押金，则此项押金不应并入应税消费品的销售额中征税。但对因逾期未收回的包装物不再退还的或者已收取的时间超过 12 个月的押金，应并入应税消费品的销售额，缴纳消费税。

对包装物既作价随同应税消费品销售，又另外收取押金的包装物的押金，凡纳税人在规定的期限内没有退还的，均应并入应税消费品的销售额，按照应税消费品的适用税率缴纳消费税。

对酒类生产企业销售酒类产品而收取的包装物押金，无论押金是否返还及会计上如何核算，均应并入酒类产品销售额，征收消费税。

(5) 纳税人采用以旧换新（含翻新改制）方式销售的金银首饰，应按实际收取的不含增值税的全部价款确定计税依据征收消费税。

对既销售金银首饰，又销售非金银首饰的生产、经营单位，应将两类商品划分清楚，分别核算销售额。凡划分不清楚或不能分别核算的并在生产环节销售的，一律从高适用税率征收消费税；在零售环节销售的，一律按金银首饰征收消费税。

金银首饰与其他产品组成成套消费品销售的，应按销售额全额征收消费税。

金银首饰连同包装物销售的，无论包装是否单独计价，也无论会计上如何核算，均应并入金银首饰的销售额计征消费税。

带料加工的金银首饰，应按受托方销售同类金银首饰的销售价格确定计税依据征收消费税。没有同类金银首饰销售价格的，按照组成计税价格计算纳税。

(6) 纳税人销售的应税消费品，以人民币以外的货币结算销售额的，其销售额的人民币折合率可以选择销售额发生的当天或者当月 1 日的人民币汇率中间价。纳税人应在事先确定采取何种折合率，确定后 1 年内不得变更。

3. 含增值税销售额的换算

应税消费品在缴纳消费税的同时，与一般货物一样，还应缴纳增值税。按照《中华人民共和国消费税暂行条例实施细则》的规定，应税消费品的销售额，不包括应向购货方收取的增值税税款。如果纳税人应税消费品的销售额中未扣除增值税税款或者因不得开具增值税专用发票而发生价款和增值税税款合并收取的，在计算消费税时，应将含增值税的销售额换算为不含增值税税款的销售额。其换算公式为

$$应税消费品的销售额=\frac{含增值税的销售额}{1+增值税税率或征收率}$$

在使用换算公式时，应根据纳税人的具体情况分别使用增值税税率或征收率。如果消费税的纳税人同时又是增值税一般纳税人的，应适用 13% 的增值税税率；如果消费税的纳税人是增值税小规模纳税人的，应适用 3% 的征收率。

【例 3-1】 某化妆品生产企业为增值税一般纳税人，2023 年 11 月 5 日向某商场销售一批高档化妆品，销售额为 50 万元，增值税为 8 万元，已开具增值税专用发票，货款已收到；11 月 16 日向某单位销售一批高档化妆品，销售额为 33.9 万元，开具普通发票。已知高档化妆品消费税税率为 15%。该企业 11 月应纳消费税的销售额是多少？应缴纳的消费税是多少？

【解析】

$$该企业应纳消费税的销售额=50+\frac{33.9}{1+13\%}=80 万元$$

该企业应缴纳的消费税 $=80×15\%=12$ 万元

(二) 从量定额计征

在从量定额计算方法下，应纳税额等于应税消费品的销售数量乘以单位税额，应纳税额的多少取决于应税消费品的销售数量和单位税额两个因素。

$$应纳税额=销售数量×单位税额$$

我国消费税对黄酒、啤酒、汽油、柴油等实行定额税率，采用从量定额的办法征税。其计税依据是纳税人销售应税消费品的数量。

1. 销售数量的确定

销售数量是指纳税人生产、加工和进口应税消费品的数量。其具体规定如下：

(1) 销售应税消费品的，为应税消费品的销售数量。

(2) 自产自用应税消费品的，为应税消费品的移送使用数量。

(3) 委托加工应税消费品的，为纳税人收回的应税消费品数量。

(4) 进口应税消费品的，为海关核定的应税消费品进口征税数量。

2. 从量定额的换算标准

为了规范不同产品的计量单位，以准确计算应纳税额，《消费税暂行条例实施细则》规定了吨与升两个计量单位的换算标准，具体标准见表 3-2。

表 3-2　计量单位换算标准

序号	产　品	换算标准
1	黄酒	1 吨 = 962 升
2	啤酒	1 吨 = 988 升
3	汽油	1 吨 = 1 388 升
4	柴油	1 吨 = 1 176 升
5	航空煤油	1 吨 = 1 246 升
6	石脑油	1 吨 = 1 385 升
7	溶剂油	1 吨 = 1 282 升
8	润滑油	1 吨 = 1 126 升
9	燃料油	1 吨 = 1 015 升

（三）从价定率和从量定额复合计征

卷烟和白酒实行从价定率和从量定额相结合的复合计征办法征收消费税。

销售额为纳税人生产销售卷烟、白酒向购买方收取的全部价款和价外费用。销售数量为纳税人生产销售、进口、委托加工、自产自用卷烟、白酒的销售数量，海关核定数量、委托方收回数量和移送使用数量。

二、直接对外销售应税消费品应纳税额的计算

（一）从价定率计算

实行从价定率计征消费税的，其计算公式为

$$应纳税额 = 销售额 \times 比例税率$$

【例 3-2】某木地板厂为增值税一般纳税人。2023 年 9 月 15 日向某装修公司销售一批实木地板，取得含增值税销售额 113 万元。已知实木地板适用的增值税税率为 13%，消

费税税率为5%。计算该厂当月应纳消费税税额。

【解析】

$$不含增值税销售额 = \frac{113}{1+13\%} = 100 \text{ 万元}$$

$$应纳消费税税额 = 100 \times 5\% = 5 \text{ 万元}$$

（二）从量定额计算

实行从量定额计征消费税的，其计算公式为

$$应纳税额 = 销售数量 \times 定额税率$$

【例 3-3】 某石化公司 2023 年 6 月销售汽油 1 000 吨，柴油 500 吨，另向本公司在建工程车辆提供汽油 5 吨。已知汽油 1 吨等于 1 388 升，柴油 1 吨等于 1 176 升；汽油的定额税率为 1.52 元 / 升，柴油的定额税率为 1.2 元 / 升。计算该公司当月应纳消费税税额。

【解析】

$$销售汽油应纳税额 = \frac{1\,000 \times 1\,388 \times 1.52}{10\,000} = 210.976 \text{ 万元}$$

$$销售柴油应纳税额 = \frac{500 \times 1\,176 \times 1.2}{10\,000} = 70.56 \text{ 万元}$$

$$在建工程车辆使用汽油应纳税额 = \frac{5 \times 1\,388 \times 1.52}{10\,000} = 1.054\,88 \text{ 万元}$$

$$应纳消费税税额合计 = 210.976 + 70.56 + 1.054\,88 = 282.590\,88 \text{ 万元}$$

（三）从价定率和从量定额复合计算

实行从价定率和从量定额复合计征消费税的，其计算公式为

$$应纳税额 = 销售额 \times 比例税率 + 销售数量 \times 定额税率$$

现行消费税的征税范围中，只有卷烟、白酒采用复合计算方法。

【例 3-4】 某卷烟生产企业为增值税一般纳税人，2023 年 10 月销售乙类卷烟 1 500 标准条，取得含增值税销售额 84 750 元。已知乙类卷烟消费税比例税率为 36%，定额税率为 0.003 元 / 支，每标准条有 200 支，增值税税率为 13%。计算该企业当月应纳消费税税额。

【解析】

$$不含增值税销售额 = \frac{84\,750}{1+13\%} = 75\,000 \text{ 元}$$

从价定率应纳税额 $= 75\,000 \times 36\% = 27\,000$ 元

从量定额应纳税额 $= 1\,500 \times 200 \times 0.003 = 900$ 元

应纳消费税税额合计 $= 27\,000 + 900 = 27\,900$ 元

【例 3-5】 某白酒生产企业为增值税一般纳税人，2023 年 10 月销售粮食白酒 30 吨，取得不含增值税销售额 180 万元；销售薯类白酒 50 吨，取得不含增值税销售额 150 万元。已知白酒消费税比例税率为 20%，定额税率为 0.5 元 /500 克。计算该企业当月应纳消费税税额。

【解析】

单位换算：1 吨 = 2 000 斤，1 斤 = 500 克。

从价定率应纳税额 = (180 + 150) × 20% = 66 万元

$$从量定额应纳税额 = \frac{(30 + 50) \times 2\,000 \times 0.5}{10\,000} = 8 \text{ 万元}$$

应纳消费税税额合计 = 66 + 8 = 74 万元

三、自产自用应税消费品应纳税额的计算

自产自用应税消费品是指纳税人生产应税消费品后，不是直接对外销售，而是用于连续生产应税消费品或用于其他方面。

（一）用于连续生产应税消费品

纳税人自产自用的应税消费品用于连续生产应税消费品的，是指纳税人将自产自用的应税消费品作为直接材料生产最终应税消费品。自产自用应税消费品构成最终应税消费品的实体，不缴纳消费税，体现不重复征税的原则。

（二）用于其他方面

纳税人自产自用的应税消费品用于其他方面，包括用于在建工程、生产非应税消费品、管理部门、非生产机构、提供劳务、馈赠、赞助、集资、广告、样品、职工福利、奖励等方面视同销售的，在移送使用时缴纳消费税。

（三）组成计税价格和应纳税额的计算

纳税人自产自用应税消费品，凡用于其他方面的，应当按照同类消费品的销售价格计算缴纳消费税。

同类消费品的销售价格是指纳税人或者代收代缴义务人当月销售的同类消费品的销售价格，如果当月同类消费品各期销售价格高低不同，应按销售数量加权平均计算，但销售的应税消费品有下列情况之一的，不得列入加权平均计算：

(1) 销售价格明显偏低又无正当理由的；

(2) 无销售价格的。

如果当月无销售或者当月未完结，应按照同类消费品上月或者最近月份的销售价格计算纳税。

实行从价定率办法计算纳税的组成计税价格的计算公式为

$$组成计税价格 = \frac{成本 + 利润}{1 - 比例税率}$$

$$应纳税额 = 组成计税价格 \times 比例税率$$

实行复合计税办法计算纳税的组成计税价格的计算公式为

$$组成计税价格 = \frac{成本 + 利润 + 自产自用数量 \times 单位税额}{1 - 比例税率}$$

应纳税额＝组成计税价格×比例税率＋自产自用数量×单位税额

其中，成本是指应税消费品的生产成本，利润是指根据应税消费品的全国平均成本利润率计算的利润。应税消费品的全国平均成本利润率由国家税务总局确定。

【例 3-6】 某白酒厂 2022 年春节前，将新研制的薯类白酒 1 吨作为过节福利发放给员工饮用，该薯类白酒无同类产品市场销售价格。已知该批薯类白酒生产成本为 20 000 元，成本利润率为 5%，白酒消费税比例税率为 20%，定额税率为 0.5 元 /500 克。计算该批薯类白酒应纳消费税税额。

【解析】

$$组成计税价格 = \frac{[20\,000 \times (1+5\%) + (1 \times 2\,000 \times 0.5)]}{1-20\%} = \frac{21\,000+1\,000}{1-20\%} = 27\,500 \; 元$$

$$应纳消费税税额 = 27\,500 \times 20\% + 1 \times 2\,000 \times 0.5 = 6\,500 \; 元$$

四、委托加工应税消费品应纳税额的计算

（一）委托加工的确认

委托加工是指委托方提供原材料和主要材料，受托方只代垫部分辅助材料，按照委托方要求进行加工并收取加工费的行为。在委托加工业务中，货物的所有权始终归委托方所有。

对于由受托方提供原材料和主要材料生产的应税消费品，或者受托方先将原材料卖给委托方，然后再接受加工的应税消费品以及由受托方以委托方名义购进原材料生产的应税消费品，不论财务上是否作销售处理，都不得作为委托加工应税消费品，而应当按照销售自制应税消费品缴纳消费税。

（二）代收代缴消费税

委托加工应税消费品应由受托方在向委托方交货时代收代缴消费税，但是纳税人委托个人加工应税消费品的，一律由委托方收回后由委托方向机构所在地或者居住地缴纳消费税。对于受托方没有按规定代收代缴消费税税款的，并不能因此免除委托方补缴税款的责任，对受托方要根据《税收征管法》的规定处以应代收代缴税款 50% 以上 3 倍以下的罚款。

委托方收回已代收代缴消费税的应税消费品后以不高于受托方的计税价格出售的，不再缴纳消费税；以高于受托方的计税价格出售的，需按照规定缴纳消费税，在计税时准予扣除受托方已代收代缴的消费税。

（三）组成计税价格和应纳税额的计算

委托加工的应税消费品，按照受托方的同类消费品的销售价格计算纳税，没有同类消费品销售价格的，按照组成计税价格计算纳税。

1. 有同类消费品销售价格

有同类消费品销售价格的，其应纳税额的计算公式为

应纳税额＝同类消费品销售单价×委托加工数量×适用税率

2. 没有同类消费品销售价格

没有同类消费品销售价格的，按组成计税价格计税。

(1) 实行从价定率法计算纳税的组成计税价格的计算公式为

$$组成计税价格 = \frac{材料成本 + 加工费}{1 - 比例税率}$$

$$应代收代缴的消费税额 = 组成计税价格 \times 比例税率$$

(2) 实行复合计税法计算纳税的组成计税价格的计算公式为

$$组成计税价格 = \frac{材料成本 + 加工费 + 委托加工数量 \times 定额税率}{1 - 比例税率}$$

$$应纳税额 = 组成计税价格 \times 比例税率 + 委托加工数量 \times 定额税率$$

其中，材料成本是指委托方所提供加工材料的实际成本。委托加工应税消费品的纳税人，必须在委托加工合同上如实注明（或以其他方式提供）材料成本，凡未提供材料成本的，受托方税务机关有权核定其材料成本。加工费是指受托方加工应税消费品向委托方所收取的全部费用（包括代垫辅助材料的实际成本），不包括增值税税款。

【例 3-7】　某化妆品企业 2023 年 10 月受托为某商场加工一批高档化妆品，收取不含增值税的加工费 13 万元，商场提供的原材料金额为 72 万元。已知该化妆品企业无同类产品销售价格，消费税税率为 15%。计算该化妆品企业应代收代缴的消费税。

【解析】

$$组成计税价格 = \frac{72 + 13}{1 - 15\%} = 100 \text{ 万元}$$

$$应代收代缴的消费税 = 100 \times 15\% = 15 \text{ 万元}$$

五、进口应税消费品应纳税额的计算

进口应税消费品在报关进口时缴纳消费税，其消费税由海关代征。进口的应税消费品由进口人或其代理人自海关填发海关进口消费税专用缴款书之日起 15 日内，向报关地海关缴纳税款。

纳税人进口应税消费品，按照组成计税价格和规定的税率计算应纳税额。

进口应税消费品应纳税额按组成计税价格计算。

（一）实行从价定率计征的应税消费品的应纳税额的计算

实行从价定率计征的应税消费品的应纳税额的计算公式为

$$组成计税价格 = \frac{关税完税价格 + 关税}{1 - 比例税率}$$

$$应纳税额 = 组成计税价格 \times 比例税率$$

公式中所称"关税完税价格"指一般贸易项下进口的货物以海关审定的成交价格为基础的到岸价格作为完税价格。到岸价格是指由货价以及货物运抵我国关境内输入地点起卸前的包装费、运费、保险费和其他劳务费等费用构成的一种价格。

（二）从量计税的进口应税消费品的应纳税额的计算

从量计税的进口应税消费品的应纳税额的计算公式为

$$应纳税额 = 报关进口数量 \times 单位税额$$

（三）实行复合计税计征的应税消费品的应纳税额的计算

实行复合计税计征的应税消费品的应纳税额的计算公式为

$$组成计税价格 = \frac{关税完税价格 + 关税 + 进口数量 \times 定额税率}{1 - 比例税率}$$

$$应纳税额 = 组成计税价格 \times 消费税比例税率 + 进口数量 \times 定额税率$$

进口环节的消费税除国务院另有规定之外，一律不得给予减免税优惠。

【例 3-8】 某汽车贸易公司 2023 年 10 月从国外进口小汽车 50 辆，海关核定的每辆小汽车关税完税价为 28 万元，已知小汽车关税税率为 20%，消费税税率为 25%。计算该公司进口小汽车应纳消费税税额。

【解析】

应纳关税税额 = 50 × 28 × 20% = 280 万元

$$组成计税价格 = \frac{50 \times 28 + 280}{1 - 25\%} = 2\ 240 \ 万元$$

应纳消费税税额 = 2 240 × 25% = 560 万元

【例 3-9】 某烟草公司 2023 年 9 月进口甲类卷烟 100 标准箱，海关核定的每箱卷烟关税完税价格为 3 万元。已知卷烟关税税率为 25%，消费税比例税率为 56%，定额税率为 0.003 元 / 支；每标准箱有 250 条，每条 200 支。计算该公司进口卷烟应纳消费税税额。（单位为万元，计算结果保留四位小数）。

【解析】

应纳关税税额 = 100 × 3 × 25% = 75 万元

$$组成计税价格 = \frac{100 \times 3 + 75 + \dfrac{100 \times 250 \times 200 \times 0.003}{10\ 000}}{1 - 56\%} \approx 855.681\ 8 \ 万元$$

$$应纳消费税税额 = 855.681\ 8 \times 56\% + \frac{100 \times 250 \times 200 \times 0.003}{10\ 000}$$

$$\approx 479.181\ 8 + 1.5 \approx 480.681\ 8 \ 万元$$

六、已纳消费税扣除的计算

为了避免重复征税，现行消费税规定，将外购应税消费品和委托加工收回的应税消费品继续生产应税消费品销售的，可以将外购应税消费品和委托加工收回应税消费品已缴纳的消费税给予扣除。

（一）外购应税消费品已纳税款的扣除

由于某些应税消费品是用外购已缴纳消费税的应税消费品连续生产出来的，在对这些连续生产出来的应税消费品计算征税时，税法规定应按当期生产领用数量计算准予扣除外购的应税消费品已纳的消费税税款。扣除范围包括：

(1) 外购已税烟丝生产的卷烟。

(2) 外购已税高档化妆品原料生产的高档化妆品。

(3) 外购已税珠宝、玉石原料生产的贵重首饰及珠宝、玉石。

(4) 外购已税鞭炮、焰火原料生产的鞭炮、焰火。

(5) 外购已税杆头、杆身和握把为原料生产的高尔夫球杆。

(6) 外购已税木制一次性筷子原料生产的木制一次性筷子。

(7) 外购已税实木地板原料生产的实木地板。

(8) 外购已税石脑油、润滑油、燃料油为原料生产的成品油。

(9) 外购已税汽油、柴油为原料生产的汽油、柴油。

上述当期准予扣除外购应税消费品已纳消费税税款的计算公式为

当期准予扣除的外购应税消费品已纳税款 = 当期准予扣除的外购应税消费品买价 × 外购应税消费品适用税率

当期准予扣除的外购应税消费品买价 = 期初库存的外购应税消费品的买价 + 当期购进的应税消费品的买价 − 期末库存的外购应税消费品的买价

外购已税消费品的买价是指购货发票上注明的销售额（不包括增值税税款）。

纳税人用外购的已税珠宝、玉石原料生产的改在零售环节征收消费税的金银首饰（镶嵌首饰），在计税时一律不得扣除外购珠宝、玉石的已纳税款。

对自己不生产应税消费品，而只是购进后再销售应税消费品的工业企业，其销售的高档化妆品、鞭炮、焰火和珠宝、玉石，凡不能构成最终消费品直接进入消费品市场，而需进一步生产加工的，应当征收消费税，同时允许扣除上述外购应税消费品的已纳税款。

允许扣除已纳税款的应税消费品只限于从工业企业购进的应税消费品和进口环节已缴纳消费税的应税消费品，对从境内商业企业购进应税消费品的已纳税款一律不得扣除。

（二）委托加工收回的应税消费品已纳税款的扣除

委托加工的应税消费品由于已由受托方代收代缴消费税，因此，委托方收回货物后连续生产应税消费品的，其已纳税款准予按照规定从连续生产的应税消费品应纳消费税税额中抵扣。下列连续生产的应税消费品准予从应纳消费税税额中按当期生产领用数量计算扣除委托加工收回的应税消费品已纳消费税税款：

(1) 以委托加工收回的已税烟丝为原料生产的卷烟。

(2) 以委托加工收回的已税高档化妆品原料生产的高档化妆品。

(3) 以委托加工收回的已税珠宝、玉石原料生产的贵重首饰及珠宝、玉石。

(4) 以委托加工收回的已税鞭炮、焰火原料生产的鞭炮、焰火。

(5) 以委托加工收回的已税杆头、杆身和握把为原料生产的高尔夫球杆。

(6) 以委托加工收回的已税木制一次性筷子原料生产的木制一次性筷子。

(7) 以委托加工收回的已税实木地板原料生产的实木地板。

(8) 以委托加工收回的已税石脑油、润滑油、燃料油为原料生产的成品油。

(9) 以委托加工收回的已税汽油、柴油为原料生产的汽油、柴油。

上述当期准予扣除委托加工收回的应税消费品已纳消费税税款的计算公式为

当期准予扣除的委托加工应税消费品已纳税款

= 期初库存的委托加工应税消费品已纳税款 + 当期收回的委托加工应税消费品已纳
税款 − 期末库存的委托加工应税消费品已纳税款

纳税人用委托加工收回的已税珠宝、玉石原料生产的改在零售环节征收消费税的金银
首饰，在计税时一律不得扣除委托加工收回的珠宝、玉石原料的已纳消费税税款。

纳税提示

消费税共计 15 个税目，其中"酒（除葡萄酒）""小汽车""摩托车""高档手表""游
艇""涂料"和"电池"等 7 个税目不涉及抵扣的问题。纳税环节不同不能扣除已纳消费税，
如用已税珠宝玉石加工金银镶嵌首饰。应税消费品用于生产非应税消费品，也不能扣除已
纳消费税,如用已税高档化妆品连续生产普通化妆品。即只有"税目相同，纳税环节相同"
的情况下，才可以抵扣已缴纳的消费税。

【例 3-10】 红牡丹卷烟厂为增值税一般纳税人，2023 年 8 月购买一批烟叶，价款
10 万元，增值税 1.2 万元，已取得增值税专用发票。将其运往 Y 烟厂，委托 Y 烟厂加
工烟丝，收到增值税专用发票注明的加工费 4 万元，税款 0.64 万元。收回烟丝后一半用
于卷烟生产，另一半直接出售，取得价款 20 万元，增值税 3.2 万元。销售 AAA 牌卷烟
120 标准箱，每箱不含税售价 1.8 万元，款项均已存入银行。Y 烟厂无同类烟丝销售价格。
上述增值税专用发票均已在当月通过税务机关认证。该卷烟厂 8 月份应缴纳的增值税和
消费税是多少？

【解析】

单位换算：1 箱烟 = 250 条，1 条烟 = 200 支，所以 1 箱烟 = 50 000 支。

委托加工烟丝应纳的消费税 $= \dfrac{10+4}{1-30\%} \times 30\% = 6$ 万元

AAA 牌卷烟每标准条销售价格 $= \dfrac{18\ 000}{250} = 72$ 元 > 70 元，所以 AAA 牌卷
烟（比例税率为 56%）。

销售 AAA 牌卷烟应纳的消费税 $= 1.8 \times 120 \times 56\% + \dfrac{120 \times 50\ 000 \times 0.003}{10\ 000} = 122.76$ 万元

销售委托加工烟丝应纳消费税 = 20 × 30% − 6 × 50% = 3 万元

本期生产领用委托加工烟丝已纳消费税准予抵扣的金额 = 6 × 50% = 3 万元

该卷烟厂 8 月应纳的消费税 = 122.76 + 3 − 3 = 122.76 万元

该卷烟厂 8 月应纳的增值税 = (3.2 + 1.8 × 120 × 13%) − (1.2 + 0.64) = 29.44 万元

【例 3-11】 前进汽车综合制造厂为增值税一般纳税人，2023 年 9 月该厂发生如下经济业务：

(1) 购进原材料一批，取得增值税专用发票，发票上注明材料价款 500 万元，增值税 65 万元，支付运输公司开具的增值税专用发票上注明的运输费用 36 000 元，增值税 3 240 元。

(2) 本月购入一台生产用机械设备，取得增值税专用发票，发票上注明价款 1 200 万元，增值税 156 万元，支付运费 6 500 元，增值税 585 元，取得运输公司开具的增值税专用发票。上述款项均已支付。

(3) 销售自产小汽车 120 辆，每辆不含增值税价格 15 万元，已开具增值税专用发票。另外向购买方收取价外费用 34.8 万元。

(4) 销售自产汽车轮胎一批，取得含增值税销售额 81.2 万元，已开具增值税专用发票。9 月初，该厂增值税进项税余额为 8 万元；小汽车适用的消费税税率为 5%；销售小汽车、轮胎适用 13% 的增值税税率。

要求：计算该厂 9 月份应缴纳的增值税税额和消费税税额。

【解析】

(1) 该厂购入原材料可抵扣的进项税额为 65 万元，支付运输费用可抵扣的进项税额为 3 240 元。

(2) 购入固定资产可抵扣进项税额为 156 万元，支付运输费用可抵扣的进项税额为 585 元。

(3) 销售自产小汽车应收销项税额 $= 15 \times 120 \times 13\% + \dfrac{34.8}{1+13\%} \times 13\% = 238$ 万元

$$销售自产小汽车应纳消费税 = \left(15 \times 120 + \frac{34.8}{1+13\%}\right) \times 5\% = 91.54 \text{ 万元}$$

(4) 销售自产汽车轮胎应收销项税额 $= \dfrac{81.2}{1+13\%} \times 13\% = 9.34$ 万元

该厂 9 月份应纳增值税税额 = 238 + 9.34 − 65 − 0.324 − 156 − 0.0585 − 8 = 17.96 万元

该厂 9 月份应纳消费税税额 = 91.54 万元

任务三　消费税的征收管理

一、消费税的纳税义务发生时间

(1) 纳税人销售应税消费品的，按不同的销售结算方式确定，分别为

　　① 采取赊销和分期收款结算方式的，为书面合同约定的收款日期的当天，书面合同没有约定收款日期或者无书面合同的，为发出应税消费品的当天。

　　② 采取预收货款结算方式的，为发出应税消费品的当天。

　　③ 采取托收承付和委托银行收款方式的，为发出应税消费品并办妥托收手续的当天。

　　④ 采取其他结算方式的，为收讫销售款或者取得索取销售款凭据的当天。

　　(2) 纳税人自产自用应税消费品的，为移送使用的当天。

　　(3) 纳税人委托加工应税消费品的，为纳税人提货的当天。

　　(4) 纳税人进口应税消费品的，为报关进口的当天。

二、消费税的纳税期限

　　按照《中华人民共和国消费税暂行条例》的规定，消费税纳税期限分别为 1 日、3 日、5 日、10 日、15 日、1 个月或者 1 个季度。纳税人的具体纳税期限，由主管税务机关根据纳税人应纳税额的大小分别核定；不能按照固定期限纳税的，可以按次纳税。

　　纳税人以 1 个月或者 1 个季度为一期纳税的，自期满之日起 15 日内申报纳税；纳税人以 1 日、3 日、5 日、10 日、15 日为一期的，自期满之日起 5 日内预缴税款，于次月 1 日起 15 日内申报纳税并结清上月应纳税款。进口货物自海关填发税收专用缴款书之日起 15 日内纳税。

　　如果纳税人不能按照规定的纳税期限依法纳税，将按《中华人民共和国税收征收管理法》的有关规定处理。

三、消费税的纳税地点

　　(1) 纳税人销售的应税消费品以及自产自用的应税消费品，除国务院财政、税务、主管部门另有规定外，应当向纳税人机构所在地或者居住地的主管税务机关申报纳税。

　　(2) 委托加工的应税消费品，由受托方向所在地主管税务机关代收代缴消费税税款。委托个人加工的应税消费品，由委托方向其机构所在地或者居住地主管税务机关申报纳税。

　　(3) 进口的应税消费品，由进口人或者其代理人向报关地海关申报纳税。

　　(4) 纳税人到外县 (市) 销售或者委托外县 (市) 代销自产应税消费品的，于应税消费品销售后，回机构所在地或者居住地主管税务机关申报纳税。

　　(5) 纳税人的总机构与分支机构不在同一县 (市) 的，应当分别向各自机构所在地的主管税务机关申报纳税；经财政部、国家税务总局或者其授权的财政、税务机关批准，可以由总机构汇总向总机构所在地的主管税务机关申报纳税。卷烟批发企业的纳税地点比较特殊，应在卷烟批发企业的机构所在地申报纳税。

　　(6) 纳税人销售的应税消费品，如因质量问题等原因由购买者退回时，经机构所在地或者居住地主管税务机关审核批准后，可退还已缴纳的消费税税款，但不能自行直接抵减应纳消费税税款。

任务四　消费税的纳税申报

一、纳税申报内容

（一）申报方式

在中华人民共和国境内生产、委托加工、进口应税消费品的单位和个人，均应按规定到主管税务机关办理消费税纳税申报。纳税人报缴税款的方法，由所在地主管税务机关视不同情况，从下列方法中确定一种：

(1) 纳税人按期向税务机关填报纳税申报表，并填开纳税缴款书，向其所在地代理金库的银行缴纳税款。

(2) 纳税人按期向税务机关填报纳税申报表，由税务机关审核填发缴款书，按期缴纳。

(3) 对会计核算不健全的小型业户，税务机关可根据其产销情况，按季或者按年核定其应纳消费税税额，分月缴纳。

（二）申报缴纳消费税所需提交的资料

纳税人申报纳税，应填报消费税纳税申报表，如需办理消费税税款抵扣手续的除按照规定提供纳税申报所需材料外，还应当提供以下资料：

(1) 外购应税消费品连续生产应税消费品的，提供外购应税消费品增值税专用发票（抵扣联）原件及复印件。如果外购应税消费品的增值税专用发票属于汇总填开的，除提供增值税专用发票（抵扣联）原件和复印件外，还应提供随同增值税专用发票取得的由销售方开具并加盖财务专用章或者发票专用章的销货清单原件和复印件。

(2) 委托加工收回应税消费品连续生产应税消费品的，提供代扣代缴税款凭证原件和复印件。

(3) 进口应税消费品连续生产应税消费品的，提供海关进口消费税专用缴款书原件及复印件。

具体来说，纳税人按照规定需要提供的纳税申报材料有：

(1) 烟类生产企业应报送的资料：① 烟类应税消费品消费税纳税申报表；② 本期准予扣除税额计算表（烟）；③ 本期代收代缴税额计算表（烟）；④ 卷烟生产企业年度销售明细表；⑤ 各牌号规格卷烟消费税计税价格；⑥ 本期减（免）税额明细表（享受消费税减免优惠政策的纳税人在办理消费税纳税申报时填报）。

(2) 批发卷烟的消费税纳税人应报送的资料：① 卷烟消费税纳税申报表（批发）；② 卷烟批发企业月份销售明细清单；③ 本期减（免）税额明细表（享受消费税减免税优惠政策的纳税人在办理消费税纳税申报时填报）。

(3) 酒类应税消费品消费税申报的资料：① 酒类应税消费品消费税纳税申报表；② 本

期准予扣除税额计算表（酒类）；③ 本期代收代缴税额计算表（酒类）；④ 生产经营情况表（酒类）；⑤ 已核定最低计税价格白酒清单（已核定白酒最低计税价格的生产企业应报送）；⑥ 本期减（免）税额明细表（享受消费税减免税优惠政策的纳税人在办理消费税纳税申报时填报）。

(4) 成品油消费税申报的资料：① 成品油消费税纳税申报表；② 代收代缴税款报告表（成品油）；③ 本期准予扣除税额计算表（成品油）；④ 本期减（免）税额计算表（成品油）；⑤ 执行定点直供计划销售石脑油、燃料油，且开具普通版增值税专用发票的生产企业报送生产企业定点直供石脑油、燃料油开具普通版增值税专用发票明细表；⑥ 石脑油、燃料油生产企业应报送生产企业销售含税石脑油、燃料油完税情况明细表；⑦ 石脑油、燃料油使用企业应报送石脑油、燃料油生产、外购、耗用、库存月度统计表，使用企业外购石脑油、燃料油凭证明细表，乙烯、芳烃生产装置投入产出流量统计表；⑧ 本期减（免）税额明细表（享受消费税减免税优惠政策的纳税人在办理消费税纳税申报时填报）。

(5) 小汽车消费税申报的资料：① 小汽车消费税纳税申报表；② 本期代收代缴税额计算表（小汽车）；③ 生产经营情况表（小汽车）；④ 本期减（免）税额明细表（享受消费税减免税优惠政策的纳税人在办理消费税纳税申报时填报）。

(6) 电池消费税申报的资料：① 电池消费税纳税申报表；② 本期减（免）税额计算表（适用于电池消费税纳税人）；③ 本期代收代缴税额计算表（适用于电池消费税纳税人）；④ 本期减（免）税额明细表（享受消费税减免税优惠政策的纳税人在办理消费税纳税申报时填报）。

(7) 从事高档化妆品、贵重首饰及珠宝玉石、鞭炮焰火、气缸容量250毫升（含）以上摩托车、高尔夫球及球具、高档手表、游艇、木制一次性筷子、实木地板应税消费品生产、委托加工、零售的纳税人依照税收法律法规及相关规定确定的申报期限、申报内容申报缴纳消费税。其所需填报的纳税资料为：① 其他应税消费品消费税纳税申报表；② 本期准予扣除税额计算表（其他）；③ 准予扣除消费税凭证明细表（其他）；④ 本期代收代缴税额计算表（其他）；⑤ 生产经营情况表（其他）；⑥ 本期减（免）税额明细表（享受消费税减免税优惠政策的纳税人在办理消费税纳税申报时填报）。

二、纳税申报表的填制

消费税的纳税人应按有关规定及时办理纳税申报，并如实填写其他应税消费品消费税纳税申报表（见表3-3）、酒类应税消费品消费税纳税申报表（见表3-4）、成品油消费税纳税申报表（见表3-5）、烟类应税消费品消费税纳税申报表（见表3-6）、小汽车消费税纳税申报表（见表3-7），向主管税务机关进行纳税申报。

除了纳税申报表以外，每类申报表都有附表，如本期准予抵减（扣）税额计算表、本期减（免）税额明细表、本期代收代缴税额计算表、生产经营情况表、卷烟销售明细表等，在申报时一并填写。

表 3-3　其他应税消费品消费税纳税申报表

税款所属期：　　年　　月　　日至　　　年　　月　　日

纳税人名称（公章）：　　　　　　纳税人识别号：□□□□□□□□□□□□□□□□□□

填表日期：　年　月　日　　　　　　　　　　　　金额单位：元（列至角分）

项目 应税消费品名称	适用税率	销售数量	销售额	应纳税额
合计	—	—	—	

本期准予抵减税额：	**声　明** 　此纳税申报表是根据国家税收法律的规定填报的，我确定它是真实的、可靠的、完整的。
本期减（免）税额：	经办人（签章）： 　财务负责人（签章）： 　联系电话：
期初未缴税额：	
本期缴纳前期应纳税额：	（如果你已委托代理人申报，请填写） **授权声明**
本期预缴税额：	为代理一切税务事宜，现授权＿＿＿＿＿
本期应补（退）税额：	＿＿＿＿＿（地址）＿＿＿＿＿＿＿为本纳税人的代理申报人，任何与本申报表有关的往来文件，都可寄予此人。
期末未缴税额：	授权人签章：

以下由税务机关填写

受理人（签章）：　　　　受理日期：　　年　　月　　日　　　受理税务机关（公章）：

纳税提示

填表说明

一、本表限高档化妆品、贵重首饰及珠宝玉石、鞭炮焰火、摩托车（排量＞250毫升）、摩托车（排量＝250毫升）、高尔夫球及球具、高档手表、游艇、木制一次性筷子、实木地板、超豪华小汽车等消费税纳税人使用。

二、本表"税款所属期"是指纳税人申报的消费税应纳税额的所属时间，应填写具体的起止年、月、日。

三、本表"纳税人识别号"栏，填写纳税人的税务登记证号码。

四、本表"纳税人名称"栏，填写纳税人单位名称全称。

五、本表"应税消费品名称"和"适用税率"按照以下内容填写：

高档化妆品：15%；贵重首饰及珠宝玉石：10%；金银首饰（铂金首饰、钻石及钻石饰品）：5%；鞭炮焰火：15%；摩托车（排量＞250毫升）：10%；摩托车（排量＝250毫升）：3%；高尔夫球及球具：10%；高档手表：20%；游艇：10%；木制一次性筷子：5%；实木地板：5%；超豪华小汽车：10%。

六、本表"销售数量"为《中华人民共和国消费税暂行条例》《中华人民共和国消费税暂行条例实施细则》及其他法规、规章规定的当期应申报缴纳消费税的应税消费品销售（不含出口免税）数量。计量单位是：摩托车为辆；超豪华小汽车为辆；高档手表为只；游艇为艘；实木地板为平方米；木制一次性筷子为万双；高档化妆品、贵重首饰及珠宝玉石（含金银首饰、铂金首饰、钻石及钻石饰品）、鞭炮焰火、高尔夫球及球具按照纳税人实际使用的计量单位填写并在本栏中注明。

七、本表"销售额"为《中华人民共和国消费税暂行条例》《中华人民共和国消费税暂行条例实施细则》及其他法规、规章规定的当期应申报缴纳消费税的应税消费品销售（不含出口免税）收入。

八、根据《中华人民共和国消费税暂行条例》的规定，本表"应纳税额"计算公式如下：

应纳税额＝销售额×适用税率

九、本表"本期准予扣除税额"填写按税收法规规定本期外购或委托加工收回应税消费品后连续生产应税消费品准予扣除的消费税应纳税额。其准予扣除的消费税应纳税额情况，需填报《本期准予扣除税额计算表》予以反映。

"本期准予扣除税额"栏数值与《本期准予扣除税额计算表》"本期准予扣除税款合计"栏数值一致。

十、本表"本期减（免）税额"不含出口退（免）税额。

十一、本表"期初未缴税额"填写本期期初累计应缴未缴的消费税额，多缴为负数。其数值等于上期申报表"期末未缴税额"。

十二、本表"本期缴纳前期应纳税额"填写本期实际缴纳入库的前期应缴未缴消费税额。

十三、本表"本期预缴税额"填写纳税申报前纳税人已预先缴纳入库的本期消费税额。

十四、本表"本期应补（退）税额"填写纳税人本期应纳税额中应补缴或应退回的数额，计算公式如下，多缴为负数：

本期应补（退）税额＝应纳税额（合计栏金额）－本期准予扣除税额－本期减（免）税额－本期预缴税额

十五、本表"期末未缴税额"填写纳税人本期期末应缴未缴的消费税额，计算公式如下，多缴为负数：

期末未缴税额＝期初未缴税额＋本期应补（退）税额－本期缴纳前期应纳税额

十六、本表为A4竖式，所有数字小数点后保留两位；一式二份，一份纳税人留存，一份税务机关留存。

表 3-4 酒类应税消费品消费税纳税申报表

税款所属期：　　年　　月　　日至　　　年　　月　　日

纳税人名称（公章）：　　　　　　纳税人识别号：□□□□□□□□□□□□□□□□□□□□

填表日期：　　年　　月　　日　　　　　　　　　　　　金额单位：元（列至角分）

应税消费品名称＼项目	适用税率		销售数量	销售额	应纳税额
	定额税率	比例税率			
粮食白酒	0.5 元 / 斤	20%			
薯类白酒	0.5 元 / 斤	20%			
啤酒	250 元 / 吨	—			
啤酒	220 元 / 吨	—			
黄酒	240 元 / 吨	—			
其他酒	—	10%			
合计	—	—	—	—	

本期准予抵减税额：	**声　明** 　　此纳税申报表是根据国家税收法律的规定填报的，我确定它是真实的、可靠的、完整的。
本期减（免）税额：	
期初未缴税额：	经办人（签章）： 财务负责人（签章）： 联系电话：
本期缴纳前期应纳税额：	（如果你已委托代理人申报，请填写） **授权声明**
本期预缴税额：	为代理一切税务事宜，现授权＿＿＿＿＿
本期应补（退）税额：	＿＿＿＿＿（地址）＿＿＿＿＿＿＿ 为本纳税人的代理申报人，任何与本申报表有关的往来文件，都可寄予此人。
期末未缴税额：	授权人签章：

以下由税务机关填写

受理人（签章）：　　　受理日期：　　年　　月　　日　　受理税务机关（公章）：

纳税提示

填表说明

一、本表仅限酒类应税消费品消费税纳税人使用。

二、本表"税款所属期"是指纳税人申报的消费税应纳税额的所属时间，应填写具体的起止年、月、日。

三、本表"纳税人识别号"栏，填写纳税人的税务登记证号码。

四、本表"纳税人名称"栏，填写纳税人单位名称全称。

五、本表"销售数量"为《中华人民共和国消费税暂行条例》《中华人民共和国消费税暂行条例实施细则》及其他法规、规章规定的当期应申报缴纳消费税的酒类应税消费品销售（不含出口免税）数量。计量单位：粮食白酒和薯类白酒为斤（如果实际销售商品按照体积标注计量单位，应按 500 毫升为 1 斤换算），啤酒、黄酒和其他酒为吨。

六、本表"销售额"为《中华人民共和国消费税暂行条例》《中华人民共和国消费税暂行条例实施细则》及其他法规、规章规定的当期应申报缴纳消费税的酒类应税消费品销售（不含出口免税）收入。

七、根据《中华人民共和国消费税暂行条例》和《财政部 国家税务总局关于调整酒类产品消费税政策的通知》（财税〔2001〕84 号）的规定，本表"应纳税额"计算公式如下：

（一）粮食白酒、薯类白酒

应纳税额＝销售数量×定额税率＋销售额×比例税率

（二）啤酒、黄酒

应纳税额＝销售数量×定额税率

（三）其他酒

应纳税额＝销售额×比例税率

八、本表"本期准予抵减税额"填写按税收法规规定的本期准予抵减的消费税应纳税额。其准予抵减的消费税应纳税额情况，需填报《本期准予抵减税额计算表》予以反映。

"本期准予抵减税额"栏数值与《本期准予抵减税额计算表》"本期准予抵减税款合计"栏数值一致。

九、本表"本期减（免）税额"不含出口退（免）税额。

十、本表"期初未缴税额"栏，填写本期期初累计应缴未缴的消费税额，多缴为负数。其数值等于上期申报表"期末未缴税额"栏数值。

十一、本表"本期缴纳前期应纳税额"填写本期实际缴纳入库的前期应缴未缴消费税额。

十二、本表"本期预缴税额"填写纳税申报前纳税人已预先缴纳入库的本期消费税额。

十三、本表"本期应补（退）税额"填写纳税人本期应纳税额中应补缴或应退回的数额，计算公式如下，多缴为负数：

本期应补（退）税额＝应纳税额（合计栏金额）－本期准予抵减税额－本期减（免）税额－本期预缴税额

十四、本表"期末未缴税额"填写纳税人本期期末应缴未缴的消费税额，计算公式如下，多缴为负数：

期末未缴税额＝期初未缴税额＋本期应补（退）税额－本期缴纳前期应纳税额

十五、本表为 A4 竖式，所有数字小数点后保留两位；一式二份，一份纳税人留存，一份税务机关留存。

表 3-5　成品油消费税纳税申报表

税款所属期：　　　年　月　日至　　　年　月　日

纳税人名称（公章）：　　　　　纳税人识别号：☐☐☐☐☐☐☐☐☐☐☐☐☐☐☐☐☐☐

填表日期：　年　月　日　　　　计量单位：升；　　　　金额单位：元（列至角分）

项目 应税消 费品名称	适用税率 / （元 / 升）	本期销售数量	本期应纳税额
汽油			
柴油			
石脑油			
溶剂油			
润滑油			
燃料油			
航空煤油			—
1. 合计	—		

2. 本期减（免）税额：	
3. 期初留抵税额：	**声　明** 　此纳税申报表是根据国家税收法律的规定填报的，我确定它是真实的、可靠的、完整的。
4. 本期准予扣除税额：	
5. 本期应抵扣税额：	
6. 期初未缴税额：	声明人签字：
7. 本期实际抵扣税额：	
8. 期末留抵税额：	（如果你已委托代理人申报，请填写）
9. 本期缴纳前期应纳税额：	**授权声明** 　为代理一切税务事宜，现授权_____（地址）_____为本纳税人的代理申报人，任何与本申报表有关的往来文件，都可寄予此人。
10. 本期预缴税额：	
11. 本期应补（退）税额：	
12. 期末未缴税额：	授权人签字：

以下由税务机关填写

受理人（签章）：　　　受理日期：　　年　月　日　　　受理税务机关（公章）：

纳税提示

填　表　说　明

一、本表由成品油消费税纳税人使用。

二、本表"税款所属期"是指纳税人申报的消费税应纳税额的所属时间，应填写具体的起止年、月、日。

三、本表"纳税人识别号"栏，填写纳税人的税务登记证号码。

四、本表"纳税人名称"栏，填写纳税人单位名称全称。

五、本表"适用税率"栏，填写税法规定的应税消费品税率。

六、本表"本期销售数量"栏，填写按照税法规定，本期应当申报缴纳成品油消费税的应税消费品(含外购、进口直接销售的应税消费品，不含出口免税、委托加工收回直接销售的应税消费品)销售数量。用自产汽油生产的乙醇汽油，按照生产乙醇汽油所耗用的汽油数量填写；以废矿物油生产的润滑油基础油为原料生产的润滑油，按扣除耗用的废矿物油生产的润滑油基础油后的数量填写。

七、本表"本期应纳税额"栏，填写本期按适用税率计算缴纳的消费税应纳税额，计算公式：本期应纳税额＝本期销售数量×适用税率，"本期应纳税额"合计栏等于汽油、柴油、石脑油、溶剂油、润滑油、燃料油"本期应纳税额"的合计数。

八、本表"本期减(免)税额"栏，填写本期按照税法规定减免的消费税应纳税额，不包括暂缓征收的成品油。本期减免消费税应纳税额情况，需填报《本期减(免)税额明细表》予以反映。本栏数值应等于《本期减(免)税额明细表》应税成品油的"减(免)税额"合计。

九、本表"期初留抵税额"栏，按上期申报表"期末留抵税额"栏数值填写。

十、本表"本期准予扣除税额"栏，填写按税法规定，外购、进口或委托加工收回汽油、柴油、石脑油、润滑油、燃料油用于连续生产应税消费品准予扣除汽油、柴油、石脑油、润滑油、燃料油的消费税已纳税款，应等于《本期准予扣除税额计算表》"本期准予扣除税额"栏合计值。

十一、本表"本期应抵扣税额"栏，填写纳税人本期应抵扣的消费税税额，计算公式：本期应抵扣税额＝期初留抵税额＋本期准予扣除税额。

十二、本表"期初未缴税额"栏，填写本期期初累计应缴未缴的消费税额，多缴为负数。其数值等于上期申报表"期末未缴税额"栏数值。

十三、本表"本期实际抵扣税额"栏，填写纳税人本期实际抵扣的消费税税额，计算公式：当本期应纳税额合计－本期减(免)税额≥本期应抵扣税额时，本期实际抵扣税额＝本期应抵扣税额；当本期应纳税额合计－本期减(免)税额＜本期应抵扣税额时，本期实际抵扣税额＝本期应纳税额合计－本期减(免)税额

十四、本表"期末留抵税额"栏，计算公式：期末留抵税额＝本期应抵扣税额－本期实际抵扣税额。当其值大于零时按实际数值填写，小于等于零时填写零。

十五、本表"本期缴纳前期应纳税额"栏，填写纳税人本期实际缴纳入库的前期应缴未缴消费税额。

十六、本表"本期预缴税额"栏，填纳税申报前纳税人已预先缴纳入库的本期消费税额。

十七、本表"本期应补(退)税额"栏，填写纳税人本期应纳税额中应补缴或应退回的数额，计算公式如下，多缴为负数：本期应补(退)税额＝本期应纳税额合计－本期减(免)税额－本期实际抵扣税额－本期预缴税额。

十八、本表"期末未缴税额"栏，填写纳税人本期期末应缴未缴的消费税额，计算公式如下，多缴为负数：期末未缴税额＝期初未缴税额＋本期应补(退)税额－本期缴纳前期应纳税额。

十九、本表为A4竖式，所有数字小数点后保留两位；一式二份，一份纳税人留存，一份税务机关留存。

表 3-6 烟类应税消费品消费税纳税申报表

税款所属期： 年 月 日至 年 月 日

纳税人名称（公章）： 纳税人识别号： ☐☐☐☐☐☐☐☐☐☐☐☐☐☐☐☐☐

填表日期： 年 月 日 单位：卷烟万支、雪茄烟支、烟丝千克；金额单位：元（列至角分）

应税消费品名称 \ 项目	适用税率		销售数量	销售额	应纳税额
	定额税率	比例税率			
卷烟	30 元 / 万支	56%			
卷烟	30 元 / 万支	36%			
雪茄烟	—	36%			
烟丝	—	30%			
合计	—	—			

本期准予扣除税额：	**声　明** 此纳税申报表是根据国家税收法律的规定填报的，我确定它是真实的、可靠的、完整的。
本期减（免）税额：	
期初未缴税额：	经办人（签章）： 财务负责人（签章）： 联系电话：
本期缴纳前期应纳税额：	（如果你已委托代理人申报，请填写） **授权声明**
本期预缴税额：	为代理一切税务事宜，现授权_____ _____（地址）_____为
本期应补（退）税额：	本纳税人的代理申报人，任何与本申报表有关的往来文件，都可寄予此人。
期末未缴税额：	授权人签章：

以下由税务机关填写

受理人（签章）： 受理日期： 年 月 日 受理税务机关（公章）：

纳税提示

填 表 说 明

一、本表仅限烟类消费税纳税人使用。

二、本表"销售数量"为《中华人民共和国消费税暂行条例》《中华人民共和国消费税暂行条例实施细则》及其他法规、规章规定的当期应申报缴纳消费税的烟类应税消费品销售(不含出口免税)数量。

三、本表"销售额"为《中华人民共和国消费税暂行条例》《中华人民共和国消费税暂行条例实施细则》及其他法规、规章规定的当期应申报缴纳消费税的烟类应税消费品销售(不含出口免税)收入。

四、根据《中华人民共和国消费税暂行条例》和《财政部 国家税务总局关于调整烟类产品消费税政策的通知》(财税〔2001〕91号)的规定,本表"应纳税额"计算公式如下:

(一)卷烟

应纳税额=销售数量×定额税率+销售额×比例税率

(二)雪茄烟、烟丝

应纳税额=销售额×比例税率

五、本表"本期准予扣除税额"按本表附件一的本期准予扣除税款合计金额填写。

六、本表"本期减(免)税额"不含出口退(免)税额。

七、本表"期初未缴税额"填写本期期初累计应缴未缴的消费税额,多缴为负数。其数值等于上期"期末未缴税额"。

八、本表"本期缴纳前期应纳税额"填写本期实际缴纳入库的前期消费税额。

九、本表"本期预缴税额"填写纳税申报前已预先缴纳入库的本期消费税额。

十、本表"本期应补(退)税额"计算公式如下,多缴为负数:

本期应补(退)税额=应纳税额(合计栏金额)-本期准予扣除税额-本期减(免)税额-本期预缴税额

十一、本表"期末未缴税额"计算公式如下,多缴为负数:

期末未缴税额=期初未缴税额+本期应补(退)税额-本期缴纳前期应纳税额

十二、本表为A4竖式,所有数字小数点后保留两位;一式二份,一份纳税人留存,一份税务机关留存。

表 3-7　小汽车消费税纳税申报表

税款所属期：　　年　　月　　日至　　年　　月　　日

纳税人名称（公章）：　　　　纳税人识别号：☐☐☐☐☐☐☐☐☐☐☐☐☐☐☐☐

填表日期：　　年　　月　　日　　　　　　　　　单位：辆、元（列至角分）

应税消费品名称 / 项目		适用税率	销售数量	销售额	应纳税额
乘用车	气缸容量≤1.0升	1%			
	1.0升＜气缸容量≤1.5升	3%			
	1.5升＜气缸容量≤2.0升	5%			
	2.0升＜气缸容量≤2.5升	9%			
	2.5升＜气缸容量≤3.0升	12%			
	3.0升＜气缸容量≤4.0升	25%			
	气缸容量＞4.0升	40%			
中轻型商用客车		5%			
合计		—	—	—	

	声　明
本期准予扣除税额：	此纳税申报表是根据国家税收法律的规定填报的，我确定它是真实的、可靠的、完整的。
本期减（免）税额：	
期初未缴税额：	经办人（签章）： 财务负责人（签章）： 联系电话：
本期缴纳前期应纳税额：	（如果你已委托代理人申报，请填写） **授权声明**
本期预缴税额：	
本期应补（退）税额：	为代理一切税务事宜，现授权_____（地址）_____为本纳税人的代理申报人，任何与本申报表有关的往来文件，都可寄予此人。
期末未缴税额：	授权人签章：

以下由税务机关填写

受理人（签章）：　　　受理日期：　　年　　月　　日　　　受理税务机关（公章）：

纳税提示

填 表 说 明

一、本表仅限小汽车消费税纳税人使用。

二、纳税人生产的改装、改制车辆，应按照《财政部 国家税务总局关于调整和完善消费税政策的通知》（财税〔2006〕33号）中规定的适用税目、税率填写本表。

三、本表"销售数量"为《中华人民共和国消费税暂行条例》《中华人民共和国消费税暂行条例实施细则》及其他法规、规章规定的当期应申报缴纳消费税的小汽车类应税消费品销售（不含出口免税）数量。

四、本表"销售额"为《中华人民共和国消费税暂行条例》《中华人民共和国消费税暂行条例实施细则》及其他法规、规章规定的当期应申报缴纳消费税的小汽车类应税消费品销售（不含出口免税）收入。

五、根据《中华人民共和国消费税暂行条例》的规定，本表"应纳税额"计算公式如下：

应纳税额＝销售额×比例税率

六、本表"本期减（免）税额"不含出口退（免）税额。

七、本表"期初未缴税额"填写本期期初累计应缴未缴的消费税额，多缴为负数。其数值等于上期"期末未缴税额"。

八、本表"本期缴纳前期应纳税额"填写本期实际缴纳入库的前期消费税额。

九、本表"本期预缴税额"填写纳税申报前已预先缴纳入库的本期消费税额。

十、本表"本期应补（退）税额"计算公式如下，多缴为负数：

本期应补（退）税额＝应纳税额（合计栏金额）－本期减（免）税额－本期预缴税额

十一、本表"期末未缴税额"计算公式如下，多缴为负数：

期末未缴税额＝期初未缴税额＋本期应补（退）税额－本期缴纳前期应纳税额

十二、本表为A4竖式，所有数字小数点后保留两位；一式二份，一份纳税人留存，一份税务机关留存。

练习题
（项目三）

练习题答案
（项目三）

项目四　城市维护建设税和教育费附加

案例导入

　　兄妹俩,16岁,增值税和消费税的一双儿女。俩人总是形影不离,过着简单快乐的生活。城建税比较低调,喜欢做好事,总想通过默默无闻的奉献博取女神"功劳"的芳心,却总被隔壁高富帅公子"财政"抢了风头。教育费附加心地单纯善良,默默专心于教育事业。她的身世比较特殊,不知情的人以为她和城建税一样都是税家的人,但是坊间却都传闻说她本姓费,是在外边捡回来的孤儿,因此在家族里自然就没什么地位。

任务一　城市维护建设税

　　改革开放以来,由于我国各地城市建设的进程加快,这就导致了用于城市建设的资金发生了严重的短缺,也进一步导致了市政、公用设施落后、陈旧。城市维护建设税在全国范围内的开征对于改善市政、公共设施的落后、陈旧发挥了积极的作用。由于城市维护建设税税收收入的多少直接影响着当地城市建设水平的高低,这在很大程度上调动了税收部门加强税收征管的积极性。另外,长期以来城市维护建设资金的严重不足造成了部分地区向企业随意摊派资金的情况,这不仅加重了企业经营运行负担,也抹黑了政府形象,甚至给不法分子提供了违法乱纪的空间。城市维护建设税的开征在一定程度上限制了地方部门向纳税人乱摊派的现象,减轻了企业的运行负担。当前我国正面临复杂严峻的世界形势,社会主义现代化建设还需要投入更多的人力、物力和财力,无论是作为自然人的个人还是作为法人的单位集体、团体或组织,都应该强化自身的依法纳税意识,为增加国家的财政收入和建设社会主义现代化强国贡献自己的一份力量。

一、城市维护建设税概述

　　城市维护建设税是对从事工商经营,缴纳增值税、消费税的单位和个人征收的一种税。

中华人民共和国成立以来，我国城市建设和维护在不同时期都取得了较大成绩，但是国家在城市建设方面一直资金不足。

城市维护建设税与其他税种相比，主要有以下几个特点：

第一，税款专款专用，具有受益税性质。按照我国财政的一般性要求，税收及其他政府收入应当纳入国家预算，根据需要统一安排其用途，并不规定各个税种收入的具体使用范围和方向。但是作为例外，也有个别税种事先明确规定使用规范及方向，税款的缴纳与受益更直接地联系起来，我们通常称其为受益税。城市维护建设税专款专用，用来保证城市的公共事业和公共设施的维护与建设，就是一种具有受益税性质的税种。

第二，属于一种附加税。城市维护建设税与其他税种不同，没有独立的征税对象或税基，而是以增值税、消费税"两税"实际缴纳的税额之和为计税依据，随"两税"征收而征收，本质上属于附加税。

第三，根据城建规模设计税率。一般来说，城镇规模越大，所需要的建设与维护资金越多。与此相适应，《中华人民共和国城市维护建设税法》规定，纳税人所在地为市区的，税率为7%；纳税人所在地为县城、镇的，税率为5%；纳税人所在地不在市区、县城或者镇的，税率为1%。这种根据城镇规模不同，差别设置税率的办法，较好地照顾了城市建设的不同需要。

第四，征收范围较广。鉴于增值税、消费税在我国现行税制中属于主体税种，而城市维护建设税又是其附加税，原则上讲，缴纳增值税、消费税中任一税种的纳税人都要缴纳城市维护建设税。这也就等于说，除了减免税等特殊情况以外，任何从事生产经营活动的企业单位和个人都要缴纳城市维护建设税，这个征税范围当然是比较广的。

（一）城市维护建设税的纳税人

城市维护建设税的纳税人是在征税范围内从事工商经营，并缴纳增值税、消费税的单位和个人。不论国有企业、集体企业、私营企业、个体工商户，还是其他单位、个人，只要缴纳了增值税、消费税中的任何一种税，都必须同时缴纳城市维护建设税。

个体商贩及个人在集市上出售商品，对其征收临时经营的增值税，是否同时按其实缴税额征收城市维护建设税，由各省、自治区、直辖市人民政府根据实际情况确定。

自2010年12月1日起，对外商投资企业和外国企业及外籍个人开始征收城市维护建设税。对外资企业2010年12月1日（含）之后发生纳税义务的增值税、消费税、营业税征收城市维护建设税；对外资企业2010年12月1日之前发生纳税义务的增值税、消费税、营业税，不征收城市维护建设税。

城市维护建设税扣缴义务人为负有增值税、消费税扣缴义务的单位和个人，在扣缴增值税、消费税的同时扣缴城市维护建设税。

（二）城市维护建设税的征税范围

城市维护建设税的征税范围比较广，具体包括市区、县城、镇，以及税法规定征收"两税"的其他地区。市区、县城、镇的范围，应以行政区划为标准，不能随意扩大或缩小各自行政区域的管辖范围。

（三）城市维护建设税的税收优惠

城市维护建设税以增值税、消费税为计税依据，并与"两税"同时征收。这样税法规定对纳税人减免"两税"时相应也减免了城市维护建设税。因此，城市维护建设税原则上不单独规定减免税。但是，针对一些特殊情况，财政部和国家税务总局还是陆续做出了一些特殊税收优惠规定，具体如下：

(1) 海关对进口产品代征增值税、消费税的，不征收城市维护建设税。

(2) 对由于减免增值税、消费税而发生的退税，同时退还已缴纳的城市维护建设税，但对出口产品退还增值税、消费税的，不退还已缴纳的城市维护建设税；生产企业出口货物实行免、抵、退税办法后，经税务局正式审核批准的当期免抵的增值税税额应纳入城市维护建设税的计征范围，按规定的税率征收城市维护建设税。

(3) 对新办的商贸企业（从事批发、批零兼营以及其他非零售业务的商贸企业除外），当年新招用下岗失业人员达到职工总数 30% 以上（含 30%），并与其签订 1 年以上期限劳动合同的，经劳动保障部门认定，经税务机关审核，3 年内免征城市维护建设税。

(4) 对下岗失业人员从事个体经营（除建筑业、娱乐业以及广告业、桑拿、按摩、网吧、氧吧外），自领取税务登记证之日起，3 年内免征城市维护建设税。

(5) 为支持国家重大水利工程建设，对国家重大水利工程建设基金自 2010 年 5 月 25 日起免征城市维护建设税。

(6) 自 2004 年 1 月 1 日起，对为安置自谋职业的城镇退役士兵就业而新办的服务型企业（除广告业、桑拿、按摩、网吧、氧吧外）当年新安置自谋职业的城镇退役士兵达到职工总数 30% 以上，并与其签订 1 年以上期限劳动合同的，经县以上民政部门认定，税务机关审核，3 年内免征城市维护建设税。

对为安置自谋职业的城镇退役士兵就业而新办的商业零售企业当年新安置自谋职业的城镇退役士兵达到职工总数 30% 以上，并与其签订 1 年以上期限劳动合同的，经县以上民政部门认定，税务机关审核，3 年内免征城市维护建设税。

对自谋职业的城镇退役士兵，在《国务院办公厅转发民政部等部门关于扶持城镇退役士兵自谋职业优惠政策意见的通知》下发后从事个体经营（除建筑业、娱乐业以及广告业、桑拿、按摩、网吧、氧吧外）的，自领取税务登记证之日起，3 年内免征城市维护建设税。

(7) 经中国人民银行依法决定撤销的金融机构及其分设于各地的分支机构（包括被依法撤销的商业银行、信托投资公司、财务公司、金融租赁公司、城市信用社和农村信用社），用其财产清偿债务时，免征被撤销金融机构转让货物、不动产、无形资产、有价证券、票据等应缴纳的城市维护建设税。

此外，对增值税、消费税"两税"实行先征后返、先征后退、即征即退办法的，除另有规定外，对随"两税"附征的城市维护建设税，一律不予退（返）还。

（四）城市维护建设税的证收管理

城市维护建设税的征收管理、纳税环节等事项，比照增值税、消费税的有关规定办理。根据税法规定的原则，针对一些比较复杂并有特殊性的纳税地点，财政部和国家税务总局做了如下规定：

(1) 纳税人直接缴纳"两税"时，在缴纳"两税"的同时缴纳城市维护建设税。

(2) 代扣代缴的纳税地点。代征、代扣、代缴增值税、消费税的企业单位，同时也要代征、代扣、代缴城市维护建设税。没有代扣城市维护建设税的，应由纳税单位或个人回到其所在地申报纳税。

对流动经营等无固定纳税地点的单位和个人，应随同增值税、消费税在经营地纳税。

(3) 银行的纳税地点。各银行缴纳的增值税，均由取得业务收入的核算单位在当地缴纳。即县以上各级银行直接经营业务取得的收入，由各级银行分别在所在地纳税。县和设区的市，由县支行或区办事处在其所在地纳税，而不能分别按所属营业所的所在地计算纳税。

(4) 对中国铁路总公司的分支机构预征 1% 增值税所应缴纳的城市维护建设税，由中国铁路总公司按季向北京市税务局缴纳。

此外，由于城市维护建设税是与增值税、消费税同时征收的，因此在一般情况下，城市维护建设税不单独加收滞纳金或罚款。但是，如果纳税人缴纳了"两税"之后，却不按规定缴纳城市维护建设税，则可以对其单独加收滞纳金，也可以单独进行罚款。

二、城市维护建设税的税率

城市维护建设税实行地区差别比例税率。按照纳税人所在地的不同，税率分别规定为 7%、5%、1% 三个档次。不同地区的纳税人，适用不同档次的税率。其具体适用范围如下：

(1) 纳税人所在地在市区的，税率为 7%；

(2) 纳税人所在地在县城、镇的，税率为 5%；

(3) 纳税人所在地不在市区、县城、镇的，税率为 1%。

此外，开采海洋石油资源的中外合作油（气）田所在地在海上，其城市维护建设税适用 1% 的税率。纳税单位和个人缴纳城市维护建设税的适用税率，一律按其纳税所在地的规定税率执行。县政府设在城市市区，其在市区办的企业，按照市区的规定税率计算纳税。纳税人所在地为工矿区的应根据行政区划分别按照 7%、5%、1% 的税率缴纳城市维护建设税。

三、城市维护建设税的计算

城市维护建设税的应纳税额按以下公式计算：

应纳税额＝（实际缴纳的增值税额＋实际缴纳的消费税额）×适用税率

对实行增值税期末留抵退税的纳税人，允许其从城市维护建设税的计税依据中扣除退还的增值税税额。

【例 4-1】　地处市区的一家企业，2022 年 3 月实际缴纳增值税 231 万元，其中因符合有关政策规定而被退税 13 万元；缴纳消费税 112 万元，因故被加收滞纳金 0.25 万元。请计算该企业实际应纳的城市维护建设税。

【解析】

应纳城市维护建设税 = (231 − 13 + 112) × 7% = 330 × 7% = 23.1 万元

任务二　教育费附加

在党的二十大中，习近平主席强调要办好人民满意的教育。全面贯彻党的教育方针，落实立德树人根本任务，培养德智体美劳全面发展的社会主义建设者和接班人，加快建设高质量教育体系，发展素质教育，促进教育公平。那么，教育费来自哪儿？如何征收？接下来我们一起学习。

一、教育费附加概述

教育费附加是以单位和个人缴纳的增值税、消费税税额为计算依据征收的一种附加费。教育费附加名义上是一种专项资金，但实质上具有税的性质。

（一）教育费附加的纳税人

教育费附加的纳税人是在征税范围内从事工商经营，并缴纳增值税、消费税的单位和个人。不论国有企业、集体企业、私营企业、个体工商户，还是其他单位、个人，只要缴纳了增值税、消费税中的任何一种税，就必须同时缴纳教育费附加。

（二）教育费附加的征税范围

教育费附加对缴纳增值税、消费税的单位和个人征收，以其实际缴纳的增值税、消费税税额为计税依据，分别与增值税、消费税同时缴纳。自 2010 年 12 月 1 日起，对外商投资企业、外国企业及外籍个人开始征收教育费附加。

（三）教育费附加的税收优惠

教育费附加是以增值税、消费税为计税依据，并与"两税"同时征收。这样税法规定对纳税人减免"两税"时，相应也减免了教育费附加。因此，教育费附加原则上不单独规定减免税。但是，针对一些特殊情况，财政部和国家税务总局还是陆续做出了一些特殊税收优惠规定，具体如下：

(1) 海关对进口产品代征增值税、消费税的，不征收教育费附加。

(2) 对由于减免增值税、消费税而发生的退税，同时退还已纳的教育费附加，但对出口产品退还增值税、消费税的，不退还已缴纳的教育费附加；生产企业出口货物实行免、抵、退税办法后，经税务局正式审核批准的当期免抵的增值税税额应纳入教育费附加的计征范围，按规定的税率征收教育费附加。

(3) 对新办的商贸企业 (从事批发、批零兼营以及其他非零售业务的商贸企业除外)，当年新招用下岗失业人员达到职工总数 30% 以上 (含 30%)，并与其签订 1 年以上期限劳动合同的，经劳动保障部门认定，税务机关审核，3 年内免征教育费附加。

(4) 对下岗失业人员从事个体经营 (除建筑业、娱乐业以及广告业、桑拿、按摩、网吧、氧吧外)，自领取税务登记证之日起，3 年内免征教育费附加。

(5) 自 2004 年 1 月 1 日起，对为安置自谋职业的城镇退役士兵就业而新办的服务型企业 (除广告业、桑拿、按摩、网吧、氧吧外) 当年新安置自谋职业的城镇退役士兵达到职工总数 30% 以上，并与其签订 1 年以上期限劳动合同的，经县以上民政部门认定，税务机关审核，3 年内免征教育费附加。

对为安置自谋职业的城镇退役士兵就业而新办的商业零售企业当年新安置自谋职业的城镇退役士兵达到职工总数 30% 以上，并与其签订 1 年以上期限劳动合同的，经县以上民政部门认定，税务机关审核，3 年内免征教育费附加。

对自谋职业的城镇退役士兵，在《国务院办公厅转发民政部等部门关于扶持城镇退役士兵自谋职业优惠政策意见的通知》下发后从事个体经营 (除建筑业、娱乐业以及广告业、桑拿、按摩、网吧、氧吧外) 的，自领取税务登记证之日起，3 年内免征教育费附加。

(6) 经中国人民银行依法决定撤销的金融机构及其分设于各地的分支机构 (包括被依法撤销的商业银行、信托投资公司、财务公司、金融租赁公司、城市信用社和农村信用社)，用其财产清偿债务时，免征被撤销金融机构转让货物、不动产、无形资产、有价证券、票据等应缴纳的教育费附加。

此外，对增值税、消费税"两税"实行先征后返、先征后退、即征即退办法的，除另有规定外，对随"两税"附征的教育费附加，一律不予退 (返) 还。

二、教育费附加的税率

随着经济发展，社会各界对各级教育投入的需求也在增加，与此相适应，教育费附加计征比率也经历了一个由低到高的变化过程。1986 年开征时，比率为 1%，1990 年 5 月增至 2%，自 1994 年 1 月 1 日至今，教育费附加比率为 3%。

根据《财政部关于统一地方教育附加政策有关问题的通知》，各地统一开征地方教育附加，地方教育附加的征收标准统一为单位和个人 (包括外商投资企业、外国企业和外籍个人) 实际缴纳的增值税、消费税税额的 2%。

三、教育费附加的计算

教育费附加的应纳税额按以下公式计算：

应纳税额 = (实际缴纳的增值税额 + 实际缴纳的消费税额) × 适用税率 3%(或 2%)

【例4-2】　地处市区的一家企业，2022年2月实际缴纳增值税30万元，消费税20万元。请计算该企业应缴纳的教育费附加和地方教育附加。

【解析】

应纳教育费附加 = (30 + 20) × 3% = 1.5 万元

应纳地方教育附加 = (30 + 20) × 2% = 1 万元

练习题
（项目四）

练习题答案
（项目四）

项目五　关　税

引言

为贯彻落实党的二十大精神和党中央、国务院决策部署，充分发挥关税作为国内国际双循环联结点的作用，以高水平对外开放助力构建新发展格局、实现高质量发展，经国务院批准，国务院关税税则委员会发布公告，2023 年调整部分商品的进出口关税，其中适当调整本国子目，增列白茶、蔬菜种子、手术机器人、激光雷达等税目。调整后，税则税目总数为 8 948 个。其主旨是坚持以人民为中心，完整、准确、全面贯彻新发展理念，统筹发展与安全，支持构建新发展格局，着力推动高质量发展，有利于增强国内大循环内生动力和可靠性，支持宏观政策跨周期设计和递周期调节，促进经济运行整体好转；有利于加强资源供应保障，加快实现产业体系升级发展，满足人民群众对美好生活的向往；有利于推进高水平对外开放，形成国际合作和竞争新优势，提升国际循环质量和水平。

关税是依法对进出境货物、物品征收的一种税。现行关税法律规范以全国人民代表大会于 2000 年 7 月修正颁布的《中华人民共和国海关法》为法律依据，以国务院于 2003 年 11 月发布的《中华人民共和国进出口关税条例》(以下简称《关税条例》)，以及由国务院关税税则委员会审定并报国务院批准，作为条例组成部分的《中华人民共和国海关进出口税则》和《中华人民共和国海关关于入境旅客行李物品和个人邮递物品征收进口税办法》为基本法规，由负责关税政策制定和征收管理的主管部门依据基本法规制定的管理办法和实施细则为主要内容。

任务一　关税概述

一、关税的纳税义务人

关税的纳税义务人是进口货物的收货人、出口货物的发货人和进出境物品的所有人。进出口货物的收、发货人是依法取得对外贸易经营权，并进口或者出口货物的法人或者其他社会团体。进出境物品的所有人包括该物品的所有人和推定为所有人的人。

纳税提示

一般情况下，对于携带进境的物品，推定其携带人为所有人；对分离运输的行李，推定相应的进出境旅客为所有人；对以邮递方式进境的物品，推定其收件人为所有人；以邮递或其他运输方式出境的物品，推定其寄件人或托运人为所有人。

二、关税的征税范围

关税的征税对象是准许进出境的货物和物品。货物是指贸易性商品；物品指入境旅客随身携带的行李物品、个人邮递物品、各种运输工具上的服务人员携带进口的自用物品、馈赠物品以及其他方式进境的个人物品。

三、关税的税率

关税的税率分为进口税率和出口税率两种。

（一）进口关税税率

进口关税一般采用比例税率，实行从价计征的办法，但对啤酒、原油等少数货物则实行从量计征。对广播用录像机、放像机、摄像机等实行从价加从量的复合税率。

根据《关税条例》，自2004年1月1日起，我国进口税则设有最惠国税率、协定税率、特惠税率、普通税率、关税配额税率等税率形式，对进口货物在一定期限内可以实行暂定税率。

1. 最惠国税率

最惠国税率适用原产于与我国共同适用最惠国待遇条款的 WTO 成员方或地区的进口货物，或原产于与我国签订有相互给予最惠国待遇条款的双边贸易协定的国家或地区进口的货物，以及原产于我国境内的进口货物。

2. 协定税率

协定税率适用原产于我国参加的含有关税优惠条款的区域性贸易协定的有关缔约方的进口货物。

3. 特惠税率

特惠税率适用原产于与我国签订有特殊优惠关税协定的国家或地区的进口货物。

4. 普通税率

普通税率适用原产于上述国家或地区以外的其他国家或地区的进口货物，以及原产地不明的进口货物。按照普通税率征税的进口货物，经国务院关税税则委员会特别批准，可以适用最惠国税率。适用最惠国税率、协定税率、特惠税率的国家或者地区名单，由国务院关税税则委员会决定。

5.关税配额税率

关税配额税率，是指关税配额限度内的税率。关税配额是进口国限制进口货物数量的措施，把征收关税和进口配额相结合以限制进口。对于在配额内进口的货物可以适用较低的关税配额税率，对于配额之外的则适用较高税率。

为完善进境物品进口税收政策，经国务院批准，《国务院关税税则委员会关于调整进境物品进口税有关问题的通知（税委会〔2019〕17号）》规定，自2019年4月9日起，对进境物品进口税进行调整。

调整后的《中华人民共和国进境物品进口税税率表》如表5-1所示。

表 5-1　中华人民共和国进境物品进口税税率表

税目序号	物　品　名　称	税率 /%
1	书报、刊物、教育用影视资料；计算机、视频摄录一体机、数字照相机等信息技术产品；食品、饮料；金银；家具；玩具，游戏品、节日或其他娱乐用品；药品①	15
2	运动用品（不含高尔夫球及球具）、钓鱼用品；纺织品及其制成品；电视摄像机及其他电器用具；自行车；税目1、3中未包含的其他商品	25
3②	烟、酒；贵重首饰及珠宝玉石；高尔夫球及球具；高档手表；高档化妆品	50

注①：对国家规定减按3%征收进口环节增值税的进口抗癌药品，按照货物税率征税。

②：税目3所列商品的具体范围与消费税征收范围一致。

（二）出口关税税率

我国出口税则为一栏税率，即出口税率。国家仅对少数资源性产品及易于竞相杀价、盲目出口、需要规范出口秩序的半制成品征收出口关税。

根据《海关总署公告2018年第212号（关于2019年关税调整方案）（公告〔2018〕212号）》，自2019年1月1日起继续对铬铁等108项出口商品征收出口关税或实行出口暂定税率，税率维持不变，取消94项出口暂定税率。

四、关税的税收优惠

关税的税收优惠主要体现在关税的减免方面。关税减免是对某些特定的纳税义务人和征税对象给予照顾和鼓励的一种关税调节手段。关税减免分为法定减免税、特定减免税和临时减免税。

（一）法定减免税

法定减免税是税法中明确列出的减税或免税。符合税法规定可予以减免税的进出口货物，纳税义务人无须提出申请，海关可按规定直接予以减免税。海关对法定减免税货物一般不进行后续管理。

(1) 下列进出口货物、进境物品，免征关税：

① 国务院规定的免征额度内的一票货物。

②无商业价值的广告品和货样。

③进出境运输工具装载的途中必需的燃料、物料和饮食用品。

④在海关放行前损毁或者灭失的货物、进境物品。

⑤外国政府、国际组织无偿赠送的物资。

⑥中华人民共和国缔结或者共同参加的国际条约、协定规定免征关税的货物、进境物品。

⑦依照有关法律规定免征关税的其他货物、进境物品。

(2) 下列进出口货物、进境物品，减征关税：

①在海关放行前遭受损坏的货物、进境物品。

②中华人民共和国缔结或者共同参加的国际条约、协定规定减征关税的货物、进境物品。

③依照有关法律规定减征关税的其他货物、进境物品。

(3) 暂时进境或者暂时出境的下列货物、物品，可以依法暂不缴纳关税，但该货物、物品应当自进境或者出境之日起六个月内复运出境或者复运进境；需要延长复运出境或者复运进境期限的，应当根据海关总署的规定向海关办理延期手续：

①在展览会、交易会、会议以及类似活动中展示或者使用的货物、物品。

②文化、体育交流活动中使用的表演、比赛用品。

③进行新闻报道或者摄制电影、电视节目使用的仪器、设备及用品。

④开展科研、教学、医疗卫生活动使用的仪器、设备及用品。

⑤在上述第一项至第四项所列活动中使用的交通工具及特种车辆。

⑥货样。

⑦供安装、调试、检测设备时使用的仪器、工具。

⑧盛装货物的包装材料。

⑨其他用于非商业目的的货物、物品。

(4) 有下列情形之一的，纳税人自缴纳税款之日起一年内，可以向海关申请退还关税：

①已征进口关税的货物，因品质、规格原因或者不可抗力，一年内原状复运出境。

②已征出口关税的货物，因品质、规格原因或者不可抗力，一年内原状复运进境，并已重新缴纳因出口而退还的国内环节有关税收。

③已征出口关税的货物，因故未装运出口，申报退关。

申请退还关税应当以书面形式提出，并提供原缴款凭证及相关资料。海关应当自受理申请之日起三十日内查实并通知纳税人办理退还手续。纳税人应当自收到通知之日起三个月内办理退还手续。

按照其他有关法律、行政法规规定应当退还关税的，海关应当依法予以退还。

(二)特定减免税

特定减免税也称政策性减免税，是指在法定减免税之外，国家按照国际通行规则和我国实际情况，制定发布的有关进出口货物减免关税的政策。

实行特定减免税的项目包括：① 科教用品；② 残疾人专用品；③ 慈善捐赠物资；④ 加工贸易产品；⑤ 边境贸易进口物资；⑥ 保税区进出口货物；⑦ 出口加工区进出口货物；⑧ 进口设备；⑨ 特定行业或用途的减免税政策；⑩ 经国务院批准，自 2018 年 9 月 1 日起，我国将对原产于布基纳法索的进口货物实施最不发达国家特别优惠关税待遇，对原产于布基纳法索的 97% 税目产品进口实施零关税。

（三）临时减免税

临时减免税是指以上法定和特定减免税以外的其他减免税，即由国务院对某个单位、某类商品、某个项目或某批进出口货物的特殊情况，给予特别照顾，一案一批，专文下达的减免税。它一般有单位、品种、期限、金额或数量等限制，不能比照执行。

任务二   关税的计算

一、关税完税价格的确定

关税完税价格是海关以进出口货物的实际成交价格为基础，经调整确定的计征关税的价格。关税税率确定之后，关税完税价格的高低将直接影响课征关税税额的多少。

（一）进口货物完税价格的确定

1. 以成交价格为基础确定进口货物完税价格

进口货物的完税价格由海关以该货物的成交价格为基础审查确定，并应当包括该货物运抵中华人民共和国境内输入地点起卸前的运输及其相关费用、保险费。进口货物完税价格的计算公式如下：

$$进口货物完税价格 = 货价 + 采购费用$$

公式中，采购费用包括货物运抵中国海关境内输入地起卸前的运输、保险和其他劳务等费用。

进口货物完税价格中的运费和保险费按下列规定确定：

(1) 进口货物的运费，应当按照实际支付的费用计算。如果进口货物的运费无法确定，海关应当按照该货物的实际运输成本或者该货物进口同期运输行业公布的运费率 (额) 计算运费。

(2) 进口货物的保险费，应当按照实际支付的费用计算。如果进口货物的保险费无法确定或者未实际发生，海关应当按照货价和运费两者总额的 3‰ 计算保险费。

(3) 邮运进口的货物，应当以邮费作为运输及其相关费用、保险费。

(4) 以境外边境口岸价格条件成交的铁路或者公路运输进口货物，海关应当按照境外边境口岸价格的 1% 计算运输及其相关费用、保险费。

纳税提示

进口货物的完税价格不应包括下列项目：

(1) 厂房、机械或者设备等货物进口后发生的建设、安装、装配、维修或者技术援助的费用。

(2) 货物运抵境内输入地点起卸后发生的运输及其相关费用、保险费。

(3) 进口关税、进口环节海关代征税及其他国内税。

(4) 为在境内复制进口货物而支付的费用。

(5) 境内外技术培训及境外考察费用。

同时符合下列条件的利息费用不计入完税价格：

(1) 利息费用是买方为购买进口货物而融资所产生的。

(2) 有书面的融资协议的。

(3) 利息费用单独列明的。

(4) 纳税义务人可以证明有关利率不高于在融资当时当地此类交易通常应当具有的利率水平，且没有融资安排的相同或者类似进口货物的价格与进口货物的实付、应付价格非常接近的。

【例5-1】 某外贸公司进口一批货物，合同中约定成交价格为人民币 600 万元，支付在境内使用的特许销售权费用人民币 10 万元，卖方佣金人民币 5 万元。该批货物运抵境内输入地点起卸前发生的运费和保险费共计人民币 8 万元。计算该批货物的关税完税价格。

【解析】

进口货物的完税价格由海关以该货物的成交价格为基础审查确定，并应当包括该货物运抵中华人民共和国境内输入地点起卸前的运输及其相关费用、保险费。支付境内特许销售权费用和卖方佣金要计入完税价格中。

该批货物的关税完税价格 = 600 + 10 + 5 + 8 = 623 万元

【例5-2】 某外贸公司从境外进口小轿车 25 辆，每辆小轿车货价 20 万元，运抵我国海关前发生的运输费用、保险费用无法确定。经海关查实，其他运输公司相同业务的运输费用占货价的比例为 2%。计算该批小轿车的关税完税价格。

【解析】

进口小轿车的货价 = 25 × 20 = 500 万元

进口小轿车的运费 = 500 × 2% = 10 万元

进口小轿车的保险费 = (500 + 10) × 3‰ = 1.53 万元

该批小轿车的关税完税价格 = 500 + 10 + 1.53 = 511.53 万元

2. 以海关估价为基础估定进口货物完税价格

对于价格不符合成交条件或成交价格不能确定的进口货物，以海关估价为基础估定进口货物完税价格。

1. 以成交价格为基础确定出口货物完税价格

出口货物的完税价格由海关以该货物的成交价格为基础审查确定，并应当包括货物运至中华人民共和国境内输出地点装载前的运输及其相关费用、保险费，但其中包含的出口关税税额应当扣除。

出口货物成交价格中含有支付给境外的佣金，如果与货物的离岸价格分列，应予扣除；未分列则不予扣除。售价中所含离境口岸至境外口岸之间的运费、保险费可以扣除。其计算公式为

$$出口货物完税价格 = \frac{离岸价格}{1+出口关税税率}$$

【例 5-3】 某外贸公司从其他公司购进原料 420 吨，直接报关离境出口，离岸价格为每吨 1 万元。另外，买方还另行支付原料包装费 20 万元。假设出口关税税率为 40%。计算这批材料的完税价格。

【解析】

在离岸价格之外，买方还另行支付货物包装费的，应将其计入完税价格中。

$$该批材料的关税完税价格 = \frac{420 \times 1}{1+40\%} + 20 = 320 \text{ 万元}$$

2. 以海关估价为基础估定出口货物完税价格

当出口货物的成交价格不能确定时，完税价格由海关依次参照下列价格估定：

(1) 同时或大致同时向同一国家或地区出口相同或类似货物的成交价格。

(2) 根据境内生产相同或类似货物的成本、利润和一般费用、境内发生的运输及其相关费用、保险费计算所得的价格。

(3) 按照其他合理方法估定的价格。

二、关税应纳税额的计算

从价税应纳税额的计算公式为

$$关税税额 = 应税进（出）口货物数量 \times 单位完税价格 \times 税率$$
$$= 应税进（出）口货物的完税价格 \times 税率$$

【例 5-4】 某外贸公司进口一批货物，海关审定货价折合人民币 3 000 万元，运费和保险费折合人民币 20 万元，已知该批货物适用的关税税率为 5%。计算该批货物应纳的关税税额。

【解析】

该批货物的关税税额 = 完税价格 × 税率 = (3 000 + 20) × 5% = 151 万元

【例 5-5】 某卷烟厂为增值税一般纳税人，2022 年 8 月进口一批烟丝，境外成交价格为 65 万元，运至我国境内输入地点起卸前运费及保险费共计 5 万元，将烟丝从海关监管区运往仓库，发生运费 8 万元，取得合法货运发票。已知关税税率为 50%。计算该卷烟厂当月进口环节应缴纳的税金总额。

【解析】

进口关税 $= (65 + 5) \times 50\% = 35$ 万元

进口增值税 $= \dfrac{70 + 35}{1 - 30\%} \times 13\% = 19.5$ 万元

进口消费税 $= \dfrac{70 + 35}{1 - 30\%} \times 30\% = 45$ 万元

进口环节缴纳税金总额 $= 35 + 19.5 + 45 = 99.5$ 万元

（二）从量税应纳税额的计算

从量税应纳税额的计算公式为

$$关税税额 = 应税进（出）口货物数量 \times 单位货物税额$$

【例 5-6】 某外贸公司从境外进口啤酒 600 箱，每箱 24 瓶，每瓶容积 500 毫升。假设该类啤酒适用的关税税率为 3 元人民币／升。计算该批啤酒应纳的关税税额。

【解析】

$$该批啤酒的关税税额 = \dfrac{600 \times 24 \times 500}{1\ 000} \times 3 = 21\ 600\ 元$$

（三）复合税应纳税额的计算

我国目前实行的复合税都是先计征从量税，再计征从价税。

复合税应纳税额的计算公式为

$$关税税额 = 应税进（出）口货物数量 \times 单位货物税额 +$$
$$应税进（出）口货物数量 \times 单位完税价格 \times 税率$$

【例 5-7】 某外贸公司进口 5 台摄像机，每台完税价格折合人民币为 12 000 元。假设每台完税价格高于 10 000 元时，从量税为每台 12 500 元人民币，再征从价税 3%。计算该批进口摄像机应缴纳的关税税额。

【解析】

该批摄像机的关税税额 $= 5 \times 12\ 500 + 5 \times 12\ 000 \times 3\% = 64\ 300\ 元$

（四）滑准税应纳税额的计算

滑准税是指关税的税率随着进口商品价格的变动而反方向变动的一种税率形式，即价格越高，税率越低，税率为比例税率。因此对实行滑准税率的进口商品应纳关税税额的计算方法与从价税的计算方法相同。

任务三　关税的纳税申报

一、关税的纳税申报资料

进（出）口货物通关的一般程序包括申报、查验、征税、放行。

进口货物应自运输工具申报进境之日起14日内，出口货物应自货物运抵海关监管区后、装货的24小时以前，由进（出）口货物的纳税义务人向货物进（出）境地海关申报，根据《中华人民共和国海关法》的规定，企业在进（出）口货物申报时，应当向海关提供有关单证。进（出）口货物申报单证一般包括进（出）口货物报关单、相关的进（出）口许可证及其有关单证（如发票、提单等）。报关应备单证除进（出）口货物报关单外，还包括基本单证、特殊单证和预备单证。

二、进（出）口货物报关单

我国现行进（出）口关税纳税申报表，即海关进（出）口货物报关单的格式参见表5-2、表5-3。

表5-2　中华人民共和国海关进口货物报关单

预录入编号：　　　　　　　　　　　　　海关编号：

进口口岸	备案号		进口日期	申报日期	
经营单位	运输方式		运输工具名称	提运单号	
收货单位	贸易方式		征免性质	征税比例	
许可证号	起运国（地区）		装货港	境内目的地	
批准文号	成交方式		运费	保费	杂费
合同协议号	件数		包装种类	毛重／千克	净重／千克
集装箱号	随附单据		用途		
标记唛码及备注					

项号	商品编号	商品名称、规格型号	数量及单位	原产国（地区）	单价	总价	币制	征免

税费征收情况				
录入员　录入单位	兹声明以上申报无讹并承担法律责任	海关审单批注及放行日期（盖章）		
报关员		审单　　　审价		
单位地址	申报单位（盖章）	征税　　　统计		
邮编　电话	填制日期	查验　　　放行		

表 5-3 中华人民共和国海关出口货物报关单

预录入编号：　　　　　　　　　　　　　　　　　　海关编号：

出口口岸	备案号		出口日期	申报日期	
经营单位	运输方式		运输工具名称	提运单号	
发货单位	贸易方式		征免性质	结汇方式	
许可证号	运抵国（地区）		指运港	境内货源地	
批准文号	成交方式		运费	保费	杂费
合同协议号	件数		包装种类	毛重/千克	净重/千克
集装箱号	随附单据		生产厂家		

| 标记唛码及备注 | | | | | | | | | |

项号	商品编号	商品名称、规格型号	数量及单位	原产国（地区）	单价	总价	币种	征免

税费征收情况

录入员　录入单位	兹声明以上申报无讹并承担法律责任	海关审单批注及放行日期（盖章）	
报关员		审单　　　审价	
单位地址	申报单位（盖章）	征税　　　统计	
邮编　电话	填制日期	查验　　　放行	

三、关税专用缴款书

纳税人完成关税的纳税申报后，应自海关填发税款缴款书之日起 15 日内向指定银行缴纳税款。海关进（出）口关税专用缴款书的格式参见表 5-4。

表 5-4 海关进（出）口关税专用缴款书

收入系统：　　　　　　　　　　　　　　　　　　填发日期：年　月　日

收款单位	收入机关		中央金库		缴款单位（人）	名称	
	科目		预算级次			账号	
	收款国库					开户银行	
税号	货物名称	数量		单位	完税价格/¥	税率/%	税款金额（¥）
金额人民币（大写）		万　仟　佰　拾　元　角　分				合计（¥）	
申请单位编号		报关单编号			填制单位	收款国库（银行）	
合同（批文）号		运输工具（号）					
缴款期限		提/装货单号			制单人		
备注	一般征税				复核人	业务公章	
	国际代码						

练习题
（项目五）

练习题答案
（项目五）

项目六　企业所得税纳税实务

引言

　　党的二十大报告指出，"健全现代预算制度，优化税制结构，完善财政转移支付体系"。近年来，为减轻市场主体负担、稳定宏观经济大盘，党中央、国务院审时度势、科学决策，出台了一系列税费优惠政策。北京市税务局立足首都"四个中心"城市战略定位，聚焦首都纳税人缴费人需求，全力以赴确保各项优惠政策直达快享、落地生根，不折不扣落实小规模纳税人减免增值税、小微经营主体"六税两费"减半征收等税费优惠政策，切实为小微企业纾困解难；不折不扣落实鼓励企业投入基础研究、促进科技成果转化等税收优惠政策，切实为科创企业提供动能；不折不扣落实制造业等13个行业留抵退税政策，切实为制造业增添活力。

任务一　企业所得税的认知

一、企业所得税的纳税人

　　企业所得税是指对中华人民共和国境内的企业（居民企业及非居民企业）和其他取得收入的组织以其生产经营所得为课税对象所征收的一种所得税。作为企业所得税纳税人，应依照《中华人民共和国企业所得税法》（以下简称《企业所得税法》）缴纳企业所得税。

　　企业所得税纳税人即所有实行独立经济核算的中华人民共和国境内的内资企业或其他组织，包括国有企业、集体企业、私营企业、联营企业、股份制企业以及有生产经营所得和其他所得的其他组织。

纳税提示

　　"个体工商户、个人独资企业、合伙企业"不属于企业所得税纳税人。

　　企业所得税采取收入来源地管辖权和居民管辖权相结合的双重管辖权，把企业分为居民企业和非居民企业，分别确定不同的纳税义务。

（一）居民企业

　　居民企业是指依法在中国境内成立，或者依照外国（地区）法律成立但实际管理机构在中国境内的企业。

　　实际管理机构，是指对企业的生产经营、人员、账务、财产等实施实质性全面管理和控制的机构。例如，在我国注册成立的亚马逊公司、福特汽车公司，就是我国的居民企业；在英国福克兰群岛等国家和地区注册的公司，但实际管理机构在我国境内，也是我国的居民企业。上述企业应就其来源于我国境内外的所得缴纳企业所得税。

（二）非居民企业

　　非居民企业是指依照外国（地区）法律成立且实际管理机构不在中国境内，但在中国境内设立机构、场所，或者在中国境内未设立机构、场所，但有来源于中国境内所得的企业。例如，在我国设立的代表处及其他分支机构的外国企业。

　　机构、场所，是指在中国境内从事生产经营活动的机构、场所，包括以下五种情况：

　　(1) 管理机构、营业机构、办事机构。

　　(2) 工厂、农场、开采自然资源的场所。

　　(3) 提供劳务的场所。

　　(4) 从事建筑、安装、装配、修理、勘探等工程作业的场所。

　　(5) 其他从事生产经营活动的机构、场所。

　　此外，非居民企业委托营业代理人在中国境内从事生产经营活动的，包括委托单位或者个人经常代其签订合同，或者储存、交付货物等，该营业代理人被视为非居民企业在中国境内设立的机构、场所。

二、企业所得税的征税对象

（一）居民企业的证税对象

　　居民企业应就来源于中国境内、境外的所得作为征税对象。所得，包括销售货物所得、提供劳务所得、转让财产所得、股息红利等权益性投资所得、利息所得、租金所得、特许权使用费所得、接受捐赠所得和其他所得。

（二）非居民企业的证税对象

　　非居民企业在中国境内设立机构、场所的，应当就其所设机构、场所取得的来源于中国境内的所得，以及发生在中国境外但与其所设机构、场所有实际联系的所得缴纳企业所得税。

　　非居民企业在中国境内未设立机构、场所，或者虽设立机构、场所但取得的所得与其所设机构、场所没有实际联系的，应当就其来源于中国境内的所得缴纳企业所得税。

　　上述所称实际联系，是指非居民企业在中国境内设立的机构、场所拥有的据以取得所得的股权、债权，以及拥有、管理、控制据以取得所得的财产。

（三）所得来源地的确定

所得来源地的判断标准直接关系到企业纳税义务的大小，也涉及国家之间以及国内不同地区之间税收管辖权的问题。来源于中国境内、境外的所得，按照表 6-1 所列原则确定。

表 6-1　所得来源地的确定

所 得 类 型		所得来源地的确定
销售货物所得		交易活动发生地
提供劳务所得		劳务发生地
转让财产所得	不动产转让	不动产所在地
	动产转让	转让动产的企业或者机构、场所所在地
	权益性投资资产转让	被投资企业所在地
股息、红利等权益性投资所得		分配所得的企业所在地
利息、租金、特许权使用费所得		负担、支付所得的企业或者机构、场所所在地确定，或者按照负担、支付所得的个人的住所地
其他所得		由国务院财政、税务主管部门确定

三、企业所得税的税率

企业所得税的税率表如表 6-2 所示。

表 6-2　企业所得税的税率表

种类	税率	适 用 对 象
基本税率	25%	(1) 居民企业
		(2) 在中国境内设立机构、场所且取得所得与所设机构、场所有实际联系的非居民企业
低税率	20%	(1) 在中国境内未设立机构、场所的非居民企业
		(2) 虽设立机构、场所，但取得的所得与其所设机构、场所没有实际联系的非居民企业
优惠税率	10%	执行 20% 税率的非居民企业
	15%	高新技术企业、技术先进型服务企业、设在西部地区的鼓励类产业企业、注册在海南自由贸易港并实质性运营的鼓励类产业企业 【注意】鼓励类产业企业标准：以"鼓励类产业目录"中规定的产业项目为主营业务，且其主营业务收入占企业收入总额"60%"以上的企业
	20%	小型微利企业

任务二 企业所得税应纳税所得额的确定

企业每一纳税年度的收入总额，减除不征税收入、免税收入、各项扣除以及允许弥补的以前年度亏损后的余额，为应纳税所得额。亏损是指企业依照《企业所得税法》及其条例的规定，将每一纳税年度的收入总额减除不征税收入、免税收入和各项扣除后小于零的数额。亏损可以向以后年度结转，但结转年度最长不超过 5 年。需要注意的是，税法中的亏损和财务会计中的亏损含义是不同的。财务会计上的亏损是指当年总收益小于当年总支出。应纳税所得额的计算公式为

应纳税所得额＝收入总额－不征税收入－免税收入－各项扣除项目金额－
允许弥补的以前年度亏损

或

应纳税所得额＝会计利润总额＋纳税调整增加项－纳税调整减少项－
弥补以前年度亏损

企业应纳税所得额的计算以权责发生制为原则，属于当期的收入和费用，不论款项是否收付，均作为当期的收入和费用；不属于当期的收入和费用，即使款项已经在当期收付，均不作为当期的收入和费用。国务院财政、税务主管部门另有规定的除外。在计算应纳税所得额时，企业财务会计处理办法与税收法律法规不一致的，应当依照税收法律法规的规定计算。

一、收入总额

企业收入总额是指以货币形式和非货币形式从各种来源取得的收入。它包括销售货物收入，提供劳务收入，转让财产收入，股息、红利等权益性投资收益，利息收入，租金收入，特许权使用费收入，接受捐赠收入以及其他收入。

（一）一般收入的确认

1. 销售货物收入

销售货物收入，是指企业销售商品、产品、原材料、包装物、低值易耗品以及其他存货取得的收入。

销售货物收入应按以下规定确认收入实现的时间：

(1) 销售商品采用托收承付方式的，在办妥托收手续时确认收入。

(2) 销售商品采取预收款方式的，在发出商品时确认收入。

(3) 销售商品需要安装和检验的，在购买方接受商品以及安装和检验完毕时确认收入。如果安装程序比较简单，可在发出商品时确认收入。

(4) 销售商品采用支付手续费方式委托代销的，在收到代销清单时确认收入。

(5) 以分期收款方式销售货物的，按照合同约定的收款日期确认收入的实现。

2. 提供劳务收入

提供劳务收入，是指企业从事建筑安装、修理修配、交通运输、仓储租赁、金融保险、邮电通信、咨询经纪、文化体育、科学研究、技术服务、教育培训、餐饮住宿、中介代理、卫生保健、社区服务、旅游、娱乐、加工以及其他劳务服务活动取得的收入。

提供劳务收入应按以下规定确认收入实现的时间：

(1) 安装费：应根据安装完工进度确认收入。安装工作是商品销售附带条件的，安装费在确认商品销售实现时确认收入。

(2) 宣传媒介的收费：应在相关的广告或商业行为出现于公众面前时确认收入。广告的制作费，应根据制作广告的完工进度确认收入。

(3) 软件费：为特定客户开发软件的收费，应根据开发的完工进度确认收入。

(4) 服务费：包含在商品售价内可区分的服务费，在提供服务的期间分期确认收入。

(5) 艺术表演、招待宴会和其他特殊活动的收费：在相关活动发生时确认收入。收费涉及几项活动的，预收的款项应合理分配给每项活动，分别确认收入。

(6) 会员费：申请入会或加入会员，只允许取得会籍，所有其他服务或商品都要另行收费的，在取得该会员费时确认收入。申请入会或加入会员后，会员在会员期内不再付费就可得到各种服务或商品，或者以低于非会员的价格销售商品或提供服务的该会员费应在整个受益期内分期确认收入。

(7) 特许权费：属于提供设备和其他有形资产的特许权费，在交付资产或转移资产所有权时确认收入；属于提供初始及后续服务的特许权费，在提供服务时确认收入。

(8) 劳务费：长期为客户提供重复的劳务收取的劳务费，在相关劳务活动发生时确认收入。

3. 转让财产收入

转让财产收入，是指企业转让固定资产、生物资产、无形资产、股权、债权等财产取得的收入。转让财产收入应当按照从财产受让方已收或应收的合同或协议价款确认收入。除另有规定外，均一次性确认收入。

4. 股息、红利等权益性投资收益

股息、红利等权益性投资收益，是指企业因权益性投资从被投资方取得的收入。股息、红利等权益性投资收益，除国务院财政、税务主管部门另有规定外，按照被投资企业股东会或股东大会做出利润分配或转股决定的日期确认收入的实现。

5. 利息收入

利息收入，是指企业将资金提供他人使用但不构成权益性投资，或者因他人占用本企业资金取得的收入，包括存款利息、贷款利息、债券利息、欠款利息等收入。利息收入，按照合同约定的债务人应付利息的日期确认收入的实现。

6. 租金收入

租金收入，是指企业提供固定资产、包装物或者其他有形资产的使用权取得的收入。

租金收入，按照合同约定的承租人应付租金的日期确认收入的实现。如果交易合同或协议中规定租赁期限跨年度，且租金提前一次性支付的，出租人可对上述已确认的收入在租赁期内，分期均匀计入相关年度收入。

7. 特许权使用费收入

特许权使用费收入，是指企业提供专利权、非专利技术、商标权、著作权以及其他特许权的使用权取得的收入。特许权使用费收入，按照合同约定的特许权使用人应付特许权使用费的日期确认收入的实现。

8. 接受捐赠收入

接受捐赠收入，是指企业接受的来自其他企业、组织或者个人无偿给予的货币性资产、非货币性资产。接受捐赠收入，按照实际收到捐赠资产的日期确认收入的实现。

9. 其他收入

其他收入，是指企业取得《企业所得税法》具体列举的收入以外的其他收入，包括企业资产溢余收入、逾期未退包装物押金收入、确实无法偿付的应付款项、已作坏账损失处理后又收回的应收款项、债务重组收入、补贴收入、违约金收入、汇兑收益等。除另有规定外，均一次性确认收入。

（二）特殊收入的确认

(1) 企业发生非货币性资产交换，以及将货物、财产、劳务用于捐赠、偿债、赞助、集资、广告、样品、职工福利或者利润分配等用途的，应当视同销售货物、转让财产或者提供劳务，但国务院财政、税务主管部门另有规定的除外。

(2) 企业将资产移送他人，如用于市场推广或销售、用于交际应酬、用于职工奖励或福利、用于股息分配、用于对外捐赠等，因资产所有权属已发生改变而不属于内部处置资产，应按视同销售确定收入，按照资产的公允价值确认销售收入。

企业以买一赠一等方式组合销售本企业商品的，不属于捐赠，应将总的销售金额按各项商品的公允价值的比例来分摊确认各项的销售收入。

(3) 以分期收款方式销售货物的，按照合同约定的收款日期确认收入的实现。

(4) 企业受托加工制造大型机械设备、船舶、飞机，以及从事建筑、安装、装配工程业务或者提供其他劳务等，持续时间超过 12 个月的，按照纳税年度内完工进度或者完成的工作量确认收入的实现。

(5) 采取产品分成方式取得收入的，按照企业分得产品的日期确认收入的实现，其收入额按照产品的公允价值确定。

纳税提示

售后回购销售方式下，销售的商品按"售价"确认收入，回购的商品作为购进商品处理。有证据表明不符合销售收入确认条件的，如以销售商品方式进行融资，收到的款项应确认为负债，回购价格大于原售价的，差额应在回购期间确认为利息费用。

二、不征税收入和免税收入

（一）不征税收入

下列收入为不征税收入：

(1) 财政拨款。

财政拨款，是指各级人民政府对纳入预算管理的事业单位、社会团体等组织拨付的财政资金，但国务院和国务院财政、税务主管部门另有规定的除外。

纳税提示

县级以上人民政府将国有资产无偿划入企业，凡"指定专门用途"并"按规定进行管理"的，企业可作为不征税收入进行企业所得税处理。

(2) 依法收取并纳入财政管理的行政事业性收费、政府性基金。

行政事业性收费，是指依照法律法规等有关规定，按照国务院规定程序批准，在实施社会公共管理，以及在向公民、法人或者其他组织提供特定公共服务过程中，向特定对象收取并纳入财政管理的费用。政府性基金，是指企业依照法律、行政法规等有关规定，代政府收取的具有专项用途的财政资金。

纳税提示

企业的不征税收入用于支出所形成的费用或者财产，不得扣除或者计算对应的折旧、摊销扣除。

(3) 国务院规定的其他不征税收入。

国务院规定的其他不征税收入，是指企业取得的，由国务院财政、税务主管部门规定专项用途并经国务院批准的财政性资金。县级以上人民政府将国有资产无偿划入企业，凡指定专门用途并按规定进行管理的，企业可作为不征税收入进行企业所得税处理。

2018 年 9 月 10 日起，对全国社会保障基金取得的直接股权投资收益、股权投资基金收益，作为企业所得税不征税收入。2018 年 9 月 20 日起，对全国社会保障基金理事会及基本养老保险基金投资管理机构在国务院批准的投资范围内，运用养老基金投资取得的归属于养老基金的投资收入，作为企业所得税不征税收入。

（二）免税收入

免税收入主要包括以下内容：

(1) 国债利息收入。

(2) 符合条件的居民企业之间的股息、红利等权益性投资收益。

(3) 在中国境内设立机构、场所的非居民企业从居民企业取得的与该机构、场所有实际联系的股息、红利等权益性投资收益。

(4) 符合条件的非营利组织的收入。

三、税前扣除项目

（一）税前扣除项目的基本范围

企业实际发生的与取得收入有关的、合理的支出，包括成本、费用、税金、损失和其他支出，准予在计算应纳税所得额时扣除。准予税前扣除的具体项目包括：

1. 成本

成本是指企业在生产经营活动中发生的销售成本、销货成本、业务支出以及其他耗费。即企业销售商品（产品、材料、下脚料、废料、废旧物资等）、提供劳务、转让固定资产、无形资产的成本。

2. 费用

费用是指企业在生产经营活动中发生的三大期间费用，即销售费用、管理费用和财务费用（已经计入成本的有关费用除外，如制造费用）。其具体规定如下：

(1) 销售费用只允许按照标准扣除广告费、运输费、销售佣金等费用。

(2) 管理费用只允许按照标准扣除业务招待费、职工福利费、工会经费、职工教育经费、为管理组织经营活动提供各项支援性服务而发生的费用等。

(3) 财务费用只允许按照标准扣除利息支出、借款费用等。

3. 税金

税金是指记入"税金及附加"科目的税费，即已缴纳的消费税、城市维护建设税、资源税、房产税、车船税、城镇土地使用税、印花税、土地增值税、出口关税和教育费附加等。

需要注意的是，企业所得税不包含在"税金及附加"项目中。增值税为价外税，不包含在销售收入中，计算应纳税所得额时不得扣除。

4. 损失

损失是指企业在生产经营活动中的损失和其他损失，包括固定资产和存货的盘亏、毁损、报废损失，转让财产损失，呆账损失，坏账损失，自然灾害等不可抗力因素造成的损失以及其他损失。

企业已经作为损失处理的资产，在以后纳税年度又全部收回或者部分收回时，应当计入当期收入。税前可以扣除的损失为净损失，即企业的损失减除责任人赔偿和保险赔款后的余额。

5. 其他支出

其他支出是指除成本、费用、税金、损失外，企业在生产经营活动中发生的与生产经营活动有关的、合理的支出。

【例 6-1】（多选题）根据企业所得税法律制度的规定，企业缴纳的下列税金中，准予在企业所得税税前扣除的有 (　　　)。

A. 允许抵扣的增值税　　　　　　　B. 消费税

C. 土地增值税　　　　　　　　　　D. 印花税

【答案】

答案为 BCD。

（二）部分扣除项目的具体范围和标准

1. 工资薪金支出

(1) 企业发生的合理的工资薪金支出准予扣除。其中，"合理的工资薪金"是指企业按照股东大会、董事会、薪酬委员会或相关管理机构制定的工资薪金制度的规定实际发放给员工的工资薪金。

(2) 税务机关在对工资薪金进行合理性确认时，判断标准如下：① 企业制定了较为规范的员工工资薪金制度；② 企业制定的工资薪金制度符合行业及地区水平；③ 企业在一定时期所发放的工资薪金是相对固定的，工资薪金的调整是有序进行的；④ 企业对实际发放的工资薪金，已依法履行了代扣代缴个人所得税义务；⑤ 有关工资薪金的安排，不以减少或逃避缴纳税款为目的。

2. 职工福利费、职工工会经费、职工教育经费（三费）

(1) 企业发生的职工福利费支出，不超过工资薪金总额 14% 的部分，准予扣除。企业发生的职工福利费，应该单独设置会计账册进行核算；没有单独设置账册进行核算的，税务机关应责令企业在规定的期限内进行改正；逾期仍未改正的，税务机关可对企业发生的职工福利费进行合理的核定。

(2) 企业拨缴的工会经费，不超过工资薪金总额 2% 的部分，准予扣除。

(3) 除国务院财政、税务主管部门另有规定外，企业发生的职工教育经费支出，不超过工资薪金总额 8% 的部分，准予扣除；超过部分，准予在以后纳税年度结转扣除。

软件生产企业发生的职工教育经费中的职工培训费用，可以全额在企业所得税前扣除。软件生产企业应准确划分职工教育经费中的职工培训费支出，对于不能准确划分以及准确划分后职工教育经费中扣除职工培训费用后的余额，一律按照工资、薪金总额 8% 的比例扣除。

【例 6-2】 某化妆品生产企业，2023 年计入成本、费用中的合理的实发工资 540 万元，当年发生的工会经费 15 万元、职工福利费 80 万元、职工教育经费 40 万元。已知，在计算企业所得税应纳税所得额时，工会经费、职工福利费、职工教育经费的扣除比例分别为 2%、14%、8%。请计算企业准予扣除的职工工会经费、职工福利费、职工教育经费的合计金额。

【解析】

三费扣除限额 $= 540 \times 2\% + 540 \times 14\% + 40 = 126.4$ 万元

3. 社会保险费

(1) 按照国务院有关主管部门或省级人民政府规定的范围和标准为职工缴纳的基本养

老保险、基本医疗保险、失业保险、工伤保险、生育保险（五险）以及住房公积金（一金）准予扣除。

（2）为特殊工种职工缴纳的人身安全保险费准予扣除。

（3）自 2008 年 1 月 1 日起，企业根据国家有关政策规定，为在本企业任职或者受雇的全体员工支付的补充养老保险费、补充医疗保险费，分别在不超过职工工资总额 5% 标准内的部分，在计算应纳税所得额时准予扣除；超过的部分，不予扣除。

自 2017 年 7 月 1 日起，对个人购买符合规定的商业健康保险产品的支出，允许在当年（月）计算应纳税所得额时予以税前扣除，扣除限额为 2 400 元／年（200 元／月）。单位统一为员工购买符合规定的商业健康保险产品的支出，应分别计入员工个人工资薪金，视同个人购买，按上述限额予以扣除。

【例 6-3】　（多选题）根据企业所得税法律制度的规定，企业依照国务院有关主管部门或省级人民政府规定范围和标准为职工缴纳的下列费用中，在计算企业所得税应纳税所得额时准予扣除的有（　　　）。

A. 基本医疗保险费　　　　　　B. 基本养老保险费

C. 工伤保险费　　　　　　　　D. 住房公积金

【答案】

答案为 ABCD。

【例 6-4】　某公司 2023 年度支出合理的工资薪金总额 1 000 万元，按规定标准为职工缴纳基本社会保险费 150 万元，为受雇的全体员工支付补充养老保险费 80 万元，为公司高管缴纳商业保险费 30 万元。根据企业所得税法律制度的规定，计算该公司 2023 年度发生的上述保险费在应纳税所得额时准予扣除的数额。

【解析】

保险费扣除限额 = 150 + 1 000 × 5% = 200 万元

4. 业务招待费

企业发生的与生产经营活动有关的业务招待费支出，按照实际发生额的 60% 扣除，但最高不得超过当年销售收入的 5‰。

销售收入净额是指年销售收入扣除销货退回、销售折让和销项税额等各项支出后的收入。销售收入应当包括主营业务收入和其他业务收入，不包括营业外收入。

企业筹办期发生的业务招待费按实际发生额的 60%，广告费和业务宣传费按实际发生额，分别计入筹办费进行税前扣除。

纳税提示

销售（营业）收入的判定。对于一般企业，销售（营业）收入包含三个部分：主营业务收入、其他业务收入以及视同销售收入；对于创投企业，销售（营业）收入包含四个部分：

主营业务收入、其他业务收入、视同销售收入以及投资收益。

【例 6-5】 (单选题)2023 年甲公司取得销售 (营业) 收入 2 000 万元，发生与生产经营活动有关的业务招待费支出 12 万元，已知业务招待费支出按照发生额的 60% 扣除，但最高不得超过当年销售 (营业) 收入的 5‰。甲公司在计算 2023 年度企业所得税应纳税所得额时，准予扣除的业务招待费金额为 (　　) 万元。

A. 12

B. 7.2

C. 10

D. 4.8

【答案】

答案为 B。

5. 广告费和业务宣传费支出

(1) 企业发生的符合条件的广告费和业务宣传费支出，除国务院财政、税务主管部门另有规定外，不超过当年销售收入 15% 的部分，准予扣除；超过部分，准予在以后纳税年度结转扣除。

(2) 自 2021 年 1 月 1 日至 2025 年 12 月 31 日，对化妆品制造或销售、医药制造和饮料制造 (不含酒类制造) 企业发生的广告费和业务宣传费支出，不超过当年销售收入 30% 的部分，准予扣除；超过部分，准予在以后纳税年度结转扣除。

(3) 烟草企业的烟草广告费和业务宣传费支出，一律不得在计算应纳税所得额时扣除。

【例 6-6】 (多选题) 根据企业所得税法律制度的规定，下列各项费用，超过税法规定的扣除标准后，准予在以后纳税年度结转扣除的有 (　　)。

A. 工会经费

B. 职工教育经费

C. 广告费和业务宣传费

D. 职工福利费

【答案】

答案为 BC。

【例 6-7】 2023 年度，甲企业实现销售收入 3 000 万元，当年发生广告费 400 万元，上年度结转未扣除广告费 60 万元。已知企业发生的符合条件的广告费不超过当年销售收入 15% 的部分，准予扣除；超过部分，准予在以后纳税年度结转扣除。计算甲企业准予扣除的广告费。

【解析】

广告费扣除限额 = 3 000 × 15% = 450 万元

6. 公益性捐赠

公益性捐赠，是指企业通过公益性社会组织或者县级以上人民政府及其部门，用于符合法律规定的慈善活动、公益事业的捐赠。

企业当年发生以及以前年度结转的公益性捐赠支出，不超过年度利润总额 12% 的部分，在计算应纳税所得额时准予扣除；超过年度利润总额 12% 的部分，准予结转以后 3 年内在计算应纳税所得额时扣除。企业在对公益性捐赠支出计算扣除时，应先扣除以前年度结转的捐赠支出，再扣除当年发生的捐赠支出。

年度利润总额，是指企业依照国家统一会计制度的规定计算的年度会计利润。

公益性捐赠具体范围包括：

(1) 救助灾害、救济贫困、扶助残疾人等困难的社会群体和个人的活动。

(2) 教育、科学、文化、卫生、体育事业。

(3) 环境保护、社会公共设施建设。

(4) 促进社会发展和进步的其他社会公共和福利事业。

【例 6-8】 甲公司 2023 年实现会计利润总额 300 万元，预缴企业所得税税额 60 万元，在"营业外支出"账目中列支了通过公益性社会团体向灾区的捐款 38 万元。已知企业所得税税率为 25%，公益性捐赠支出不超过年度利润总额 12% 的部分，准予在计算企业所得税应纳税所得额时扣除。计算甲公司当年应补缴企业所得税税额。

【解析】

应补缴企业所得税税额 = [300 + (38 − 300 × 12%)] × 25% − 60 = 15.5 万元

7. 手续费及佣金支出

(1) 企业发生与生产经营有关的手续费及佣金支出，不超过计算限额的部分，准予扣除；超过部分，不得扣除。其具体规定如下：

① 自 2019 年 1 月 1 日起，保险企业发生与其经营活动有关的手续费及佣金支出，不超过当年全部保费收入扣除退保金等后余额的 18%(含本数) 的部分，在计算应纳税所得额时准予扣除；超过部分，允许结转以后年度扣除。

② 从事代理服务、主营业务收入为手续费、佣金的企业 (如证券、期货、保险代理等企业)，其为取得该类收入而实际发生的营业成本 (包括手续费及佣金支出)，准予在企业所得税前据实扣除。

③ 其他企业：按与具有合法经营资格的中介服务机构或个人 (不含交易双方及其雇员、代理人和代表人等) 所签订服务协议或合同确认的收入金额的 5% 计算限额。

(2) 企业应与具有合法经营资格的中介服务企业或个人签订代办协议或合同，并按国家有关规定支付手续费及佣金。除委托个人代理外，企业以现金等非转账方式支付的手续费及佣金不得在税前扣除。企业为发行权益性证券支付给有关证券承销机构的手续费及佣金不得在税前扣除。

(3) 企业不得将手续费及佣金支出计入回扣、业务提成、返利、进场费等费用。

(4) 企业已计入固定资产、无形资产等相关资产的手续费及佣金支出，应当通过折旧、摊销等方式分期扣除，不得在发生当期直接扣除。

(5) 企业支付的手续费及佣金不得直接冲减服务协议或合同金额，应当如实入账。

(6) 企业应当如实向当地主管税务机关提供当年手续费及佣金计算分配表和其他相关资料，并依法取得合法真实的凭证。

【例 6-9】 (单选题)2023 年 5 月，甲生产企业因业务需要，经某具有合法经营资格的中介机构介绍与乙企业签订了一份买卖合同，合同金额为 20 万元。甲生产企业向该中介机构支付佣金 2 万元。甲生产企业在计算当年企业所得税应纳税所得额时，该笔佣金准予扣除的数额为 (　　) 万元。

A. 0.5　　　　　　　　　　　B. 1.5

C. 1　　　　　　　　　　　　D. 2

【答案】

答案为 C。

8. 利息费用

(1) 非金融企业向金融企业借款的利息支出、金融企业的各项存款利息支出和同业拆借利息支出、企业经批准发行债券的利息支出。

(2) 非金融企业向非金融企业借款的利息支出，不超过按照金融企业同期同类贷款利率计算的数额的部分准予据实扣除，超过部分不予扣除。

(3) 企业向自然人借款的利息支出，其借款情况同时符合以下条件的，其利息支出不超过按照金融企业同期同类贷款利率计算的数额部分，准予扣除。其具体规定为：① 企业与个人之间的借贷是真实、合法、有效的，并且不具有非法集资目的或其他违反法律、法规的行为；② 企业与个人之间签订了借款合同。

纳税提示

利息费用在企业所得税前扣除根据具体情况的不同有着不同的扣除标准，应加以区分。在实际中，企业发生的利息费用应当区分费用化的利息支出和资本化的利息支出。费用化的利息支出在发生当期直接扣除，资本化的利息支出则应计入有关资产成本，以折旧或摊销方式扣除，不得在发生当期直接扣除。

【例 6-10】　甲公司股东王某认缴的出资额为 100 万元，应于 2023 年 7 月 1 日前缴足，7 月 1 日王某实缴资本为 20 万元，剩余部分至 2023 年 12 月 31 日仍未缴纳。甲公司因经营需要于 2023 年 1 月 1 日向银行借款 100 万元，年利率 10%，发生借款利息 10 万元。计算 2023 年甲公司应纳税所得额可以扣除的借款利息。

【解析】

应纳税所得额可以扣除的借款利息 = 10 - (100 - 20) × 10% × 50% = 6 万元

【例 6-11】　2023 年 5 月非金融企业甲公司向非关联关系的非金融企业乙公司借款 100 万元，用于生产经营，期限为半年，双方约定年利率为 10%，已知金融企业同期同类贷款年利率为 7.8%。计算甲公司当年企业所得税应纳税所得额准予扣除的利息费用。

【解析】

应纳税所得额可以扣除的利息费用 = 100 × 7.8% × 50% = 3.9 万元

9. 借款费用

(1) 企业在生产经营活动中发生的合理的不需要资本化的借款费用，准予扣除。

(2) 企业为购置、建造固定资产、无形资产和经过 12 个月以上的建造才能达到预定可销售状态的存货发生借款的，在有关资产购置、建造期间发生的合理的借款费用，应当作为资本性支出计入有关资产的成本。有关资产交付使用后发生的借款利息，可在发生当期扣除。

(3) 企业通过发行债券、取得贷款、吸收保户储金等方式融资而发生的合理的费用支出，符合资本化条件的，应计入相关资产成本；不符合资本化条件的，应作为财务费用 (包括手续费及佣金支出)，准予在税前据实扣除。

10. 其他准予扣除项目

(1) 环境保护专项资金。

企业依照法律、行政法规有关规定提取的用于环境保护、生态恢复等方面的专项资金，准予扣除。上述专项资金提取后改变用途的，不得扣除。

(2) 劳动保护费。

企业发生的合理的劳动保护支出，准予据实扣除。

(3) 汇兑损失。

企业在货币交易中，以及纳税年度终了将人民币以外的货币性资产、负债按照期末即期人民币汇率中间价折算为人民币时产生的汇兑损失，除已经计入资产成本以及与向所有者进行利润分配相关的部分外，准予扣除。

(4) 总机构分摊的费用。

非居民企业在中国境内设立的机构、场所，就其中国境外总机构发生的与该机构、场所生产经营有关的费用，能够提供总机构出具的费用汇集范围、定额、分配依据和方法等证明文件，并合理分摊的，准予扣除。

(5) 租赁费。

租入固定资产的方式分为两种：① 经营租赁是指所有权不转移的租赁；② 融资租赁是指在实质上转移与一项资产所有权有关的全部风险和报酬的租赁。

租入固定资产支付的租赁费，按照以下方法扣除：① 以经营租赁方式租入固定资产而发生的租赁费支出，按照租赁期限均匀扣除；② 融资租赁方式租入固定资产发生的租赁费支出，按照规定构成融资租入固定资产价值的部分应当提取折旧费用，分期扣除。

(6) 资产损失。

企业当期发生的固定资产和流动资产盘亏、毁损净损失，由其提供清查盘存资料，经主管税务机关审核后，准予扣除。

企业因存货盘亏、毁损、报废等原因不得从销项税额中抵扣的进项税额，即进项税额转出，应视同企业财产损失，准予与存货损失一起在所得税前按规定扣除。

(7) 其他项目。

依照有关法律、行政法规和税法有关规定准予扣除的其他项目，如会员费、合理的会议费、差旅费、违约金、诉讼费等。

现将有扣除标准的项目的扣除标准和超标准处理方式归纳如表 6-3 所示。

表 6-3 有扣除标准的项目表

项目	扣除标准	超标准处理
职工福利费	不超过工资薪金总额 14% 的部分，据实扣除	当年不得扣除
工会经费	不超过工资薪金总额 2% 的部分，据实扣除	当年不得扣除
职工教育经费	不超过工资薪金总额 8% 的部分，据实扣除	当年不得扣除；但超过部分准予结转以后纳税年度扣除
利息费用	不超过金融企业同期同类贷款利率计算的利息，据实扣除	当年不得扣除
业务招待费	按照发生额的 60% 和当年销售收入的 5‰孰低扣除	当年不得扣除
广告费和业务宣传费	不超过当年销售收入 15% 的部分，据实扣除	当年不得扣除；但超过部分准予结转以后纳税年度扣除
公益性捐赠支出	不超过年度利润总额 12% 的部分，据实扣除	当年不得扣除；但超过部分准予在以后年度（次年起计算最长不得超过三年）结转扣除

（三）不得扣除的项目

在计算应纳税所得额时，下列支出不得扣除：

(1) 向投资者支付的股息、红利等权益性投资收益款项。

(2) 企业所得税税款。

(3) 税收滞纳金，指纳税人违反税收法规，被税务机关处以的滞纳金。

(4) 罚金、罚款和被没收财物的损失，指纳税人违反国家有关法律、法规规定，被有关部门处以的罚款，以及被司法机关处以的罚金和被没收的财物。

(5) 不符合扣除条件的捐赠支出，具体包括非公益性捐赠支出、直接向受赠人捐赠的支出。

(6) 赞助支出，指企业发生的与生产经营活动无关的各种非广告性质支出。

(7) 未经核定的准备金支出，指不符合国务院财政、税务主管部门规定的各项资产减值准备、风险准备等准备金支出。

(8) 企业之间支付的管理费、企业内营业机构之间支付的租金和特许权使用费，以及非银行企业内营业机构之间支付的利息。

(9) 与取得收入无关的其他支出。

纳税提示

刑事责任以及行政处罚中的财产处罚,包括"罚金、罚款、没收违法所得、没收财产"等不得在税前扣除,例如纳税人签发空头支票,银行按规定处以"罚款",不得在税前扣除。

民事责任中的"赔偿损失、支付违约金"以及法院判决由企业承担的"诉讼费用"等准予在税前扣除,例如纳税人逾期归还银行贷款,银行按规定加收的"罚息",准予在税前扣除。

(四)亏损弥补

亏损是指企业依照《企业所得税法》及其实施条例的规定,将每一纳税年度的收入总额减除不征税收入、免税收入和各项扣除后小于零的数额。

税法规定,企业某一纳税年度发生的亏损可以用下一年度的所得弥补;下一年度的所得不足以弥补的,可以逐年延续弥补,但最长不得超过5年(特殊资格企业除外)。企业在汇总计算缴纳企业所得税时,其境外营业机构的亏损不得抵减境内营业机构的盈利。

自2018年1月1日起,当年具备高新技术企业或科技型中小企业资格(以下统称资格)的企业,其具备资格年度之前5个年度发生的尚未弥补完的亏损,准予结转以后年度弥补,最长结转年限由5年延长至10年。企业筹办期间不计算为亏损年度。企业从事生产经营之前进行筹办活动期间发生的筹办费用支出,不得计算为当期的亏损,企业可以在开始经营之日的当年一次性扣除,也可以按照税法有关长期待摊费用的处理规定处理,但一经选定,不得改变。

纳税提示

根据《中华人民共和国企业所得税法》的规定,企业在汇总计算缴纳企业所得税时,其境外营业机构的亏损不得抵减境内营业机构的盈利。例如,中国国内注册的某公司在2023年的总收入为100万元,该公司按照税法规定计算的成本为40万元,费用为20万元,损失为5万元,税金为10万元。该公司在某外国设立了一家分支机构,在2023年度该分支机构的亏损为20万元。该公司的2023纳税年度的应纳税所得额为多少?

分析与处理:该公司在某外国设立的分支机构的亏损不得抵减其境内营业机构的盈利。该公司2023纳税年度的应纳税所得额 = 100 - 40 - 20 - 5 - 10 = 25万元。

【例6-12】(单选题)甲居民企业2019年设立,2019—2023年年末弥补亏损前的所得情况见表6-4。

表6-4   甲居民企业2019—2023年年末弥补亏损前的所得情况

年 份	2019年	2020年	2021年	2022年	2023年
未弥补亏损前的所得/万元	-20	100	-220	180	200

假设无其他纳税调整项目，甲居民企业 2023 年度企业所得税应纳税所得额为（　　）。

A. 200 万元　　　　　　　　　B. 160 万元

C. 210 万元　　　　　　　　　D. 260 万元

【答案】

答案为 B。

【例 6-13】　甲公司为居民企业，2023 年有关收支情况如下：

(1) 产品销售收入 2 500 万元，营业外收入 70 万元。

(2) 发生合理的工资薪金支出 150 万元、职工供暖费补贴 23 万元、防暑降温费 20 万元。

(3) 发生广告费 300 万元、税收滞纳金 6 万元、环保部门罚款 5 万元、非广告性赞助 16 万元，直接向某希望小学捐赠 10 万元。

(4) 缴纳增值税 125 万元、消费税 75 万元、城市维护建设税 14 万元和教育费附加 6 万元。

已知：在计算企业所得税应纳税所得额时，职工福利费支出不超过工资薪金总额的 14%，广告费不超过当年销售收入的 15%。

要求：根据上述资料，分析回答下列小题。

(1)（单选题）甲公司在计算 2023 年度企业所得税应纳税所得额时，准予扣除的广告费是（　　）万元。

A. 375　　　　　　　　　　B. 385.5

C. 300　　　　　　　　　　D. 10.5

【答案与解析】

答案为 C。① 销售收入 = 2 500 万元（不包括营业外收入）；② 广告费税前扣除限额 = 2 500 × 15% = 375 万元，实际发生广告费 300 万元，未超过扣除限额，可据实扣除。

(2)（多选题）甲公司下列支出中，在计算 2023 年度企业所得税应纳税所得额时，不得扣除的是（　　）。

A. 环保部门罚款 5 万元

B. 税收滞纳金 6 万元

C. 直接向某希望小学捐赠 10 万元

D. 非广告性赞助 16 万元

【答案与解析】

答案为 ABCD。① 选项 AB，税收滞纳金、罚金、罚款和被没收财物的损失，不得在计算企业所得税时扣除；② 选项 C，直接向某希望小学捐赠，不属于公益性捐赠支出，不得在计算企业所得税时扣除；③ 选项 D，非广告性质的赞助支出，不得在计算企业所得税时扣除。

(3)（单选题）甲公司在计算 2023 年度企业所得税应纳税所得额时，准予扣除的职工福利费是（　　）万元。

A. 22　　　　　　　　　　B. 23

C. 43　　　　　　　　　　　　　　　D. 21

【答案与解析】

答案为 D。① 职工供暖费补贴和防暑降温费属于职工福利费，职工福利费实际发生额 = 23 + 20 = 43 万元；② 职工福利费税前扣除限额 = 150 × 14% = 21 万元，实际发生额超过了扣除限额，应按照限额扣除，准予扣除的职工福利费是 21 万元。

(4)（多选题）甲公司发生的下列税费中，在计算 2023 年度企业所得税应纳税所得额时，准予扣除的是（　　　）。

A. 消费税 75 万元　　　　　　　　B. 城市维护建设税 14 万元

C. 教育费附加 6 万元　　　　　　　D. 增值税 125 万元

【答案与解析】

答案为 ABC。选项 D，企业缴纳的增值税属于价外税，不得在企业所得税前扣除。

纳税提示

防暑降温费与防暑降温用品，企业所得税前扣除所属的范围不同。防暑降温费属于职工福利费范畴，企业发生的职工福利费支出，不超过工资、薪金总额 14% 的部分，准予扣除。超过的，即使是合理的支出也不能在税前扣除，有限制条件。

对于防暑降温用品，《中华人民共和国企业所得税法实施条例》第四十八条规定："企业发生的合理的劳动保护支出，准予扣除。"劳动保护支出的确认需要同时满足三个条件：一是必须是确因工作需要；二是为其雇员配备或提供；三是限于工作服、手套、安全保护用品、防暑降温品等用品。准予扣除的劳动保护支出，必须是企业已经实际发生且合理的劳动保护支出。可见，防暑降温用品属于劳动保护支出的范围，只要合理就准予税前扣除，没有限额规定。

四、资产的税务处理

（一）固定资产的税务处理

1. 固定资产的计税基础

(1) 外购的固定资产，以购买价款和支付的相关税费以及直接归属于使该资产达到预定用途发生的其他支出为计税基础。

(2) 自行建造的固定资产，以竣工结算前发生的支出为计税基础。

(3) 融资租入的固定资产，以租赁合同约定的付款总额和承租人在签订租赁合同过程中发生的相关费用为计税基础；租赁合同未约定付款总额的，以该资产的公允价值和承租人在签订租赁合同过程中发生的相关费用为计税基础。

(4) 盘盈的固定资产，以同类固定资产的重置完全价值为计税基础。

(5) 通过捐赠、投资、非货币性资产交换、债务重组等方式取得的固定资产，以该资产的公允价值和支付的相关税费为计税基础。

(6) 改建的固定资产，除已足额提取折旧的固定资产和租入的固定资产以外的其他固定资产，以改建过程中发生的改建支出增加计税基础。

2. 固定资产折旧的计算方法

《企业会计准则》中规定的折旧计算方法有年限平均法 (又称直线法)、工作量法，以及加速折旧法中的年数总和法和双倍余额递减法，但是企业所得税法规定原则上采用直线法计提折旧，其计算公式为

$$月折旧额 = 原值 \times \frac{1- 净残值率}{使用年限 \times 12}$$

3. 固定资产折旧的范围

在计算应纳税所得额时，企业按照规定计算的固定资产折旧，准予扣除。下列固定资产不得计算折旧扣除：

(1) 房屋、建筑物以外未投入使用的固定资产。

(2) 以经营租赁方式租入的固定资产。

(3) 以融资租赁方式租出的固定资产。

(4) 已足额提取折旧仍继续使用的固定资产。

(5) 与经营活动无关的固定资产。

(6) 单独估价作为固定资产入账的土地。

(7) 其他不得计算折旧扣除的固定资产。

4. 固定资产折旧的计提年限

除国务院财政、税务主管部门另有规定外，固定资产计算折旧的最低年限如下：

(1) 房屋、建筑物，为 20 年。

(2) 飞机、火车、轮船、机器、机械和其他生产设备，为 10 年。

(3) 与生产经营活动有关的器具、工具、家具等，为 5 年。

(4) 飞机、火车、轮船以外的运输工具，为 4 年。

(5) 电子设备，为 3 年。

(二) 无形资产的税务处理

无形资产是指企业长期使用但没有实物形态的资产，包括专利权、商标权、著作权、土地使用权、非专利技术、商誉等。

1. 无形资产的计税基础

无形资产按照以下方法确定计税基础：

(1) 外购的无形资产，以购买价款和支付的相关税费以及直接归属于使该资产达到预定用途发生的其他支出为计税基础。

(2) 自行开发的无形资产，以开发过程中该资产符合资本化条件后至达到预定用途前发生的支出为计税基础。

(3) 通过捐赠、投资、非货币性资产交换、债务重组等方式取得的无形资产，以该资产的公允价值和支付的相关税费为计税基础。

2. 无形资产摊销的范围

在计算应纳税所得额时，企业按照规定计算的无形资产摊销费用，准予扣除。下列无形资产不得计算摊销费用扣除：

(1) 自行开发的支出已在计算应纳税所得额时扣除的无形资产。

(2) 自创商誉。

(3) 与经营活动无关的无形资产。

(4) 其他不得计算摊销费用扣除的无形资产。

3. 无形资产的摊销方法及年限

无形资产的摊销，采取直线法计算。无形资产的摊销年限不得低于 10 年。作为投资或者受让的无形资产，有关法律规定或者合同约定了使用年限的，可以按照规定或者约定的使用年限分期摊销。外购商誉的支出，在企业整体转让或者清算时，准予扣除。

（三）存货的税务处理

存货是指企业持有以备出售的产品或者商品、处在生产过程中的在产品、在生产或者提供劳务过程中耗用的材料和物料等。

1. 存货的计税基础

存货按照以下方法确定成本：

(1) 通过支付现金方式取得的存货，以购买价款和支付的相关税费为成本。

(2) 通过支付现金以外的方式取得的存货，以该存货的公允价值和支付的相关费用为成本。

(3) 生产性生物资产收获的农产品，以产出或者采收过程中发生的材料费、人工费和分摊的间接费用等必要支出为成本。

2. 存货的成本计算方法

企业使用或者销售的存货的成本计算方法，可以在先进先出法、加权平均法、个别计价法中选用一种。计算方法一经选用，不得随意变更。

企业转让以上资产，在计算应纳税所得额时，资产的净值允许扣除。其中，资产的净值是指有关资产、财产的计税基础减除已经按照规定扣除的折旧、折耗、摊销准备金等后的余额。

（四）其他资产和费用的税务处理

1. 生物资产的税务处理

生物资产是指有生命的动物和植物。生物资产分为消耗性生物资产、生产性生物资产和公益性生物资产。消耗性生物资产，是指为出售而持有的，或在将来收获为产品的生物资产，包括生长中的大田作物、蔬菜、用材林以及存栏待售的牲畜等。生产性生物资产，是指为产出农产品、提供劳务或出租等目的而持有的生物资产，包括经济林、薪炭林、产畜和役畜等。公益性生物资产，是指以防护、环境保护为主要目的的生物资产，包括防风固沙林、水土保持林和水源涵养林等。

1) 生物资产的计税基础

生产性生物资产按照以下方法确定计税基础：

(1) 外购的生产性生物资产，以购买价款和支付的相关税费为计税基础。

(2) 通过捐赠、投资、非货币性资产交换、债务重组等方式取得的生产性生物资产，以该资产的公允价值和支付的相关税费为计税基础。

2) 生物资产的折旧方法和折旧年限

生产性生物资产按照直线法计算的折旧，准予扣除。企业应当自生产性生物资产投入使用月份的次月起计算折旧；停止使用的生产性生物资产，应当自停止使用月份的次月起停止计算折旧。

企业应当根据生产性生物资产的性质和使用情况，合理确定生产性生物资产的预计净残值。生产性生物资产的预计净残值一经确定，不得变更。

生产性生物资产计算折旧的最低年限如下：

(1) 林木类生产性生物资产，为 10 年。

(2) 畜类生产性生物资产，为 3 年。

【例 6-14】 （单选题）某农场外购奶牛支付价款 18 万元，依据企业所得税法律制度的相关规定，税前扣除方法为（　　）。

A. 一次性在税前扣除

B. 按奶牛寿命在税前分期扣除

C. 按直线法以不低于 3 年折旧年限计算折旧税前扣除

D. 按直线法以不低于 10 年折旧年限计算折旧税前扣除

【答案与解析】

答案为 C。A 选项，奶牛属于生产性生物资产，应当分期扣除，不能一次性扣除。B 选项，应该按照在满足税法规定的最低折旧年限的条件下分期扣除。D 选项，畜类生产性生物资产计提折旧的最低年限为 3 年。

2. 投资资产的税务处理

投资资产是指企业对外进行权益性投资和债权性投资而形成的资产。

1) 投资资产的成本

投资资产按以下方法确定投资成本。

(1) 通过支付现金方式取得的投资资产，以购买价款为成本。

(2) 通过支付现金以外的方式取得的投资资产，以该资产的公允价值和支付的相关税费为成本。

2) 投资资产成本的扣除方法

企业对外投资期间，投资资产的成本在计算应纳税所得额时不得扣除；企业在转让或者处置投资资产时，投资资产的成本准予扣除。

3. 长期待摊费用的税务处理

长期待摊费用是指企业发生的应在一个年度以上进行摊销的费用。在计算应纳税所得额时，企业发生的下列支出作为长期待摊费用，按照规定摊销的，准予扣除。

(1) 已足额提取折旧的固定资产的改建支出。

(2) 租入固定资产的改建支出。

(3) 固定资产的大修理支出。

(4) 其他应当作为长期待摊费用的支出。

固定资产的改建支出，是指改变房屋或者建筑物结构、延长使用年限等发生的支出。已足额提取折旧的固定资产的改建支出，按照固定资产预计尚可使用年限分期摊销；租入固定资产的改建支出，按照合同约定的剩余租赁期限分期摊销；改建的固定资产延长使用年限的，除已足额提取折旧的固定资产、租入固定资产的改建支出外，其他的固定资产发生改建支出，应当适当延长折旧年限。

固定资产的大修理支出，按照固定资产尚可使用年限分期摊销。税法所指固定资产的大修理支出，是指同时符合下列条件的支出：

(1) 修理支出达到取得固定资产时的计税基础 50% 以上。

(2) 修理后固定资产的使用年限延长 2 年以上。

其他应当作为长期待摊费用的支出，自支出发生月份的次月起，分期摊销，摊销年限不得低于 3 年。

【例 6-15】 2022 年海阳科技公司以经营租赁方式租入门面房，租期 8 年。2023 年 6 月公司对门面房进行了改建装潢，发生改建费用 20 万元。装潢费用应做怎样的税务处理？

【解析】

租入固定资产的改建支出可以作为长期待摊费用，在合同约定的剩余租赁期限内分期摊销。

任务三　企业所得税应纳税额的计算

一、居民企业应纳税额的计算

应纳税额是企业依照税法规定应向国家缴纳的税款，等于应纳税所得额乘以适用税率。应纳税额的计算公式如下：

$$应纳税额＝应纳税所得额×适用税率－减免税额－抵免税额$$

公式中的减免税额和抵免税额是指依照《企业所得税法》和国务院的税收优惠的规定减征、免征和抵免的应纳税额。

在实际工作中，应纳税所得额的计算一般有以下两种方法。

（一）直接计算法

在直接计算法下，居民企业每一纳税年度的收入总额减去不征税收入、免税收入、各项扣除以及允许弥补的以前年度亏损后的余额为应纳税所得额。其计算公式如下：

应纳税所得额＝收入总额－不征税收入－免税收入－各项扣除项目金额－
允许弥补的以前年度亏损

企业所得税应纳税所得额的计算以权责发生制为原则。属于当期的收入和费用，不论款项是否收付，均作为当期的收入和费用；不属于当期的收入和费用，即使款项已经在当期收付，也不作为当期的收入和费用。

（二）间接计算法

在间接计算法下，应纳税所得额是在企业会计利润总额的基础上按照税法规定进行调整，加上或减去调整金额后的金额，即为应纳税所得额。其计算公式如下：

应纳税所得额＝会计利润总额＋纳税调整增加项－纳税调整减少项－
弥补以前年度亏损

由于财务会计的利润核算和税收法规的规定不一致，所以在计算应纳税所得额时需要对会计核算计算出的利润进行纳税调整。纳税调整增加额是指超范围、超标准、未计少计的项目金额，而纳税调整减少额是指不纳税、免税、弥补以前年度亏损的项目金额。例如，税法规定国债利息不征税，而会计核算把国债利息计入收入总额，因此，需要在企业利润总额的基础上做纳税调整减少。

在实际工作中，采用间接计算法计算企业所得税的情况偏多。

【例6-16】　友益公司为居民企业，在2023纳税年度内，共发生下列收入事项：

(1) 主营业务收入6 000万元。

(2) 清理无法支付的应付账款收入20万元。

(3) 转让商标使用权收入120万元。

(4) 利息收入20万元(利息收入为购买国库券利息)。

发生各项支出如下：

(1) 主营业务成本4 000万元。

(2) 产品销售费用260万元(其中广告费180万元)。

(3) 税金及附加180万元。

(4) 管理费用220万元(其中业务招待费60万元)。

(5) 财务费用60万元。

(6) 营业外支出80万元(其中通过中国红十字会向地震灾区捐款50万元)。

试计算该公司应缴纳的企业所得税税额。

【解析】

方法一：直接计算法。

(1) 计算该公司应纳税收入总额。

按照税法规定，国库券利息不征税，该公司的其他收入项目均应纳税，所以该公司2023年度应纳税收入总额＝6 000＋20＋120＝6 140万元。

(2) 分析计算可扣除项目金额。

① 主营业务成本、税金及附加和财务费用可据实扣除。

② 广告费用支出扣除限额＝(6 000＋120)×15%＝918万元，实际发生的广告费为

180 万元，准予全部扣除，产品销售费用 260 万元可以全额扣除。

③ 业务招待费支出扣除限额 = (6 000 + 120) × 5‰ = 30.6 万元，业务招待费的扣除标准 = 60 × 60% = 36 万元，超过扣除限额，准予扣除 30.6 万元。管理费用可扣除 190.6 万元。

④ 捐赠支出的扣除限额 = 1 360 × 12% = 163.2 万元，实际捐款 50 万元，因此，营业外支出 80 万元可以全额扣除。

综上，准予扣除项目金额 = 4 000 + 260 + 180 + 190.6 + 60 + 80 = 4 770.6 万元。

(3) 计算应纳税所得额。

应纳税所得额 = 应纳税收入总额 − 准予扣除项目金额 = 6 140 − 4 770.6 = 1 369.4 万元

(4) 计算应纳税额。

应纳税额 = 应纳税所得额 × 税率 = 1369.4 × 25% = 342.35 万元

方法二：间接计算法。

(1) 根据会计核算标准计算企业利润总额。

利润总额 = 6 000 + 20 + 120 + 20 − 4 000 − 260 − 180 − 220 − 60 − 80 = 1360 万元

(2) 分析纳税调整项目。

① 利息收入调减所得额 20 万元。

② 管理费用调增所得额 29.4(220 − 190.6) 万元。

(3) 计算应纳税所得额。

应纳税所得额 = 1 360 − 20 + 29.4 = 1 369.4 万元

(4) 计算应纳税额。

应纳税额 = 应纳税所得额 × 税率 = 1 369.4 × 25% = 342.35 万元

【例 6-17】 长江食品有限公司 2023 年度利润总额为 262 000 元，未做任何项目调整，已按 25% 的所得税税率计算缴纳所得税 65 500 元。税务人员审查有关账证资料，发现如下问题：

(1) 公司 2023 年度有正式职工 100 人，实际列支职工工资、津贴、补贴、奖金为 1 200 000 元。

(2) 公司"长期借款"账户中记载，年初向中国银行借入两年期借款 100 000 元，年利率为 5%；同时向其他企业借入同期的周转金 200 000 元，年利率为 10%。两笔借款均用于生产经营。

(3) 全年销售收入 60 000 000 元，公司列支业务招待费 250 000 元。

(4) 该公司 2023 年在税前共发生职工福利费 168 000 元。

(5) 2023 年 6 月 8 日"管理费用"科目列支厂部办公室使用的空调器一台，价税合计 6 780 元 (折旧年限按 6 年计算，不考虑残值)。

(6) 年末"应收账款"科目借方余额 1 500 000 元，年初"坏账准备"科目贷方余额 6 000 元 (该公司坏账核算采用备抵法，按 3% 提取坏账准备金)。

任务要求：请指出存在的问题并计算该公司应补缴的企业所得税税额。

【解析】

(1) 主要存在的问题。

① 向其他企业借入的周转金的利率高于银行同期贷款利率。

② 业务招待费 40% 的部分计入管理费用。

③ 空调器应列作固定资产入账，同时补提折旧。

④ 计提的坏账准备不能于税前扣除。

(2) 应纳税所得额调增额。

① 多计利息：$200\,000 \times 5\% = 10\,000$ 元。

② 业务招待费：$250\,000 \times 60\% = 150\,000$ 元 $< 60\,000\,000 \times 5‰ = 300\,000$ 元。

应调增额 $= 250\,000 - 150\,000 = 100\,000$ 元。

③ 空调器价款 6 780 元一次性在税前扣除应予剔除，同时补提折旧 500 [$6\,780 \div (1 + 13\%) \div 6 \times 6 \div 12$] 元。

④ 调增已计提的坏账准备 $= 1\,500\,000 \times 3\% - 6\,000 = 39\,000$ 元。

⑤ 调整后的应纳税所得额 $= 262\,000 + 10\,000 + 100\,000 + 6\,780 - 500 + 39\,000 = 417\,280$ 元。

⑥ 应纳所得税额 $= 417\,280 \times 25\% = 104\,320$ 元。

⑦ 已缴纳企业所得税 65 500 元，应补缴 38 820 元。

二、境外所得抵扣税额的计算

企业取得的下列所得已在境外缴纳的所得税税额，可以从其当期应纳税额中抵免：

(1) 居民企业来源于中国境外的应税所得。

(2) 非居民企业在中国境内设立机构、场所，取得发生在中国境外但与该机构、场所有实际联系的应税所得。

抵免限额是指企业来源于中国境外的所得，依照《企业所得税法》及其实施条例的规定计算的应纳税额。超过抵免限额的部分，可以在以后 5 个年度内，用各年度抵免限额抵免当年应抵税额后的余额进行抵补。5 个年度是指从企业取得的来源于中国境外的所得，已经在中国境外缴纳的企业所得税性质的税额超过抵免限额的年度的次年起连续 5 个纳税年度。除国务院财政、税务主管部门另有规定外，该抵免限额应当分国（地区）不分项计算，计算公式为

抵免限额 $=$

$$\frac{\text{中国境内、境外所得按税法计算的应纳税总额} \times \text{来源于某国（地区）的应纳税所得额}}{\text{中国境内、境外应纳税所得总额}}$$

抵免企业所得税税额时，应当提供中国境外税务机关出具的税款所属年度的有关纳税凭证。

【例 6-18】　长江公司 2023 年度应缴纳的企业所得税税额为 1 000 万元，分别在甲、乙两国已设有分支机构（甲、乙两国已与我国签订避免双重征税协定），在甲、乙两国分支机构的所得额分别为 400 万元和 300 万元，甲、乙两国的企业所得税税率分别为 20% 和 35%。计算该公司当年在中国应缴纳的企业所得税税额。（适用 25% 的企业所得税税率）

【解析】

境内、境外所得按税法计算的应纳税总额 $= (1\,000 + 400 + 300) \times 25\% = 425$ 万元

甲国已纳税款 = 400 × 20% = 80 万元

甲国扣除限额 = 425 × [400 ÷ (1 000 + 400 + 300)] ≈ 100 万元

甲国已纳税款 80 万元小于允许扣除限额 100 万元,因此甲国已纳税可以全额扣除。

乙国已纳税款 = 300 × 35% = 105 万

$$乙国扣除限额 = 425 \times \frac{300}{1\ 000 + 400 + 300} \approx 75万元$$

乙国已纳税款 105 万元大于允许扣除限额 75 万元,因此只能扣除 75 万元,超出的 30 万元不允许当年扣除。

该公司当年在中国应缴纳的企业所得税税额 = 425 − 80 − 75 = 270 万元

三、居民企业核定征收应纳税额的计算

为了加强企业所得税的征收管理,保障国家税收及时足额入库,维护纳税人的合法权益,对部分中小企业采取核定征收的办法,计算其应纳税额。根据《税收征收管理法》《企业所得税法》及其实施条例的有关规定,核定征收企业所得税的有关规定如下:

(一)核定征收企业所得税的范围

纳税人有下列情形之一的,税务机关有权核定其应纳税额:

(1) 依照法律、行政法规的规定可以不设置账簿的。

(2) 依照法律、行政法规的规定应当设置账簿但未设置的。

(3) 擅自销毁账簿或者拒不提供纳税资料的。

(4) 虽设置账簿,但账目混乱或成本资料、收入凭证、费用凭证残缺不全,难以查账的。

(5) 发生纳税义务,未按照规定的期限办理纳税申报,经税务机关责令期限申报,逾期仍不申报的。

(6) 申报的计税依据明显偏低,又无正当理由的。

特殊行业、特殊类型的纳税人和一定规模以上的纳税人不适用上述办法,由国家税务总局另行规定。

(二)核定征收的办法

税务机关应根据纳税人具体情况,对核定征收企业所得税的纳税人,核定应税所得率或者核定应纳所得税额。

(1) 具有下列情形之一的,核定其应税所得率:

① 能正确核算(查实)收入总额,但不能正确核算(查实)成本费用总额的。

② 能正确核算(查实)成本费用总额,但不能正确核算(查实)收入总额的。

③ 通过合理方法,能计算和推定纳税人收入总额或成本费用总额的。

(2) 纳税人不属于以上情形的,核定其应纳所得税额。

税务机关采用下列方法核定征收企业所得税:

① 参照当地同类行业或者类似行业中经营规模和收入水平相近的纳税人的税负水平核定。

② 按照应税收入额或成本费用支出额定率核定。

③ 按照耗用的原材料、燃料、动力等推算或测算核定。

④ 按照其他合理方法核定。

采用上述方法不足以正确核定应纳税所得额或应纳税额的，可以同时采用两种以上的方法核定。采用两种以上方法测算的应纳税额不一致时，可按测算的应纳所得税额从高核定。

四、非居民企业应纳税额的计算

对于在中国境内未设立机构、场所的，或者虽设立机构、场所但取得的所得与其所设机构、场所没有实际联系的非居民企业的所得，按照下列方法计算应纳税所得额，然后再按适用的企业所得税税率计算应纳所得税额。

(1) 股息、红利等权益性投资收益和利息、租金、特许权使用费所得，以收入全额为应纳税所得额。

(2) 转让财产所得，以收入全额减除财产净值后的余额为应纳税所得额。财产净值是指财产的计税基础减除已经按照规定扣除的折旧、折耗、摊销、准备金等后的余额。

(3) 其他所得，参照前两项规定的方法计算应纳税所得额。

(4) 营业税改征增值税试点中的非居民企业，取得上述规定的相关所得，在计算缴纳企业所得税时，应以不含增值税的收入全额作为应纳税所得额。

扣缴义务人在每次向非居民企业支付或者到期应支付所得时，应从支付或者到期应支付的款项中扣缴企业所得税。到期应支付的款项，是指支付人按照权责发生制原则应当计入相关成本、费用的应付款项。

扣缴企业所得税应纳税额的计算公式如下：

$$扣缴企业所得税应纳税额 = 应纳税所得额 \times 实际征收率$$

【例 6-19】 2023 年 8 月，鸿光公司向一非居民企业（在中国境内未设立机构、场所）支付利息 33 万元、特许权使用费 15 万元、财产价款 80 万元（该财产的净值为 35 万元），假定上述数据均不包含增值税。该公司应扣缴多少企业所得税？

【解析】

该公司应扣缴企业所得税 = (33 + 15 + 80 - 35) × 10% = 9.3 万元

任务四　企业所得税的税收优惠

税收优惠，是指国家运用税收政策在税收法律、行政法规中规定对某一部分特定企业和课税对象给予减轻或免除税收负担的一种措施。税法规定的企业所得税的税收优惠方式包括免税收入、减免税所得、优惠税率、民族自治地方的减免税、加计扣除优惠、抵扣应纳税所得额、加速折旧、减计收入优惠、抵免应纳税额和其他专项优惠政策。企业同时从事适用不同企业所得税待遇项目的，其优惠项目应当单独计算所得，并合理分摊企业的期间费用；没有单独计算的，不得享受企业所得税优惠。

一、免税收入

企业的免税收入包括：

(1) 国债利息收入。

国债利息收入，是指企业持有国务院财政部门发行的国债取得的利息收入。

(2) 符合条件的居民企业之间的股息、红利等权益性投资收益。

符合条件的居民企业之间的股息、红利等权益性投资收益，是指居民企业直接投资于其他居民企业取得的投资收益。

(3) 在中国境内设立机构、场所的非居民企业从居民企业取得与该机构、场所有实际联系的股息、红利等权益性投资收益。

股息、红利等权益性投资收益，不包括连续持有居民企业公开发行并上市流通的股票不足 12 个月取得的投资收益。

(4) 符合条件的非营利组织的收入。

符合条件的非营利组织的收入，不包括非营利组织从事营利性活动取得的收入，但国务院财政、税务主管部门另有规定的除外。对非营利组织从事非营利性活动取得的收入给予免税，但从事营利性活动取得的收入则要征税。

二、减征、免征企业所得税的所得

(1) 企业从事下列项目的所得，免征企业所得税：

① 蔬菜、谷物、薯类、油料、豆类、棉花、麻类、糖料、水果、坚果的种植。

② 农作物新品种的选育。

③ 中药材的种植。

④ 林木的培育和种植。

⑤ 牲畜、家禽的饲养。

⑥ 林产品的采集。

⑦ 灌溉、农产品初加工、兽医、农技推广、农机作业和维修等农、林、牧、渔服务业项目。

⑧ 远洋捕捞。

(2) 企业从事下列项目的所得减半征收企业所得税：

① 花卉、茶以及其他饮料作物和香料作物的种植。

② 海水养殖、内陆养殖。

企业从事国家限制和禁止发展的项目，不得享受上述企业所得税优惠。

(3) 从事国家重点扶持的公共基础设施项目投资经营的所得。

国家重点扶持的公共基础设施项目，是《公共基础设施项目企业所得税优惠目录》中规定的港口码头、机场、铁路、公路、城市公共交通、电力、水利等项目。

企业从事上述规定的国家重点扶持的公共基础设施项目的投资经营所得，自项目取得第一笔生产经营收入所属纳税年度起，第 1 年至第 3 年免征企业所得税，第 4 年至第 6 年减半征收企业所得税。

企业承包经营、承包建设和内部自建自用上述规定的项目，不得享受上述企业所得优惠。依照上述规定享受减免税优惠的项目，在减免税期限内转让的，受让方自受让之日起，可以在剩余期限内享受规定的减免税优惠；减免税期限届满后转让的，受让方不得就该项目重复享受减免税优惠。

企业所得税优惠目录由国务院财政、税务主管部门同国务院有关部门制定，报国务院批准后公布施行。

(4) 从事符合条件的环境保护、节能节水项目的所得。

符合条件的环境保护，节能节水项目，包括公共污水处理、公共垃圾处理、沼气综合开发利用、节能减排技术改造、海水淡化等。项目的具体条件和范围由国务院财政、税务主管部门同国务院有关部门制定，报国务院批准后公布施行。

企业从事符合条件的环境保护、节能节水项目的所得，自项目取得第一笔生产经营收入所属纳税年度起，第 1 年至第 3 年免征企业所得税，第 4 年至第 6 年减半征收企业所得税。

依照上述规定享受减免税优惠的项目，在减免税期限内转让的，受让方自受让之日起，可以在剩余期限内享受规定的减免税优惠；减免税期限届满后转让的，受让方不得就该项目重复享受减免税优惠。

(5) 符合条件的技术转让所得。

符合条件的技术转让所得免征、减征企业所得税，是指在一个纳税年度内，居民企业技术转让所得不超过 500 万元的部分，免征企业所得税；超过 500 万元的部分，减半征收企业所得税。其计算公式为

技术转让所得 = 技术转让收入 − 技术转让成本 − 相关税费

【例 6-20】 阳兴公司是一家居民企业，2023 年转让技术取得收入 2 000 万元，发生成本费用 500 万元，转让过程中发生税金 100 万元。阳兴公司该项所得应缴纳的企业所得税是多少？

【解析】

符合条件的技术转让企业享受减税、免税优惠。

阳兴公司该项所得应缴纳的企业所得税 = (2 000 − 500 − 100 − 500) × 25% × 50%
= 112.5 万元

三、优惠税率

(1) 符合条件的小型微利企业，减按 20% 的税率征收企业所得税。

对年应纳税所得额不超过 300 万元的部分，减按 25% 计入应纳税所得。

小型微利企业是指从事国家非限制和禁止行业，且同时符合年度应纳税所得额不超过 300 万元、从业人数不超过 300 人、资产总额不超过 5 000 万元三个条件的企业从业人数，包括与企业建立劳动关系的职工人数和企业接受的劳务派遣用工人数。

从业人数和资产总额指标，应按企业全年的季度平均值确定。其具体计算公式如下：

$$季度平均值 = \frac{季初值 + 季末值}{2}$$

$$全年季度平均值 = \frac{全年各季度平均值之和}{4}$$

年度中间开业或者终止经营活动的,以其实际经营期作为一个纳税年度确定上述相关指标。小型微利企业无论按查账征收方式还是按核定征收方式缴纳企业所得税,均可享受优惠政策。

(2) 国家需要重点扶持的高新技术企业,减按 15% 的税率征收企业所得税。

(3) 自 2018 年 1 月 1 日起,对经认定的技术先进型服务企业(服务贸易类),减按 15% 的税率征收企业所得税。

(4) 集成电路相关企业和软件企业。

国家鼓励的集成电路设计、装备、材料、封装、测试企业和软件企业,自获利年度起,第 1 年至第 2 年免征企业所得税,第 3 年至第 5 年按照 25% 的法定税率减半征收企业所得税。

国家鼓励的重点集成电路设计企业和软件企业,自获利年度起,第 1 年至第 5 年免征企业所得税,接续年度减按 10% 的税率征收企业所得税。

(5) 经营性文化事业单位转制为企业。

2019 年 1 月 1 日至 2023 年 12 月 31 日,经营性文化事业单位转制为企业,自转制注册之日起五年内免征企业所得税。2018 年 12 月 31 日之前已完成转制的企业,自 2019 年 1 月 1 日起可继续免征五年企业所得税。经营性文化事业单位是指从事新闻出版、广播影视和文化艺术的事业单位。

(6) 生产和装配伤残人员专门用品企业。

自 2021 年 1 月 1 日至 2023 年 12 月 31 日,对符合条件的生产和装配伤残人员专门用品,且在民政部发布的《中国伤残人员专用品目录》范围之内的居民企业,免征企业所得税。

四、民族自治地方的减免税

民族自治地方的自治机关对本民族自治地方的企业应缴纳的企业所得税中属于地方分享的部分,可以决定减征或者免征。自治州、自治县决定减征或者免征的,须报省、自治区、直辖市人民政府批准。

民族自治地方是指依照《中华人民共和国民族区域自治法》的规定,实行民族区域自治的自治区、自治州、自治县。国家对民族自治地方限制和禁止的行业的企业,不得减征或者免征企业所得税。

五、加计扣除优惠

企业的下列支出,可以在计算应纳税所得额时加计扣除:

(一)研究开发费用

研究开发费用的加计扣除,是指企业为开发新技术、新产品、新工艺发生的研究开发费用,未形成无形资产计入当期损益的,在按照规定据实扣除的基础上,按照研究开发费用的 50% 加计扣除；形成无形资产的，按照无形资产成本的 150% 摊销。

企业开展研发活动中实际发生的研发费用，未形成无形资产计入当期损益的，在按规定据实扣除的基础上，在 2018 年 1 月 1 日至 2023 年 12 月 31 日期间，再按照实际发生额的 75% 在税前加计扣除；形成无形资产的，在上述期间按照无形资产成本的 175% 在税前摊销。

现行适用研发费用税前加计扣除比例 75% 的企业，在 2022 年 10 月 1 日至 2022 年 12 月 31 日期间，税前加计扣除比例提高至 100%。

制造业企业开展研发活动中实际发生的研发费用，未形成无形资产计入当期损益的，在按规定据实扣除的基础上，自 2021 年 1 月 1 日起，再按照实际发生额的 100% 在税前加计扣除；形成无形资产的，自 2021 年 1 月 1 日起，按照无形资产成本的 200% 在税前摊销。

科技型中小企业开展研发活动中实际发生的研发费用，未形成无形资产计入当期损益的，在按规定据实扣除的基础上，自 2022 年 1 月 1 日起，再按照实际发生额的 100% 在税前加计扣除；形成无形资产的，自 2022 年 1 月 1 日起，按照无形资产成本的 200% 在税前摊销。

自 2022 年 1 月 1 日起，对企业出资给非营利性科学技术研究开发机构、高等学校和政府性自然科学基金用于基础研究的支出，在计算应纳税所得额时可按实际发生额在税前扣除，并可按 100% 在税前加计扣除。

下列行业不适用税前加计扣除政策：烟草制造业；住宿和餐饮业；批发和零售业；房地产业；租赁和商务服务业；娱乐业；财政部和国家税务总局规定的其他行业。

（二）安置残疾人员及国家鼓励安置的其他就业人员所支付的工资

企业安置残疾人员所支付的工资的加计扣除，是指企业安置残疾人员的，在按照支付给残疾职工工资据实扣除的基础上，按照支付给残疾职工工资的 100% 加计扣除。残疾人员的范围适用《中华人民共和国残疾人保障法》的有关规定。企业安置国家鼓励安置的其他就业人员所支付的工资的加计扣除办法，由国务院另行规定。

六、抵扣应纳税所得额

创业投资企业从事国家需要重点扶持和鼓励的创业投资，可以按投资额的一定比例抵扣应纳税所得额。

抵扣应纳税所得额是指创业投资企业采取股权投资方式投资于未上市的中小高新技术企业 2 年以上的，可以按照其投资额的 70% 在股权持有满 2 年的当年抵扣该创业投资企业的应纳税所得额；当年不足抵扣的，可以在以后纳税年度结转抵扣。

【例 6-21】 2023 年 10 月，旺盛创业投资公司采取股权投资方式投资环宇企业 600 万元，环宇企业属于未上市的中型高新技术企业，该项投资一直未收回。2023 年 12 月，该公司的应纳税所得额为 1 500 万元。计算旺盛创业投资公司 2023 年应缴纳的企业所得税。

【解析】

该公司 2023 年应缴纳的企业所得税 = (1 500 - 600 × 70%) × 25% = 270 万元

七、加速折旧

企业的固定资产由于技术进步等原因，确需加速折旧的，可以缩短折旧年限或者采取加速折旧的方法。可以采取缩短折旧年限或者加速折旧的方法的固定资产包括：

(1) 由于技术进步，产品更新换代较快的固定资产。

(2) 常年处于强震动、高腐蚀状态的固定资产。

采取缩短折旧年限方法的，最低折旧年限不得低于前述"资产的税务处理"中所规定折旧年限的 60%；采取加速折旧方法的，可以采取双倍余额递减法或者年数总和法。

企业在 2018 年 1 月 1 日至 2023 年 12 月 31 日期间新购进的设备、器具 (除房屋、建筑物以外的固定资产)，单位价值不超过 500 万元的，允许一次性计入当期成本费用，在计算应纳税所得额时扣除，不再分年度计算折旧；单位价值超过 500 万元的，仍按《中华人民共和国企业所得税法实施条例》《财政部 国家税务总局关于完善固定资产加速折旧企业所得税政策的通知》(财税〔2014〕75 号)《财政部 国家税务总局关于进一步完善固定资产加速折旧企业所得税政策的通知》(财税〔2015〕106 号) 等相关规定执行。

八、减计收入优惠

企业综合利用资源，生产符合国家产业政策规定的产品所取得的收入，可以在计算应纳税所得额时减计收入。

企业综合利用资源是指企业以《资源综合利用企业所得税优惠目录》规定的资源作为主要原材料，生产国家非限制和禁止并符合国家和行业相关标准的产品取得的收入减按 90% 计入收入总额。上述所称原材料占生产产品材料的比例不得低于《资源综合利用企业所得税优惠目录》规定的标准。

企业所得税优惠目录由国务院财政、税务主管部门同国务院有关部门制定，报国务院批准后公布施行。

九、抵免应纳税额

企业购置用于环境保护、节能节水、安全生产等专用设备的投资额，可以按一定比例实行税额抵免。

税额抵免是指企业购置并实际使用《环境保护专用设备企业所得税优惠目录》《节能节水专用设备企业所得税优惠目录》和《安全生产专用设备企业所得税优惠目录》规定的环境保护、节能节水、安全生产等专用设备的，该专用设备的投资额的 10% 可以从企业当年的应纳税额中抵免；当年不足抵免的，可以在以后 5 个纳税年度结转抵免。

享受上述企业所得税优惠的企业，应当实际购置并自身实际投入使用上述专用设备；企业购置上述专用设备在 5 年内转让、出租的，应当停止享受企业所得税优惠，并补缴已经抵免的企业所得税税款。

购置并实际使用的环境保护、节能节水和安全生产专用设备，包括承租方企业以融资租赁方式租入的、并在融资租赁合同中约定租赁期届满时租赁设备所有权转移给承租方企业，且符合规定条件的上述专用设备。凡融资租赁期届满后租赁设备所有权未转移给承租方企业的，承租方企业应停止享受抵免企业所得税优惠，并补缴已经抵免的企业所得税税款。

企业所得税优惠目录由国务院财政、税务主管部门同国务院有关部门制定，报国务院批准后公布施行。

十、其他专项优惠政策

（一）非居民企业优惠

非居民企业是指在中国境内未设立机构、场所，或者虽设立机构、场所但取得的所得与机构、场所没有实际联系的企业，其来源于中国境内的所得，减按 10% 的税率征收企业所得税。下列所得可以免征企业所得税：

(1) 外国政府向中国政府提供贷款取得的利息所得。

(2) 国际金融组织向中国政府和居民企业提供优惠贷款取得的利息所得。

(3) 经国务院批准的其他所得。

（二）西部地区的减免

对设在西部地区以《西部地区鼓励类产业目录》中新增鼓励类产业项目为主营业务，且其当年主营业务收入占企业收入总额 70% 以上的企业，自 2014 年 10 月 1 日起，可减按 15% 税率缴纳企业所得税。

（三）债券利息减免税

(1) 对企业取得的 2012 年及以后年度发行的地方政府债券利息收入，免征企业所得税。

(2) 自 2021 年 11 月 7 日起至 2025 年 12 月 31 日，对境外机构投资境内债券市场取得的债券利息收入暂免征收企业所得税。暂免征收企业所得税的范围不包括境外机构在境内设立的机构、场所取得的与该机构、场所有实际联系的债券利息。

(3) 对企业投资者持有 2019—2023 年发行的铁路债券取得的利息收入，减半征收企业所得税。铁路债券是指以中国铁路总公司为发行和偿还主体的债券，包括中国铁路建设债券、中期票据、短期融资券等债务融资工具。

【例 6-22】（单选题）某企业 2023 年度实现销售收入 1 000 万元、利润总额 200 万元，全年发生的与生产经营活动有关的业务招待费支出 10 万元，持有国债取得的利息收入 3 万元，除上述两项外无其他纳税调整项目。已知企业所得税税率为 25%。该企业 2023 年度企业所得税应纳税额为（   ）万元。

A. 50   B. 50.5

C. 52   D. 51.75

【答案与解析】

答案为 B。企业发生的业务招待费支出，按照发生额的 60% 扣除，但最高不得超过当年销售（营业）收入的 5‰。10 × 60% = 6 万元，1 000 × 5‰ = 5 万元。

6 万元 >5 万元，所以准予在计算应纳税所得额时扣除 5 万元，应调增 10 - 5 = 5 万元；企业持有国债取得的利息收入属于免税收入，应调减 3 万元。故该企业 2023 年度企业所得税应纳税额的计算过程为 (200 + 5 - 3) × 25% = 50.5 万元。

任务五　企业所得税的征收管理

一、企业所得税的纳税地点

（一）居民企业的纳税地点

除税收法律、行政法规另有规定外，居民企业以企业登记注册地为纳税地点；但登记注册地在境外的，以实际管理机构所在地为纳税地点。

居民企业在中国境内设立不具有法人资格的营业机构的，应当汇总计算并缴纳企业所得税。除国务院另有规定外，企业之间不得合并缴纳企业所得税。

（二）非居民企业的纳税地点

非居民企业在中国境内设立机构、场所的，以机构、场所所在地为纳税地点。非居民企业在中国境内设立两个或者两个以上机构、场所的，符合国务院税务主管部门规定条件的，可以选择由其主要机构、场所汇总缴纳企业所得税。

在中国境内未设立机构、场所的，或者虽设立机构、场所但取得的所得与其所设机构、场所没有实际联系的非居民企业，以扣缴义务人所在地为纳税地点。

二、企业所得税的纳税期限

企业所得税按年计征，分月或者分季预缴，年终汇算清缴，多退少补。纳税年度自公历 1 月 1 日起至 12 月 31 日止。

企业在一个纳税年度中间开业，或者终止经营活动，使该纳税年度的实际经营期不足 12 个月的，应当以其实际经营期为 1 个纳税年度。企业依法清算时，应当以清算期间作为 1 个纳税年度。

企业应当自年度终了之日起 5 个月内，向税务机关报送年度企业所得税纳税申报表，并汇算清缴，结清应缴应退税款。

企业在年度中间终止经营活动的，应当自实际经营终止之日起 60 日内，向税务机关办理当期企业所得税汇算清缴。

任务六　企业所得税的纳税申报

一、企业所得税的预缴纳税申报

实行查账征收企业所得税的居民企业纳税人在月（季）度预缴企业所得税时，应当填报《A200000 中华人民共和国企业所得税月（季）度预缴纳税申报表 (A 类)》(见表 6-5) 以及附表；实行核定征收管理办法缴纳企业所得税的纳税人在月（季）度预缴企业所得税时，需要填报《中华人民共和国企业所得税月（季）度和年度纳税申报表 (B 类)》。

表 6-5　A200000 中华人民共和国企业所得税月 (季) 度预缴纳税申报表 (A 类)

税款所属期间：　　年　月　日至　　年　月　日

纳税人识别号 (统一社会信用代码)：□□□□□□□□□□□□□□□□□□

纳税人名称：　　　　　　　　　　　　　　　　　金额单位：人民币元 (列至角分)

优惠及附报事项有关信息									
项目	一季度		二季度		三季度		四季度		季度平均值
	季初	季末	季初	季末	季初	季末	季初	季末	
从业人数									
资产总额 (万元)									
国家限制或禁止行业	□是 □否				小型微利企业				□是 □否
附报事项名称									金额或选项
事项 1	(填写特定事项名称)								
事项 2	(填写特定事项名称)								
预缴税款计算									本年累计
1	营业收入								
2	营业成本								
3	利润总额								
4	加：特定业务计算的应纳税所得额								
5	减：不征税收入								
6	减：资产加速折旧、摊销 (扣除) 调减额 (填写 A201020)								
7	减：免税收入、减计收入、加计扣除 (7.1 + 7.2 + …)								
7.1	(填写优惠事项名称)								
7.2	(填写优惠事项名称)								
8	减：所得减免 (8.1 + 8.2 + …)								
8.1	(填写优惠事项名称)								

	预缴税款计算	本年累计
8.2	（填写优惠事项名称）	
9	减：弥补以前年度亏损	
10	实际利润额（3＋4－5－6－7－8－9）\按照上一纳税年度应纳税所得额平均额确定的应纳税所得额	
11	税率（25%）	
12	应纳所得税额（10×11）	
13	减：减免所得税额（13.1＋13.2＋…）	
13.1	（填写优惠事项名称）	
13.2	（填写优惠事项名称）	
14	减：本年实际已缴纳所得税额	
15	减：特定业务预缴（征）所得税额	
16	本期应补（退）所得税额（12－13－14－15）\税务机关确定的本期应纳所得税额	

	汇总纳税企业总分机构税款计算		
17	总机构	总机构本期分摊应补（退）所得税额（18＋19＋20）	
18		其中：总机构分摊应补（退）所得税额（16×总机构分摊比例 ＿%）	
19		财政集中分配应补（退）所得税额（16×财政集中分配比例 ＿%）	
20		总机构具有主体生产经营职能的部门分摊所得税额（16×全部分支机构分摊比例 ＿%×总机构具有主体生产经营职能部门分摊比例 ＿%）	
21	分支机构	分支机构本期分摊比例	
22		分支机构本期分摊应补（退）所得税额	

	实际缴纳企业所得税计算		
23	减：民族自治地区企业所得税地方分享部分：（□免征 □减征：减征幅度 ＿＿%）	本年累计应减免金额 [（12－13－15）×40%×减征幅度]	
24	实际应补（退）所得税额		

谨声明：本纳税申报表是根据国家税收法律法规及相关规定填报的，是真实的、可靠的、完整的。

纳税人（签章）：　　年　月　日

经办人： 经办人身份证号： 代理机构签章： 代理机构统一社会信用代码：	受理人： 受理税务机关（章）： 受理日期：　　年　月　日

国家税务总局监制

纳税提示

A200000《中华人民共和国企业所得税月（季）度预缴纳税申报表（A类）》
填 报 说 明

一、适用范围

本表适用于实行查账征收企业所得税的居民企业纳税人（以下简称"纳税人"）在月（季）度预缴纳税申报时填报。执行《跨地区经营汇总纳税企业所得税征收管理办法》（国家税务总局公告2012年第57号发布，2018年第31号修改）的跨地区经营汇总纳税企业的分支机构，除预缴纳税申报时填报外，在年度纳税申报时也填报本表。省（自治区、直辖市和计划单列市）税务机关对仅在本省（自治区、直辖市和计划单列市）内设立不具有法人资格分支机构的企业，参照《跨地区经营汇总纳税企业所得税征收管理办法》征收管理的，企业的分支机构在除预缴纳税申报时填报外，在年度纳税申报时也填报本表。

二、表头项目

（一）税款所属期间

1.月（季）度预缴纳税申报

正常经营的纳税人，填报税款所属期月（季）度第一日至税款所属期月（季）度最后一日；年度中间开业的纳税人，在首次月（季）度预缴纳税申报时，填报开始经营之日至税款所属月（季）度最后一日，以后月（季）度预缴纳税申报时按照正常情况填报；年度中间终止经营活动的纳税人，在终止经营活动当期纳税申报时，填报税款所属期月（季）度第一日至终止经营活动之日，以后月（季）度预缴纳税申报时不再填报。

2.年度纳税申报

填报税款所属年度1月1日至12月31日。

（二）纳税人识别号（统一社会信用代码）

填报税务机关核发的纳税人识别号或有关部门核发的统一社会信用代码。

（三）纳税人名称

填报营业执照、税务登记证等证件载明的纳税人名称。

三、优惠及附报事项信息

本项下所有项目按季度填报。按月申报的纳税人，在季度最后一个属期的月份填报。企业类型为"跨地区经营汇总纳税企业分支机构"的，不填报"优惠及附报事项有关信息"所有项目。

（一）从业人数

必报项目。

纳税人填报第一季度至税款所属季度各季度的季初、季末、季度平均从业人员的数量。季度中间开业的纳税人，填报开业季度至税款所属季度各季度的季初、季末从业人员的数量，其中开业季度"季初"填报开业时从业人员的数量。季度中间停止经营的纳税人，填报第一季度至停止经营季度各季度的季初、季末从业人员的数量，其中停止经营季度"季末"填报停止经营时从业人员的数量。"季度平均值"填报截至本税款所属期末从业人员数量的季度平均值，计算方法如下：

$$各季度平均值 = \frac{季初值 + 季末值}{2}$$

$$截至本税款所属期末季度平均值 = \frac{截至本税款所属期末各季度平均值之和}{相应季度数}$$

年度中间开业或者终止经营活动的，以其实际经营期计算上述指标。

从业人数是指与企业建立劳动关系的职工人数和企业接受的劳务派遣用工人数之和。汇总纳税企业总机构填报包括分支机构在内的所有从业人数。

（二）资产总额（万元）

必报项目。

纳税人填报第一季度至税款所属季度各季度的季初、季末、季度平均资产总额的金额。季度中间开业的纳税人，填报开业季度至税款所属季度各季度的季初、季末资产总额的金额，其中开业季度"季初"填报开业时资产总额的金额。季度中间停止经营的纳税人，填报第一季度至停止经营季度各季度的季初、季末资产总额的金额，其中停止经营季度"季末"填报停止经营时资产总额的金额。"季度平均值"填报截至本税款所属期末资产总额金额的季度平均值，计算方法如下：

$$各季度平均值 = \frac{季初值 + 季末值}{2}$$

$$截至本税款所属期末季度平均值 = \frac{截至本税款所属期末各季度平均值之和}{相应季度数}$$

年度中间开业或者终止经营活动的，以其实际经营期计算上述指标。

填报单位为人民币万元，保留小数点后 2 位。

（三）国家限制或禁止行业

必报项目。

纳税人从事行业为国家限制或禁止行业的，选择"是"；其他选择"否"。

（四）小型微利企业

必报项目。

本纳税年度截至本期末的从业人数季度平均值不超过 300 人、资产总额季度平均值不超过 5 000 万元、本表"国家限制或禁止行业"选择"否"且本期本表第 10 行"实际利润额＼按照上一纳税年度应纳税所得额平均额确定的应纳税所得额"不超过 300 万元的纳税人，选择"是"；否则选择"否"。

（五）附报事项

纳税人根据《企业所得税申报事项目录》，发生符合税法相关规定的支持新型冠状病毒感染的肺炎疫情防控捐赠支出、扶贫捐赠支出、软件集成电路企业优惠政策适用类型等特定事项时，填报事项名称、该事项本年累计享受金额或选择享受优惠政策的有关信息。同时发生多个事项，可以增加行次。

四、预缴税款计算

预缴方式为"按照实际利润额预缴"的纳税人，填报第1行至第16行，预缴方式为"按照上一纳税年度应纳税所得额平均额预缴"的纳税人填报第10、11、12、13、14、16行，预缴方式为"按照税务机关确定的其他方法预缴"的纳税人填报第16行。

1. 第1行"营业收入"：填报纳税人截至本税款所属期末，按照国家统一会计制度规定核算的本年累计营业收入。

如：以前年度已经开始经营且按季度预缴纳税申报的纳税人，第二季度预缴纳税申报时本行填报本年1月1日至6月30日期间的累计营业收入。

2. 第2行"营业成本"：填报纳税人截至本税款所属期末，按照国家统一会计制度规定核算的本年累计营业成本。

3. 第3行"利润总额"：填报纳税人截至本税款所属期末，按照国家统一会计制度规定核算的本年累计利润总额。

4. 第4行"特定业务计算的应纳税所得额"：从事房地产开发等特定业务的纳税人，填报按照税收规定计算的特定业务的应纳税所得额。房地产开发企业销售未完工开发产品取得的预售收入，按照税收规定的预计计税毛利率计算出预计毛利额，扣除实际缴纳且在会计核算中未计入当期损益的土地增值税等税金及附加后的金额，在此行填报。

5. 第5行"不征税收入"：填报纳税人已经计入本表"利润总额"行次但税收规定不征税收入的本年累计金额。

6. 第6行"资产加速折旧、摊销（扣除）调减额"：填报资产税收上享受加速折旧、摊销优惠政策计算的折旧额、摊销额大于同期会计折旧额、摊销额期间发生纳税调减的本年累计金额。

本行根据《资产加速折旧、摊销（扣除）优惠明细表》(A201020)填报。

7. 第7行"免税收入、减计收入、加计扣除"：根据相关行次计算结果填报。根据《企业所得税申报事项目录》，在第7.1行、第7.2行……填报税收规定的免税收入、减计收入、加计扣除等优惠事项的具体名称和本年累计金额。发生多项且根据税收规定可以同时享受的优惠事项，可以增加行次，但每个事项仅能填报一次。

8. 第8行"所得减免"：根据相关行次计算结果填报。第3+4-5-6-7行≤0时，本行不填报。

根据《企业所得税申报事项目录》，在第8.1行、第8.2行……填报税收规定的所得减免优惠事项的名称和本年累计金额。发生多项且根据税收规定可以同时享受的优惠事项，可以增加行次，但每个事项仅能填报一次。每项优惠事项下有多个具体项目的，应分别确定各具体项目所得，并填写盈利项目（项目所得＞0）的减征、免征所得额的合计金额。

9. 第9行"弥补以前年度亏损"：填报纳税人截至本税款所属期末，按照税收规定在企业所得税税前弥补的以前年度尚未弥补亏损的本年累计金额。

当本表第3+4-5-6-7-8行≤0时，本行=0。

10. 第10行"实际利润额\按照上一纳税年度应纳税所得额平均额确定的应纳税所

得额"：预缴方式为"按照实际利润额预缴"的纳税人，根据本表相关行次计算结果填报，第10行＝第3＋4－5－6－7－8－9行；预缴方式为"按照上一纳税年度应纳税所得额平均额预缴"的纳税人，填报按照上一纳税年度应纳税所得额平均额计算的本年累计金额。

11. 第11行"税率(25%)"：填报25%。

12. 第12行"应纳所得税额"：根据相关行次计算结果填报。第12行＝第10×11行，且第12行≥0。

13. 第13行"减免所得税额"：根据相关行次计算结果填报。根据《企业所得税申报事项目录》，在第13.1行、第13.2行……填报税收规定的减免所得税额优惠事项的具体名称和本年累计金额。发生多项且根据税收规定可以同时享受的优惠事项，可以增加行次，但每个事项仅能填报一次。

14. 第14行"本年实际已缴纳所得税额"：填报纳税人按照税收规定已在此前月(季)度申报预缴企业所得税的本年累计金额。

建筑企业总机构直接管理的跨地区设立的项目部，按照税收规定已经向项目所在地主管税务机关预缴企业所得税的金额不填本行，而是填入本表第15行。

15. 第15行"特定业务预缴(征)所得税额"：填报建筑企业总机构直接管理的跨地区设立的项目部，按照税收规定已经向项目所在地主管税务机关预缴企业所得税的本年累计金额。

本行本期填报金额不得小于本年上期申报的金额。

16. 第16行"本期应补(退)所得税额\税务机关确定的本期应纳所得税额"：按照不同预缴方式，分情况填报：

预缴方式为"按照实际利润额预缴"以及"按照上一纳税年度应纳税所得额平均额预缴"的纳税人，根据本表相关行次计算填报。第16行＝第12－13－14－15行，当第12－13－14－15行＜0时，本行填0。其中，企业所得税收入全额归属中央且按比例就地预缴企业的分支机构，以及在同一省(自治区、直辖市、计划单列市)内的按比例就地预缴企业的分支机构，第16行＝第12行×就地预缴比例－第13行×就地预缴比例－第14行－第15行，当第12行×就地预缴比例－第13行×就地预缴比例－第14行－第15行＜0时，本行填0。

预缴方式为"按照税务机关确定的其他方法预缴"的纳税人，本行填报本期应纳企业所得税的金额。

五、汇总纳税企业总分机构税款计算

"跨地区经营汇总纳税企业总机构"的纳税人填报第17、18、19、20行；"跨地区经营汇总纳税企业分支机构"的纳税人填报第21、22行。

1. 第17行"总机构本期分摊应补(退)所得税额"：跨地区经营汇总纳税企业的总机构根据相关行次计算结果填报，第17行＝第18＋19＋20行。

2. 第18行"总机构分摊应补(退)所得税额(16×总机构分摊比例＿＿%)"：根据相关行次计算结果填报，第18行＝第16行×总机构分摊比例。其中：跨省、自治区、直辖市和计划单列市经营的汇总纳税企业"总机构分摊比例"填报25%，同一省(自治区、直辖市、计划单列市）内跨地区经营汇总纳税企业"总机构分摊比例"按照各省（自治区、直辖市、计划单列市）确定的总机构分摊比例填报。

3. 第 19 行"财政集中分配应补（退）所得税额（16×财政集中分配比例 ＿＿%）"：根据相关行次计算结果填报，第 19 行 = 第 16 行×财政集中分配比例。其中：跨省、自治区、直辖市和计划单列市经营的汇总纳税企业"财政集中分配比例"填报 25%，同一省（自治区、直辖市、计划单列市）内跨地区经营汇总纳税企业"财政集中分配比例"按照各省（自治区、直辖市、计划单列市）确定的财政集中分配比例填报。

4. 第 20 行"总机构具有主体生产经营职能的部门分摊所得税额（16×全部分支机构分摊比例 ＿＿%×总机构具有主体生产经营职能部门分摊比例 ＿＿%）"：根据相关行次计算结果填报，第 20 行 = 第 16 行×全部分支机构分摊比例×总机构具有主体生产经营职能部门分摊比例。其中：跨省、自治区、直辖市和计划单列市经营的汇总纳税企业"全部分支机构分摊比例"填报 50%，同一省（自治区、直辖市、计划单列市）内跨地区经营汇总纳税企业"分支机构分摊比例"按照各省（自治区、直辖市、计划单列市）确定的分支机构分摊比例填报；"总机构具有主体生产经营职能部门分摊比例"按照设立的具有主体生产经营职能的部门在参与税款分摊的全部分支机构中的分摊比例填报。

5. 第 21 行"分支机构本期分摊比例"：跨地区经营汇总纳税企业分支机构填报其总机构出具的本期《企业所得税汇总纳税分支机构所得税分配表》"分配比例"列次中列示的本分支机构的分配比例。

6. 第 22 行"分支机构本期分摊应补（退）所得税额"：跨地区经营汇总纳税企业分支机构填报其总机构出具的本期《企业所得税汇总纳税分支机构所得税分配表》"分配所得税额"列次中列示的本分支机构应分摊的所得税额。

六、实际缴纳企业所得税

适用于民族自治地区纳税人填报。

1. 第 23 行"民族自治地方的自治机关对本民族自治地方的企业应缴纳的企业所得税中属于地方分享的部分减征或免征（□ 免征□ 减征：减征幅度＿＿＿%）"：根据《中华人民共和国企业所得税法》《中华人民共和国民族区域自治法》《财政部　国家税务总局关于贯彻落实国务院关于实施企业所得税过渡优惠政策有关问题的通知》（财税〔2008〕21 号）等规定，实行民族区域自治的自治区、自治州、自治县的自治机关对本民族自治地方的企业应缴纳的企业所得税中属于地方分享的部分，可以决定免征或减征，自治州、自治县决定减征或者免征的，须报省、自治区、直辖市人民政府批准。

纳税人填报该行次时，根据享受政策的类型选择"免征"或"减征"，二者必选其一。选择"免征"是指免征企业所得税税收地方分享部分；选择"减征：减征幅度＿＿＿%"是指减征企业所得税税收地方分享部分。此时需填写"减征幅度"，减征幅度填写范围为 1 至 100，表示企业所得税税收地方分享部分的减征比例。例如：地方分享部分减半征收，则选择"减征"，并在"减征幅度"后填写"50%"。

本行填报纳税人按照规定享受的民族自治地方的自治机关对本民族自治地方的企业应

缴纳的企业所得税中属于地方分享的部分减征或免征额的本年累计金额。

2. 第 24 行"本期实际应补（退）所得税额"：本行填报民族自治地区纳税人本期实际应补（退）所得税额。

七、表内表间关系

（一）表内关系

1. 第 7 行 = 第 7.1 + 7.2 + … 行。

2. 第 8 行 = 第 8.1 + 8.2 + … 行。

3. 预缴方式为"按照实际利润额预缴"的纳税人，第 10 行 = 第 3 + 4 - 5 - 6 - 7 - 8 - 9 行。

4. 第 12 行 = 第 10 × 11 行。

5. 第 13 行 = 第 13.1 + 13.2 + … 行。

6. 预缴方式为"按照实际利润额预缴""按照上一纳税年度应纳税所得额平均额预缴"的纳税人，第 16 行 = 第 12 - 13 - 14 - 15 行。当第 12 - 13 - 14 - 15 行 < 0 时，第 16 行 = 0。

其中，企业所得税收入全额归属中央且按比例就地预缴企业的分支机构，以及在同一省（自治区、直辖市、计划单列市）内的按比例就地预缴企业的分支机构，第 16 行 = 第 12 行 × 就地预缴比例 - 第 13 行 × 就地预缴比例 - 第 14 行 - 第 15 行。当第 12 行 × 就地预缴比例 - 第 13 行 × 就地预缴比例 - 第 14 行 - 第 15 行 < 0 时，第 16 行 = 0。

7. 第 17 行 = 第 18 + 19 + 20 行。

8. 第 18 行 = 第 16 行 × 总机构分摊比例。

9. 第 19 行 = 第 16 行 × 财政集中分配比例。

10. 第 20 行 = 第 16 行 × 全部分支机构分摊比例 × 总机构具有主体生产经营职能部门分摊比例。

（二）表间关系

1. 第 6 行 = 表 A201020 第 3 行第 5 列。

2. 第 16 行 = 表 A202000"应纳所得税额"栏次填报的金额。

3. 第 18 行 = 表 A202000"总机构分摊所得税额"栏次填报的金额。

4. 第 19 行 = 表 A202000"总机构财政集中分配所得税额"栏次填报的金额。

5. 第 20 行 = 表 A202000"分支机构情况"中对应总机构独立生产经营部门行次的"分配所得税额"列次填报的金额。

二、企业所得税的年度汇算清缴纳税申报

实行查账征收企业所得税的居民企业纳税人在年度企业所得税汇算清缴时，应当填报《中华人民共和国企业所得税年度纳税申报表（A 类）》（见表 6-6）和《企业所得税年度纳税申报表附表》。

表 6-6　中华人民共和国企业所得税年度纳税申报表（A 类）

行次	类别	项　　目	金　额
1	利润总额计算	一、营业收入（填写 A101010\101020\103000）	
2		减：营业成本（填写 A102010\102020\103000）	
3		减：税金及附加	
4		减：销售费用（填写 A104000）	
5		减：管理费用（填写 A104000）	
6		减：财务费用（填写 A104000）	
7		减：资产减值损失	
8		加：公允价值变动收益	
9		加：投资收益	
10		二、营业利润（1 − 2 − 3 − 4 − 5 − 6 − 7 + 8 + 9）	
11		加：营业外收入（填写 A101010\101020\103000）	
12		减：营业外支出（填写 A102010\102020\103000）	
13		三、利润总额（10 + 11 − 12）	
14	应纳税所得额计算	减：境外所得（填写 A108010）	
15		加：纳税调整增加额（填写 A105000）	
16		减：纳税调整减少额（填写 A105000）	
17		减：免税、减计收入及加计扣除（填写 A107010）	
18		加：境外应税所得抵减境内亏损（填写 A108000）	
19		四、纳税调整后所得（13 − 14 + 15 − 16 − 17 + 18）	
20		减：所得减免（填写 A107020）	
21		减：弥补以前年度亏损（填写 A106000）	
22		减：抵扣应纳税所得额（填写 A107030）	
23		五、应纳税所得额（19 − 20 − 21 − 22）	
24	应纳税额计算	税率（25%）	
25		六、应纳所得税额（23 × 24）	
26		减：减免所得税额（填写 A107040）	
27		减：抵免所得税额（填写 A107050）	
28		七、应纳税额（25 − 26 − 27）	
29		加：境外所得应纳所得税额（填写 A108000）	
30		减：境外所得抵免所得税额（填写 A108000）	
31		八、实际应纳所得税额（28 + 29 − 30）	
32		减：本年累计实际已缴纳的所得税额	
33		九、本年应补（退）所得税额（31 − 32）	
34		其中：总机构分摊本年应补（退）所得税额（填写 A109000）	
35		财政集中分配本年应补（退）所得税额（填写 A109000）	
36		总机构主体生产经营部门分摊本年应补（退）所得税额（填写 A109000）	
37	实际应纳税额计算	减：民族自治地区企业所得税分享部分（□免征 □减征：减征幅度＿＿＿%）	
38		十、本年实际应补（退）所得税额（33 − 37）	

纳税提示

填报说明

本表为企业所得税年度纳税申报表的主表，纳税人应当根据《中华人民共和国企业所得税法》及其实施条例（以下简称"税法"）、相关税收政策，以及国家统一会计制度（企业会计准则、小企业会计准则、企业会计制度、事业单位会计准则和民间非营利组织会计制度等）的规定，计算填报利润总额、应纳税所得额和应纳税额等有关项目。

纳税人在计算企业所得税应纳税所得额及应纳税额时，会计处理与税收规定不一致的，应当按照税收规定计算。税收规定不明确的，在没有明确规定之前，暂按国家统一会计制度计算。

一、有关项目填报说明

（一）表体项目

本表是在纳税人会计利润总额的基础上，加减纳税调整等金额后计算出"纳税调整后所得"。会计与税法的差异（包括收入类、扣除类、资产类等差异）通过《纳税调整项目明细表》(A105000) 集中填报。

本表包括利润总额计算、应纳税所得额计算、应纳税额计算和实际应纳税额计算四个部分。

1. "利润总额计算"中的项目，按照国家统一会计制度规定计算填报。实行企业会计准则、小企业会计准则、企业会计制度、分行业会计制度的纳税人，其数据直接取自《利润表》（另有说明的除外）；实行事业单位会计准则的纳税人，其数据取自《收入支出表》；实行民间非营利组织会计制度的纳税人，其数据取自《业务活动表》；实行其他国家统一会计制度的纳税人，根据本表项目进行分析填报。

2. "应纳税所得额计算""应纳税额计算"和"实际应纳税额计算"中的项目，除根据主表逻辑关系计算以外，通过附表相应栏次填报。

（二）行次说明

第 1 ~ 13 行参照国家统一会计制度规定填写。本部分未设"研发费用""其他收益""资产处置收益"等项目，对于已执行《财政部关于修订印发 2019 年度一般企业财务报表格式的通知》（财会〔2019〕6 号）的纳税人，在《利润表》中归集的"研发费用"通过《期间费用明细表》(A104000) 第 19 行"十九、研究费用"的管理费用相应列次填报；在《利润表》中归集的"其他收益""资产处置收益""信用减值损失""净敞口套期收益"项目则无须填报，同时第 10 行"二、营业利润"不执行"第 10 行 = 第 1-2-3-4-5-6-7+8+9 行"的表内关系，按照《利润表》"营业利润"项目直接填报。

1. 第 1 行"营业收入"：填报纳税人主要经营业务和其他经营业务取得的收入总额。本行根据"主营业务收入"和"其他业务收入"的数额填报。一般企业纳税人根据《一般企业收入明细表》(A101010) 填报；金融企业纳税人根据《金融企业收入明细表》(A101020) 填报；事业单位、社会团体、民办非企业单位、非营利组织等纳税人根据《事业单位、民间非营利组织收入、支出明细表》(A103000) 填报。

2. 第 2 行"营业成本"项目：填报纳税人主要经营业务和其他经营业务发生的成本总额。本行根据"主营业务成本"和"其他业务成本"的数额填报。一般企业纳税人根据《一般企业成本支出明细表》(A102010) 填报；金融企业纳税人根据《金融企业支出明细表》(A102020) 填报；事业单位、社会团体、民办非企业单位、非营利组织等纳税人，根据《事业单位、民间非营利组织收入、支出明细表》(A103000) 填报。

3. 第 3 行"税金及附加"：填报纳税人经营活动发生的消费税、城市维护建设税、资源税、土地增值税和教育费附加等相关税费。本行根据纳税人相关会计科目填报。纳税人在其他会计科目核算的税金不得重复填报。

4. 第 4 行"销售费用"：填报纳税人在销售商品和材料、提供劳务的过程中发生的各种费用。本行根据《期间费用明细表》(A104000) 中对应的"销售费用"填报。

5. 第 5 行"管理费用"：填报纳税人为组织和管理企业生产经营发生的管理费用。本行根据《期间费用明细表》(A104000) 中对应的"管理费用"填报。

6. 第 6 行"财务费用"：填报纳税人为筹集生产经营所需资金等发生的筹资费用。本行根据《期间费用明细表》(A104000) 中对应的"财务费用"填报。

7. 第 7 行"资产减值损失"：填报纳税人计提各项资产准备发生的减值损失。本行根据企业"资产减值损失"科目上的数额填报。实行其他会计制度的比照填报。

8. 第 8 行"公允价值变动收益"：填报纳税人在初始确认时划分为以公允价值计量且其变动计入当期损益的金融资产或金融负债 (包括交易性金融资产或负债，直接指定为以公允价值计量且其变动计入当期损益的金融资产或金融负债)，以及采用公允价值模式计量的投资性房地产、衍生工具和套期业务中公允价值变动形成的应计入当期损益的利得或损失。本行根据企业"公允价值变动损益"科目的数额填报，损失以"-"号填列。

9. 第 9 行"投资收益"：填报纳税人以各种方式对外投资所取得的收益或发生的损失。根据企业"投资收益"科目的数额计算填报，实行事业单位会计准则的纳税人根据"其他收入"科目中的投资收益金额分析填报，损失以"-"号填列。实行其他会计制度的纳税人比照填报。

10. 第 10 行"营业利润"：填报纳税人当期的营业利润。根据上述项目计算填报。已执行《财政部关于修订印发 2019 年度一般企业财务报表格式的通知》(财会〔2019〕6 号) 的纳税人，根据《利润表》对应项目填列，不执行本行计算规则。

11. 第 11 行"营业外收入"：填报纳税人取得的与其经营活动无直接关系的各项收入的金额。一般企业纳税人根据《一般企业收入明细表》(A101010) 填报；金融企业纳税人根据《金融企业收入明细表》(A101020) 填报；实行事业单位会计准则或民间非营利组织会计制度的纳税人根据《事业单位、民间非营利组织收入、支出明细表》(A103000) 填报。

12. 第 12 行"营业外支出"：填报纳税人发生的与其经营活动无直接关系的各项支出的金额。一般企业纳税人根据《一般企业成本支出明细表》(A102010) 填报；金融企业纳税人根据《金融企业支出明细表》(A102020) 填报；实行事业单位会计准则或民间非营利组织会计制度的纳税人根据《事业单位、民间非营利组织收入、支出明细表》(A103000) 填报。

13. 第 13 行"利润总额"：填报纳税人当期的利润总额。根据上述项目计算填报。

14. 第 14 行"境外所得"：填报已计入利润总额以及按照税法相关规定已在《纳税调整项目明细表》(A105000) 进行调整的境外所得金额。本行根据《境外所得纳税调整后所得明细表》(A108010) 填报。

15. 第 15 行"纳税调整增加额"：填报纳税人会计处理与税收规定不一致，进行纳税调整增加的金额。本行根据《纳税调整项目明细表》(A105000) "调增金额"列填报。

16. 第 16 行"纳税调整减少额"：填报纳税人会计处理与税收规定不一致，进行纳税调整减少的金额。本行根据《纳税调整项目明细表》(A105000) "调减金额"列填报。

17. 第 17 行"免税、减计收入及加计扣除"：填报属于税收规定免税收入、减计收入、加计扣除金额。本行根据《免税、减计收入及加计扣除优惠明细表》(A107010) 填报。

18. 第 18 行"境外应税所得抵减境内亏损"：当纳税人选择不用境外所得抵减境内亏损时，填报 0；当纳税人选择用境外所得抵减境内亏损时，填报境外所得抵减当年度境内亏损的金额。用境外所得弥补以前年度境内亏损的，还需填报《企业所得税弥补亏损明细表》(A106000) 和《境外所得税收抵免明细表》(A108000)。

19. 第 19 行"纳税调整后所得"：填报纳税人经过纳税调整、税收优惠、境外所得计算后的所得额。

20. 第 20 行"所得减免"：填报属于税收规定的所得减免金额。本行根据《所得减免优惠明细表》(A107020) 填报。

21. 第 21 行"弥补以前年度亏损"：填报纳税人按照税收规定可在税前弥补的以前年度亏损数额。本行根据《企业所得税弥补亏损明细表》(A106000) 填报。

22. 第 22 行"抵扣应纳税所得额"：填报根据税收规定应抵扣的应纳税所得额。本行根据《抵扣应纳税所得额明细表》(A107030) 填报。

23. 第 23 行"应纳税所得额"：填报第 19 - 20 - 21 - 22 行金额。按照上述行次顺序计算结果为负数的，本行按 0 填报。

24. 第 24 行"税率"：填报税收规定的税率 25%。

25. 第 25 行"应纳所得税额"：填报第 23 × 24 行金额。

26. 第 26 行"减免所得税额"：填报纳税人按税收规定实际减免的企业所得税额。本行根据《减免所得税优惠明细表》(A107040) 填报。

27. 第 27 行"抵免所得税额"：填报企业当年的应纳所得税额中抵免的金额。本行根据《税额抵免优惠明细表》(A107050) 填报。

28. 第 28 行"应纳税额"：填报第 25 - 26 - 27 行金额。

29. 第 29 行"境外所得应纳所得税额"：填报纳税人来源于中国境外的所得，按照我国税收规定计算的应纳所得税额。本行根据《境外所得税收抵免明细表》(A108000) 填报。

30. 第 30 行"境外所得抵免所得税额"：填报纳税人来源于中国境外所得依照中国境

外税收法律以及相关规定应缴纳并实际缴纳（包括视同已实际缴纳）的企业所得税性质的税款（准予抵免税款）。本行根据《境外所得税收抵免明细表》(A108000) 填报。

31. 第 31 行"实际应纳所得税额"：填报第 28 + 29 - 30 行金额。其中，跨地区经营企业类型为"分支机构（须进行完整年度申报并按比例纳税）"的纳税人，填报（第 28 + 29 - 30 行）×"分支机构就地纳税比例"金额。

32. 第 32 行"本年累计实际已缴纳的所得税额"：填报纳税人按照税收规定本纳税年度已在月（季）度累计预缴的所得税额，包括按照税收规定的特定业务已预缴（征）的所得税额，建筑企业总机构直接管理的跨地区设立的项目部按规定向项目所在地主管税务机关预缴的所得税额。

33. 第 33 行"本年应补（退）的所得税额"：填报第 31 - 32 行金额。

34. 第 34 行"总机构分摊本年应补（退）所得税额"：填报汇总纳税的总机构按照税收规定在总机构所在地分摊本年应补（退）所得税额。本行根据《跨地区经营汇总纳税企业年度分摊企业所得税明细表》(A109000) 填报。

35. 第 35 行"财政集中分配本年应补（退）所得税额"：填报汇总纳税的总机构按照税收规定财政集中分配本年应补（退）所得税款。本行根据《跨地区经营汇总纳税企业年度分摊企业所得税明细表》(A109000) 填报。

36. 第 36 行"总机构主体生产经营部门分摊本年应补（退）所得税额"：填报汇总纳税的总机构所属的具有主体生产经营职能的部门按照税收规定应分摊的本年应补（退）所得税额。本行根据《跨地区经营汇总纳税企业年度分摊企业所得税明细表》(A109000) 填报。

37. 第 37 行"民族自治地区企业所得税地方分享部分（□免征□减征：减征幅度___%）"：根据《中华人民共和国企业所得税法》《中华人民共和国民族区域自治法》《财政部 国家税务总局关于贯彻落实国务院关于实施企业所得税过渡优惠政策有关问题的通知》（财税〔2008〕21 号）等规定，实行民族区域自治的自治区、自治州、自治县的自治机关对本民族自治地方的企业应缴纳的企业所得税中属于地方分享的部分，可以决定减征或免征，自治州、自治县决定减征或者免征的，须报省、自治区、直辖市人民政府批准。

纳税人填报该行次时，根据享受政策的类型选择"免征"或"减征"，二者必选其一。选择"免征"是指免征企业所得税税收地方分享部分；选择"减征：减征幅度___%"是指减征企业所得税税收地方分享部分。此时需填写"减征幅度"，减征幅度填写范围为 1 至 100，表示企业所得税税收地方分享部分的减征比例。例如：地方分享部分减半征收，则选择"减征"，并在"减征幅度"后填写"50%"。

企业类型为"非跨地区经营企业"的，本行填报"实际应纳所得税额"× 40% × 减征幅度 - 本年度预缴申报累计已减免的地方分享部分减免金额的余额。企业类型为"跨地区经营汇总纳税企业总机构"的，本行填报《跨地区经营汇总纳税企业年度分摊企业所得税明细表》(A109000) 第 20 行"总机构因民族地方优惠调整分配金额"的金额。

38. 第 38 行"本年实际应补（退）所得税额"：填报纳税人当期实际应补（退）的所得税额。企业类型为"非跨地区经营企业"的，本行填报第 33 - 37 行金额。企业类型为"跨地区经营汇总纳税企业总机构"的，本行填报《跨地区经营汇总纳税企业年度分摊企业所得得税明细表》(A109000)第21行"总机构本年实际应补(退)所得税额"的金额。

二、表内、表间关系

（一）表内关系

1. 第10行＝第1－2－3－4－5－6－7＋8＋9行。已执行财会〔2019〕6号和财会〔2018〕36号的纳税人，不执行本规则。

2. 第13行＝第10＋11－12行。

3. 第19行＝第13－14＋15－16－17＋18行。

4. 第23行＝第19－20－21－22行。

5. 第25行＝第23×24行。

6. 第28行＝第25－26－27行。

7. 第31行＝第28＋29－30行。其中，跨地区经营企业类型为"分支机构(须进行完整年度申报并按比例纳税)"的纳税人，第31行＝(第28＋29－30行)×表A000000"102分支机构就地纳税比例"。

8. 第33行＝第31－32行。

9. 企业类型为"非跨地区经营"的，第38行＝第33－37行。

（二）表间关系

1. 第1行＝表A101010第1行或表A101020第1行或表A103000第2＋3＋4＋5＋6行或表A103000第11＋12＋13＋14＋15行。

2. 第2行＝表A102010第1行或表A102020第1行或表A103000第19＋20＋21＋22行或表A103000第25＋26＋27行。

3. 第4行＝表A104000第26行第1列。

4. 第5行＝表A104000第26行第3列。

5. 第6行＝表A104000第26行第5列。

6. 第9行＝表A103000第8行或者第16行(仅限于填报表A103000的纳税人，其他纳税人根据财务核算情况自行填写)。

7. 第11行＝表A101010第16行或表A101020第35行或表A103000第9行或第17行。

8. 第12行＝表A102010第16行或表A102020第33行或表A103000第23行或第28行。

9. 第14行＝表A108010第14列合计－第11列合计。

10. 第15行＝表A105000第45行第3列。

11. 第16行＝表A105000第45行第4列。

12. 第17行＝表A107010第31行。

13. 第18行：

(1) 当第13－14＋15－16－17行≥0，第18行＝0；

(2) 当第13－14＋15－16－17＜0且表A108000第5列合计行≥0，表A108000第6列合计行＞0时，第18行＝表A108000第5列合计行与表A100000第13－14＋15－

16－17 行绝对值的执小值；

(3) 当第 13－14＋15－16－17＜0 且表 A108000 第 5 列合计行≥0，表 A108000 第 6 列合计行＝0 时，第 18 行＝0。

14. 第 20 行：

当第 19 行≤0 时，第 20 行＝0；

当第 19 行＞0 时，

(1) 第 19 行≥表 A107020 合计行第 11 列，第 20 行＝表 A107020 合计行第 11 列；

(2) 第 19 行＜表 A107020 合计行第 11 列，第 20 行＝第 19 行。

15. 第 21 行＝表 A106000 第 11 行第 10 列。

16. 第 22 行＝表 A107030 第 15 行第 1 列。

17. 第 26 行＝表 A107040 第 33 行。

18. 第 27 行＝表 A107050 第 7 行第 11 列。

19. 第 29 行＝表 A108000 合计行第 9 列。

20. 第 30 行＝表 A108000 合计行第 19 列。

21. 第 34 行＝表 A109000 第 12＋16 行。

22. 第 35 行＝表 A109000 第 13 行。

23. 第 36 行＝表 A109000 第 15 行。

24. 企业类型为"跨地区经营汇总纳税企业总机构"的第 37 行＝表 A109000 第 20 行。

25. 企业类型为"跨地区经营汇总纳税企业总机构"的第 38 行＝表 A109000 第 21 行。

练习题（项目六）　　练习题答案（项目六）

项目七　个人所得税纳税实务

引言

　　党的二十大报告在"完善分配制度"部分明确指出："完善个人所得税制度，规范收入分配秩序，规范财富积累机制，保护合法收入，调节过高收入，取缔非法收入。"2022年中共中央、国务院印发的《扩大内需战略规划纲要(2022—2035年)》强调："加大财税制度对收入分配的调节力度。健全直接税体系，完善综合与分类相结合的个人所得税制度，加强对高收入者的税收调节和监管。"我国个人所得税制度向综合与分类相结合课征模式的成功转型，为下一步改革创造了更加成熟的有利条件。不断完善税制设计，充分发挥个人所得税调节收入分配的力度和精准性，进一步促进共同富裕目标的实现，将是我国个人所得税未来改革的重点与方向。

任务一　个人所得税的认知

案例导入

　　黄先生为我国驻美国大使馆的一名秘书；比尔是一名外籍人员，在中国境内的公司任职，任期为4年。两人都有稳定的工资收入，与此同时，黄先生在美国还出版了一部长篇小说，该书十分畅销，并受托对一部电影剧本进行审核；比尔临时担任会议翻译取得一笔颇丰厚的收入，购买的福利彩票中奖获得10万元。他们所得的收入是否需要缴纳个人所得税呢？

一、个人所得税的纳税人和纳税义务

(一)纳税人

　　个人所得税的纳税人，包括中国公民(含香港、澳门、台湾同胞)、个体工商户、个人独资企业投资者和合伙企业自然人合伙人等。

　　个人所得税的纳税人依据住所和居住时间两个标准，分为居民个人和非居民个人。

1. 居民个人

居民个人是指在中国境内有住所，或者无住所而一个纳税年度内在中国境内居住累计满 183 天的个人。居民个人从中国境内和境外取得的所得，依照《中华人民共和国个人所得税法》（以下简称《个人所得税法》）规定缴纳个人所得税。

《个人所得税法》所称的在中国境内有住所，是指因户籍、家庭、经济利益关系而在中国境内习惯性居住；所称的从中国境内和境外取得的所得，分别是指来源于中国境内的所得和来源于中国境外的所得。

在中国境内无住所的个人，在中国境内居住累计满 183 天的年度连续不满 6 年的，经向主管税务机关备案，其来源于中国境外且由境外单位或者个人支付的所得，免予缴纳个人所得税；在中国境内居住累计满 183 天的任一年度中有一次离境超过 30 天的，其在中国境内居住累计满 183 天的年度的连续年限重新起算。

2. 非居民个人

非居民个人是指在中国境内无住所又不居住，或者无住所而一个纳税年度内在中国境内居住不满 183 天的个人。非居民个人从中国境内取得的所得，依照《个人所得税法》规定缴纳个人所得税。

在中国境内无住所的个人，在一个纳税年度内在中国境内居住累计不超过 90 天的，其来源于中国境内的所得，由境外雇主支付并且不由该雇主在中国境内的机构、场所负担的部分，免予缴纳个人所得税。

纳税提示

（1）中国境内有住所，是指因户籍、家庭、经济利益关系而在中国境内习惯性居住（住所 ≠ 住房 = 习惯性居住地）。

（2）纳税年度自公历 1 月 1 日起至 12 月 31 日止。

（3）无住所个人一个纳税年度内在中国境内累计居住天数，按照个人在中国境内累计停留的天数计算。在中国境内停留的当天满 24 小时的，计入中国境内居住天数；在中国境内停留的当天不足 24 小时的，不计入中国境内居住天数。

【例 7-1】（判断题）在中国境内无住所的大卫于 2022 年 4 月 2 日入境，2023 年 4 月 2 日离境，根据我国个人所得税法律制度的规定，无住所而一个纳税年度内在中国境内居住累计满 183 天的个人为居民纳税人，因此 2023 年度大卫从中国境内和境外取得的所得按规定缴纳个人所得税。（　　）

【答案与解析】

答案为 × 。大卫在 2023 年度并没有在中国居住满 183 天，不属于居民个人，只就中国境内所得缴纳个人所得税。

（二）纳税人的纳税义务

由于不同种类纳税人的纳税义务不同，因此不同的纳税人承担不同的纳税义务。

(1) 居民个人从中国境内和境外取得的所得，依法缴纳个人所得税。

(2) 非居民个人从中国境内取得的所得，依法缴纳个人所得税。

(3) 无住所个人纳税义务总结见表 7-1。

表 7-1　无住所个人纳税义务总结表

居住时间		境内所得		境外所得	
		境内支付	境外支付	境内支付	境外支付
不满 183 天	(1) 连续或累计不超过 90 天	√	免税	×	×
	(2) 90 ～ 183 天之内	√	√	×	×
满 183 天	(3) 累计满 183 天的年度连续不满 6 年	√	√	√	免税
	(4) 累计满 183 天的年度连续满 6 年	√	√	√	√

注："√"表示征税，"×"表示不征税。

二、个人所得税的应税项目

（一）工资、薪金所得

工资、薪金所得，是指个人因任职或者受雇取得的工资、薪金、奖金、年终加薪、劳动分红、津贴、补贴以及与任职或者受雇有关的其他所得。

纳税提示

下列项目不属于工资、薪金性质的补贴、津贴，不予征收个人所得税：

(1) 独生子女补贴。

(2) 执行公务员工资制度未纳入基本工资总额的补贴、津贴差额和家属成员的副食补贴。

(3) 托儿补助费。

(4) 差旅费津贴。

(5) 误餐补助。

【例 7-2】（单选题）根据个人所得税法律制度的规定，下列各项中，应缴纳个人所得税的是（　　）。

A. 年终加薪　　　　　　　　　B. 托儿补助费

C. 差旅费津贴　　　　　　　　D. 误餐补助

【答案】

答案为 A。

(二)劳务报酬所得

劳务报酬所得,是指个人从事劳务取得的所得,包括从事设计、装潢、安装、制图、化验、测试、医疗、法律、会计、咨询、讲学、翻译、审稿、书画、雕刻、影视、录音、录像、演出、表演、广告、展览、技术服务、介绍服务、经纪服务、代办服务以及其他劳务取得的所得。

纳税提示

劳务报酬所得与工资、薪金所得的区别:

(1)非独立个人劳动(任职雇佣):工资、薪金所得。

(2)独立个人劳动(非任职雇佣):劳务报酬所得。

【例7-3】 一名高校教师的课时费属于什么税目?

【答案】

高校教师在学校内讲课取得的报酬属于工资、薪金所得,如果高校教师去其他企业举行讲座,那么取得的收入属于劳务报酬所得。

【例7-4】 (多选题)根据个人所得税法律制度的规定,个人取得的下列收入中,应按照"劳务报酬所得"税目计缴个人所得税的有(　　　　)。

A.某经济学家从非雇佣企业取得的讲学收入

B.某职员取得的本单位优秀员工奖金

C.某工程师从非雇佣企业取得的咨询收入

D.某高校教师从任职学校领取的工资

【答案与解析】

答案为AC。选项BD,按照"工资、薪金所得"征税。

(三)稿酬所得

稿酬所得,是指个人因其作品以图书、报刊等形式出版、发表而取得的所得。作品包括文学作品、书画作品、摄影作品,以及其他作品。

(四)特许权使用费所得

特许权使用费所得,是指个人提供专利权、商标权、著作权、非专利技术以及其他特许权的使用权取得的所得,不包括稿酬所得。

(五)经营所得

经营所得,是指:

(1)个体工商户从事生产、经营活动取得的所得,个人独资企业投资人、合伙企业的个人合伙人来源于境内注册的个人独资企业、合伙企业生产、经营的所得。

(2) 个人依法从事办学、医疗、咨询以及其他有偿服务活动取得的所得。

(3) 个人对企业、事业单位承包经营、承租经营以及转包、转租取得的所得。

(4) 个人从事其他生产、经营活动取得的所得。

(六) 利息、股息、红利所得

利息、股息、红利所得，是指个人拥有债权、股权等而取得的利息、股息、红利所得。

(七) 财产租赁所得

财产租赁所得，是指个人出租不动产、机器设备、车船以及其他财产取得的所得。

(八) 财产转让所得

财产转让所得，是指个人转让有价证券、股权、合伙企业中的财产份额、不动产、机器设备、车船，以及其他财产取得的所得。

(九) 偶然所得

偶然所得，是指个人得奖、中奖、中彩票，以及其他偶然性质的所得。

个人取得的所得，难以界定应纳税所得项目的，由国务院税务主管部门确定。

居民个人取得上述第 (一) 项～第 (四) 项所得，按纳税年度合并计算个人所得税；非居民个人取得综合所得，按月或者按次分项计算个人所得税。纳税人取得上述第 (五) 项～第 (九) 项所得，依照《个人所得税法》规定分别计算个人所得税。

三、个人所得税所得来源的确定

由于居民个人和非居民个人承担不同的纳税义务，因此判断所得来源地是确定是否应对该项所得征收个人所得税的重要依据。

除国务院财政、税务主管部门另有规定外，下列所得，不论支付地点是否在中国境内，均为来源于中国境内的所得：

(1) 因任职、受雇、履约等在中国境内提供劳务取得的所得。

(2) 将财产出租给承租人在中国境内使用而取得的所得。

(3) 许可各种特许权在中国境内使用而取得的所得。

(4) 转让中国境内的不动产等财产或者在中国境内转让其他财产取得的所得。

(5) 从中国境内企业、事业单位、其他组织以及居民个人取得的利息、股息、红利所得。

四、个人所得税的预扣率和税率

个人所得税因不同征税对象的计税方式不同，有预扣率与税率之分。

(一) 预扣率

1. 居民个人工资、薪金所得预扣率

扣缴义务人向居民个人支付工资、薪金所得时，应当按照累计预扣法计算预扣税款，并按月办理扣缴申报。居民个人工资、薪金所得预扣预缴率适用 3% ～ 45% 的超额累进税率，见表 7-2。

表7-2 个人所得税预扣率表一

（居民个人工资、薪金所得预扣预缴适用）

级数	累计预扣预缴应纳税所得额	预扣率/%	速算扣除数
1	不超过36 000元	3	0
2	超过36 000元至144 000元的部分	10	2 520
3	超过144 000元至300 000元的部分	20	16 920
4	超过300 000元至420 000元的部分	25	31 920
5	超过420 000元至660 000元的部分	30	52 920
6	超过660 000元至960 000元的部分	35	85 920
7	超过960 000元的部分	45	181 920

2.居民个人劳务报酬所得、稿酬所得、特许权使用费所得预扣率

扣缴义务人向居民个人支付劳务报酬所得、稿酬所得、特许权使用费所得时，应当按次或者按月预扣预缴税款。居民个人劳务报酬所得预扣预缴率适用20%～45%的超额累进税率，见表7-3。稿酬所得、特许权使用费所得适用20%的比例预扣率。

表7-3 个人所得税预扣率表二

（居民个人劳务报酬所得预扣预缴适用）

级数	预扣预缴应纳税所得额	预扣率/%	速算扣除数
1	不超过20 000元	20	0
2	超过20 000元至50 000元的部分	30	2 000
3	超过50 000元的部分	40	7 000

（二）税率

1.居民个人综合所得税率

居民个人办理年度综合所得汇算清缴时，应当依法计算劳务报酬所得、稿酬所得、特许权使用费所得的收入额，并入年度综合所得计算应纳税款，税款多退少补。居民个人综合所得适用3%～45%的超额累进税率，见表7-4。

表7-4 个人所得税税率表一

（居民个人综合所得适用）

级数	全年应纳税所得额	税率/%	速算扣除数
1	不超过36 000元	3	0
2	超过36 000元至144 000元的部分	10	2 520
3	超过144 000元至300 000元的部分	20	16 920
4	超过300 000元至420 000元的部分	25	31 920
5	超过420 000元至660 000元的部分	30	52 920
6	超过660 000元至960 000元的部分	35	85 920
7	超过960 000元的部分	45	181 920

2. 经营所得税率

纳税人经营所得适用 5% ～ 35% 的超额累进税率，见表 7-5。

表 7-5　个人所得税税率表二

(纳税人经营所得适用)

级数	全年应纳税所得额	税率 /%	速算扣除数
1	不超过 30 000 元	5	0
2	超过 30 000 元至 90 000 元的部分	10	1 500
3	超过 90 000 元至 300 000 元的部分	20	10 500
4	超过 300 000 元至 500 000 元的部分	30	40 500
5	超过 500 000 元的部分	35	65 500

3. 非居民个人综合所得税率

扣缴义务人向非居民个人支付综合所得时，应当按月或者按次分项代扣代缴税款。非居民个人综合所得适用 3% ～ 45% 的超额累进税率，见表 7-6。非居民个人在一个纳税年度内税款扣缴方法保持不变，达到居民个人条件时，应当告知扣缴义务人基础信息变化情况，年度终了后按照居民个人有关规定办理汇算清缴。

表 7-6　个人所得税税率表三

(非居民个人综合所得适用)

级数	应纳税所得额	税率 /%	速算扣除数
1	不超过 3 000 元	3	0
2	超过 3 000 元至 12 000 元的部分	10	210
3	超过 12 000 元至 25 000 元的部分	20	1 410
4	超过 25 000 元至 35 000 元的部分	25	2 660
5	超过 35 000 元至 55 000 元的部分	30	4 410
6	超过 55 000 元至 80 000 元的部分	35	7 160
7	超过 80 000 元的部分	45	15 160

4. 利息、股息、红利所得，财产租赁所得，财产转让所得和偶然所得税率

利息、股息、红利所得，财产租赁所得，财产转让所得和偶然所得，适用 20% 的比例税率。

任务二　个人所得税应纳税所得额的确定

一、居民个人综合所得应纳税所得额的确定

居民个人的综合所得(包括工资、薪金所得，劳务报酬所得，稿酬所得，特许权使用

费所得），以每一纳税年度的收入额减除费用 60 000 元以及专项扣除、专项附加扣除和依法确定的其他扣除后的余额，为应纳税所得额。

劳务报酬所得、稿酬所得、特许权使用费所得以收入减除 20% 的费用后的余额为收入额。稿酬所得的收入额减按 70% 计算。

（一）专项扣除

专项扣除包括居民个人按照国家规定的范围和标准缴纳的基本养老保险、基本医疗保险、失业保险等社会保险费和住房公积金等，具体范围、标准和实施步骤由国务院确定，并报全国人民代表大会常务委员会备案。

（二）专项附加扣除

专项附加扣除是指《个人所得税法》规定的子女教育、继续教育、大病医疗、住房贷款利息或者住房租金、赡养老人、3 岁以下婴幼儿照护等 7 项专项附加扣除。

1. 子女教育

(1) 扣除标准。纳税人的子女接受全日制学历教育的相关支出，按照每个子女每个月 1 000 元的标准定额扣除。

子女，是指婚生子女、非婚生子女、继子女、养子女。父母之外的其他人担任未成年人的监护人的，比照本规定执行。

学历教育包括义务教育（小学、初中教育）、高中阶段教育（普通高中、中等职业、技工教育）、高等教育（大学专科、大学本科、硕士研究生、博士研究生教育）。年满 3 岁至小学入学前处于学前教育阶段的子女，按本规定执行。

纳税人子女在中国境外接受教育的，纳税人应当留存境外学校录取通知书、留学签证等相关教育的证明资料备查。

(2) 扣除办法。父母可以选择由其中一方按扣除标准的 100% 扣除，也可以选择由双方分别按扣除标准的 50% 扣除，具体扣除方式在一个纳税年度内不能变更。

(3) 纳税人首次享受子女教育的专项附加扣除的起止时间。

① 学前教育阶段，为子女年满 3 周岁当月至小学入学前一月。

② 学历教育，为子女接受全日制学历教育入学的当月至全日制学历教育结束的当月。

③ 学历（学位）继续教育，为在中国境内接受学历（学位）继续教育入学的当月至学历（学位）继续教育结束的当月，同一学历（学位）继续教育的扣除期限最长不得超过 48 个月。

④ 技能人员职业资格继续教育、专业技术人员职业资格继续教育，为取得相关证书的当年。

上述学历教育和学历（学位）继续教育期间，包含因病或其他非主观原因休学但学籍继续保留的休学期间，以及施教机构按规定组织实施的寒暑假等假期。

2. 继续教育

(1) 扣除标准。纳税人在中国境内接受学历（学位）继续教育的支出，在学历（学位）

教育期间按照每月 400 元定额扣除。同一学历 (学位) 继续教育的扣除期限不能超过 48 个月。纳税人接受技能人员职业资格继续教育、专业技术人员职业资格继续教育的支出，在取得相关证书的当年，按照 3 600 元定额扣除。

(2) 扣除办法。个人接受本科及以下学历 (学位) 继续教育，符合规定扣除条件的，可选择由其父母扣除，也可选择由本人扣除。

(3) 纳税人首次享受继续教育专项附加扣除的起止时间。

① 学历 (学位) 继续教育，为在中国境内接受学历 (学位) 继续教育入学的当月至学历 (学位) 继续教育结束的当月，同一学历 (学位) 继续教育的扣除期限最长不得超过 48 个月。

② 技能人员职业资格继续教育、专业技术人员职业资格继续教育，为取得相关证书的当年。

(4) 纳税人接受技能人员职业资格继续教育、专业技术人员职业资格继续教育的，应当留存相关证书等资料备查。

3. 大病医疗

(1) 扣除标准。在一个纳税年度内,纳税人发生的与基本医疗保险相关的医药费用支出，扣除医保报销后个人负担 (指医保目录范围内的自付部分) 累计超过 15 000 元的部分，由纳税人在办理年度汇算清缴时，在 80 000 元限额内据实扣除。

(2) 扣除办法。纳税人发生的医药费用支出可以选择由本人或者其配偶扣除；未成年子女发生的医药费用支出可以选择由其父母一方扣除。纳税人及其配偶、未成年子女发生的医药费用支出，应按前述规定分别计算扣除额。

(3) 需要提供的涉税资料或专项附加扣除项目支出凭证。

① 纳税人应当留存医药服务收费及医保报销相关票据原件 (或者复印件) 等资料备查。

② 填报患者姓名、身份证件类型及号码、与纳税人关系、与基本医保相关的医药费用总金额、医保目录范围内个人负担的自付金额等信息。

③ 个人负担的该支出未超过 1.5 万元的，不能扣除。个人负担的该支出超过 1.5 万元的，超过的部分据实列支 (必须凭借发票扣除)，但最多不超过 8 万元。

④ 该项支出不能按月扣，只能由纳税人办理汇算清缴时由纳税人本人或者其配偶扣除，未成年子女发生的医药费用支出由父母在办理汇算清缴时扣除，而不是由扣缴义务人履行该项义务。

4. 住房贷款利息

(1) 扣除标准。纳税人本人或配偶，单独或共同使用商业银行或住房公积金个人住房贷款，为本人或其配偶购买中国境内住房，发生的首套住房贷款利息支出，在实际发生贷款利息的年度，按照每月 1 000 元 (每年 12 000 元) 的标准定额扣除，扣除期限最长不超过 240 个月 (20 年)。

纳税人只能享受一套首套住房贷款利息扣除。首套住房贷款是指购买住房享受首套住房贷款利率的住房贷款。

(2) 扣除办法。经夫妻双方约定，可以选择由其中一方扣除，具体扣除方式确定后，在一个纳税年度内不得变更。夫妻双方婚前分别购买住房发生的首套住房贷款，其贷款利息支出，婚后可以选择其中一套购买的住房，由购买方按扣除标准的100%扣除，也可以由夫妻双方对各自购买的住房分别按扣除标准的50%扣除，具体扣除方式在一个纳税年度内不能变更。

(3) 纳税人应当留存住房贷款合同、贷款还款支出凭证备查。

5. 住房租金

(1) 扣除标准。纳税人在主要工作城市没有自有住房而发生的住房租金支出，可以按照以下标准定额扣除：

① 直辖市、省会（首府）城市、计划单列市及国务院确定的其他城市，扣除标准为每月1 500元（每年18 000元）。

② 除第 ① 项所列城市外，市辖区户籍人口超过100万的城市，扣除标准为每月1 100元（每年13 200元）。

③ 市辖区户籍人口不超过100万的城市，扣除标准为每月800元（每年9 600元）。

租赁合同（协议）约定的房屋租赁期开始的当月至租赁期结束的当月。提前终止租赁合同（协议）的，以实际租赁期限为准。

(2) 扣除办法。夫妻双方主要工作城市相同的，只能由一方扣除住房租金支出。住房租金支出由签订租赁住房合同的承租人扣除。纳税人及其配偶在一个纳税年度内不得同时分别享受住房贷款利息专项附加扣除和住房租金专项附加扣除。

(3) 纳税人应当留存住房租赁合同、协议等有关资料备查。

6. 赡养老人

(1) 扣除标准。纳税人赡养一位及以上被赡养人的赡养支出，统一按以下标准定额扣除：

① 纳税人为独生子女的，按照每月2 000元（每年24 000元）的标准定额扣除。

② 纳税人为非独生子女的，由其与兄弟姐妹分摊每月2 000元（每年24 000元）的扣除额度，每人分摊的额度最高不得超过每月1 000元（每年12 000元）。

被赡养人是指年满60岁的父母，以及子女均已去世的年满60岁的祖父母、外祖父母。

(2) 扣除办法。采取指定分摊或约定分摊方式的，可以由赡养人均摊或者约定分摊，也可以由被赡养人指定分摊。约定或者指定分摊的，须签订书面分摊协议，指定分摊优于约定分摊。具体分摊方式和额度在一个纳税年度内不得变更。

7. 3 岁以下婴幼儿照护

纳税人照护3岁以下婴幼儿子女的相关支出，按照每个婴幼儿每月1 000元的标准定额扣除。

父母可以选择由其中一方按扣除标准的100%扣除，也可以选择由双方分别按扣除标准的50%扣除，具体扣除方式在一个纳税年度内不能变更。

【2023 年个税政策新规】

2023 年8月30日国家税务总局发布了2023年第14号《国家税务总局关于贯彻执行

提高个人所得税有关专项附加扣除标准政策的公告》，提高了 3 岁以下婴幼儿照护、子女教育和赡养老人的个人所得税专项附加扣除标准。

本次政策更新的主要内容如下：

3 岁以下婴幼儿照护、子女教育专项附加扣除标准，由每个婴幼儿（子女）每月 1 000 元提高到 2 000 元。父母可以选择由其中一方按扣除标准的 100% 扣除，也可以选择由双方分别按 50% 扣除。

赡养老人专项附加扣除标准，由每月 2 000 元提高到 3 000 元，其中，独生子女每月扣除 3 000 元；非独生子女与兄弟姐妹分摊每月 3 000 元的扣除额度，每人不超过 1 500 元。

本公告自 2023 年 1 月 1 日起施行。

（三）依法确定的其他扣除

综合所得应纳税所得额的计算中所称的"依法确定的其他扣除"，包括个人缴付符合国家规定的企业年金、职业年金，个人购买符合国家规定的商业健康保险、税收递延型商业养老保险的支出，以及国务院规定可以扣除的其他项目。

专项扣除、专项附加扣除和依法确定的其他扣除，以居民个人一个纳税年度的应纳税所得额为限额；一个纳税年度扣除不完的，不能结转以后年度扣除。

二、非居民个人综合所得应纳税所得额的确定

非居民个人的工资、薪金所得，以每月收入额减除费用 5 000 元后的余额为应纳税所得额。

非居民个人的劳务报酬所得、稿酬所得、特许权使用费所得，以每次收入额为应纳税所得额。劳务报酬所得、稿酬所得、特许权使用费所得，属于一次性收入的，以取得该项收入为一次；属于同一项目连续性收入的，以一个月内取得的收入为一次。

三、经营所得应纳税所得额的确定

经营所得，以每一纳税年度的收入总额减除成本、费用以及损失后的余额，为应纳税所得额。

成本、费用，是指生产、经营活动中发生的各项直接支出和分配计入成本的间接费用以及销售费用、管理费用、财务费用；损失，是指生产、经营活动中发生的固定资产和存货的盘亏、毁损、报废损失，转让财产损失，坏账损失，自然灾害等不可抗力因素造成的损失以及其他损失。

取得经营所得的个人，没有综合所得的，计算其每一纳税年度的应纳税所得额时，应当减除费用 60 000 元、专项扣除、专项附加扣除以及依法确定的其他扣除。专项附加扣除在办理汇算清缴时减除。

从事生产、经营活动，未提供完整、准确的纳税资料，不能正确计算应纳税所得额的，由主管税务机关核定应纳税所得额或者应纳税额。

四、财产租赁所得应纳税所得额的确定

财产租赁所得，每次收入不超过 4 000 元的，减除费用 800 元；每次收入超过 4 000 元的，减除 20% 的费用，其余额为应纳税所得额。财产租赁所得，以一个月内取得的收入为一次。

五、财产转让所得应纳税所得额的确定

财产转让所得，以一次转让财产的收入额减除财产原值和合理费用后的余额，为应纳税所得额。

上述所称财产原值，按照下列方法确定：

(1) 有价证券，为买入价以及买入时按照规定缴纳的有关费用。

(2) 建筑物，为建造费或者购进价格以及其他有关费用。

(3) 土地使用权，为取得土地使用权所支付的金额、开发土地的费用以及其他有关费用。

(4) 机器设备、车船，为购进价格、运输费、安装费以及其他有关费用。

其他财产，参照前款规定的方法确定财产原值。

纳税人未提供完整、准确的财产原值凭证，不能按照上述规定的方法确定财产原值的，由主管税务机关核定财产原值。

上述所称合理费用，是指卖出财产时按照规定支付的有关税费。

六、利息、股息、红利所得应纳税所得额的确定

利息、股息、红利所得，以每次收入额为应纳税所得额，不得扣除费用。利息、股息、红利所得，以支付利息、股息、红利时取得的收入为一次。

七、偶然所得应纳税所得额的确定

偶然所得，以每次收入额为应纳税所得额，不得扣除费用。偶然所得，以每次取得该项收入为一次。

两个以上的个人共同取得同一项目收入的，应当对每个人取得的收入分别按照《个人所得税法》的规定计算纳税。

八、应纳税所得额的其他规定

(1) 个人将其所得对教育、扶贫、济困等公益慈善事业进行捐赠，捐赠额未超过纳税人申报的应纳税所得额 30% 的部分，可以从其应纳税所得额中扣除；国务院规定对公益慈善事业捐赠实行全额税前扣除的，从其规定。

(2) 居民个人从中国境外取得的所得，可以从其应纳税额中抵免已在境外缴纳的个人所得税税额，但抵免不得超过该纳税人境外所得依照税法规定计算的应纳税额。

(3) 对个人从事技术转让、提供劳务等过程中所支付的中介费，如能提供有效、合法凭证的，允许从其所得中扣除。

任务三　个人所得税应纳税额的计算

一、居民个人综合所得个人所得税的每月预扣预缴计算

扣缴义务人向居民个人支付工资、薪金所得，劳务报酬所得，稿酬所得和特许权使用费所得时，按规定的方法预扣预缴个人所得税，并向主管税务机关报送《个人所得税扣缴申报表》。

（一）居民个人工资、薪金所得的累计预扣法

扣缴义务人向居民个人支付工资、薪金所得时，应当按照累计预扣法计算预扣税款，并按月办理全员全额扣缴申报。

累计预扣法是指扣缴义务人在一个纳税年度内预扣预缴税款时，以纳税人在本单位截至当前月份工资、薪金所得累计收入减除累计免税收入、累计减除费用、累计专项扣除、累计专项附加扣除和累计依法确定的其他扣除后的余额为累计预扣预缴应纳税所得额，适用个人所得税预扣率表 7-2，计算累计应预扣预缴税额，再减除累计减免税额和累计已预扣预缴税额，其余额为本期应预扣预缴税额。余额为负值时，暂不退税。纳税年度终了后余额仍为负值时，由纳税人通过办理综合所得年度汇算清缴，税款多退少补。

其计算公式为

本期应预扣预缴税额 =（累计预扣预缴应纳税所得额 × 预扣率 - 速算扣除数）-
累计减免税额 - 累计已预扣预缴税额

累计预扣预缴应纳税所得额 = 累计收入 - 累计免税收入 - 累计基本减除费用 -
累计专项扣除 - 累计专项附加扣除 -
累计依法确定的其他扣除

式中：累计基本减除费用，按照 5 000 元 / 月乘以纳税人当年截至本月在本单位的任职受雇月份数计算。

【例 7-5】　在某电信企业上班的王某，2023 年每月应发工资均为 30 000 元，每月减除费用 5 000 元，"三险一金"等专项扣除为 4 500 元，享受专项附加扣除共计 2 000 元。假设没有减免收入及减免税额等情况，计算前 3 个月各月应预扣预缴税额和全年预扣预缴税额。

【解析】

1 月：(30 000 - 5 000 - 4 500 - 2 000) × 3% = 555 元

2 月：(30 000 × 2 - 5 000 × 2 - 4 500 × 2 - 2 000 × 2) × 10% - 2 520 - 555 = 625 元

3 月：(30 000 × 3 - 5 000 × 3 - 4 500 × 3 - 2 000 × 3) × 10% - 2 520 - 555 - 625 = 1 850 元

4—12 月：原理同上，略。

全年累计预扣预缴税额 = (30 000 × 12 - 5 000 × 12 - 4 500 × 12 - 2 000 × 12) × 20% -

$$16\,920 = 27\,480\ 元$$

(二)劳务报酬所得的预扣预缴法

扣缴义务人向居民个人支付劳务报酬所得、稿酬所得、特许权使用费所得，按次或者按月预扣预缴个人所得税。

其计算公式为

劳务报酬所得预扣预缴税额 = 预扣预缴应纳税所得额 × 超额累进预扣率 − 速算扣除数

其中，劳务报酬所得预扣预缴税额分为下面两种情况。

(1) 每次收入不超过 4 000 元的劳务报酬所得。

劳务报酬所得预扣预缴税额 = 预扣预缴应纳税所得额 × 超额累进预扣率 − 速算扣除数
= (每次收入 − 800) × 超额累进预扣率 − 速算扣除数

(2) 每次收入在 4 000 元以上的劳务报酬所得。

劳务报酬所得预扣预缴税额 = 预扣预缴应纳税所得额 × 超额累进预扣率 − 速算扣除数
= 每次收入 × (1 − 20%) × 超额累进预扣率 − 速算扣除数

居民个人的劳务报酬所得预扣预缴率适用 20% ～ 40% 的超额累进税率，见表 7 − 3。

【例 7-6】 假如王某本月取得校外培训费 30 000 元，计算应预扣预缴税额。

【解析】

应纳税所得额 = 收入 × (1 − 20%) = 30 000 × (1 − 20%) = 24 000 元

应预扣预缴税额 = 24 000 × 30% − 2 000 = 5 200 元

(三)稿酬所得的预扣预缴法

稿酬所得的预扣预缴税额的计算公式为

预扣预缴税额 = 预扣预缴应纳税所得额 × 比例预扣率 20%

其中，稿酬所得应预扣预缴税额分为下面两种情况。

(1) 每次收入不超过 4 000 元的稿酬所得。

稿酬所得预扣预缴税额 = 预扣预缴应纳税所得额 × 比例预扣率 (20%)
= (每次收入 − 800) × 70% × 比例预扣率 (20%)

(2) 每次收入在 4 000 元以上的稿酬所得。

稿酬所得预扣预缴税额 = 预扣预缴应纳税所得额 × 比例预扣率 (20%)
= 每次收入 × (1 − 20%) × 70% × 比例预扣率 (20%)

【例 7-7】 假如王某本月取得稿酬报酬所得 20 000 元，计算应预扣预缴税额。

【解析】

应纳税所得额 = 收入 × (1 − 20%) × 70% = 20 000 × (1 − 20%) × 70% = 11 200 元

应预扣预缴税额 = 11 200 × 20% = 2 240 元

(四)特许权使用费所得的预扣预缴法

特许权使用费所得的预扣预缴税额的计算公式为

预扣预缴税额 = 预扣预缴应纳税所得额 × 比例预扣率 (20%)

其中，特许权使用费所得应预扣预缴税额分为以下两种情况。

(1) 每次收入不超过 4 000 元的特许权使用费所得。

$$特许权使用费所得应预扣预缴税额 = 预扣预缴应纳税所得额 \times 比例预扣率 (20\%)$$
$$= (每次收入 - 800) \times 比例预扣率 (20\%)$$

(2) 每次收入在 4 000 元以上的特许权使用费所得。

$$特许权使用费所得应预扣预缴税额 = 预扣预缴应纳税所得额 \times 比例预扣率 (20\%)$$
$$= 每次收入 \times (1 - 20\%) \times 比例预扣率 (20\%)$$

【例 7-8】 假如王某本月取得特许权使用费所得 20 000 元，计算应预扣预缴税额。

【解析】

$$应纳税所得额 = 收入 \times (1 - 20\%) = 20\,000 \times (1 - 20\%) = 16\,000 \text{ 元}$$
$$应预扣预缴税额 = 16\,000 \times 20\% = 3\,200 \text{ 元}$$

二、居民个人综合所得个人所得税年终汇算清缴的计算

居民个人的综合所得 (包括工资、薪金所得，劳务报酬所得，稿酬所得，特许权使用费所得)，以每一纳税年度的收入额减除费用 60 000 元以及专项扣除、专项附加扣除和依法确定的其他扣除后的余额，为应纳税所得额。综合所得应纳税额适用个人所得税税率表7-4，其应纳税额的计算公式为

$$应纳税所得额 = 年度综合收入额 - 60\,000 - 专项扣除额 - 专项附加扣除额 - 其他扣除额$$
$$应纳税额 = 应纳税所得额 \times 个人所得税税率 - 速算扣除数$$

公式中的各项目为

(1) 年度综合收入额。其计算公式为

$$年度综合收入额 = 工资、薪金收入 + 劳务报酬所得 \times (1 - 20\%) + 稿酬所得 \times$$
$$(1 - 20\%) \times 70\% + 特许权使用费所得 \times (1 - 20\%)$$

(2) 专项扣除额。其计算公式为

$$专项扣除额 = 基本养老保险 + 基本医疗保险 + 失业保险 + 住房公积金$$
$$= 三险一金$$

(3) 专项附加扣除额。其计算公式为

$$专项附加扣除额 = 子女教育支出 + 继续教育支出 + 大病医疗支出 + 住房贷款利息$$
$$(或住房租金)支出 + 赡养老人支出 + 3 岁以下婴幼儿照护支出$$

(4) 其他扣除额。其包括个人缴付符合国家规定的企业年金、职业年金，个人购买符合国家规定的商业健康保险、税收递延型商业养老保险的支出，以及国务院规定可以扣除的其他项目。

纳税提示

劳务报酬所得、稿酬所得、特许权使用费所得预扣预缴和汇算清缴的差异性：

（1）收入额的计算方法不同：年度汇算清缴时，收入额为收入减除20%的费用后的余额（稿酬收入额减按70%计算）；预扣预缴时收入额为每次收入减除费用后的余额，其中，"收入不超过4 000元的，费用按800元计算；每次收入在4 000元以上的，费用按20%计算"。

（2）适用的税率／预扣率不同：年度汇算清缴时，并入综合所得适用3%～45%的超额累进税率；预扣预缴时，劳务报酬所得适用个人所得税预扣率表二（表7-3），稿酬所得、特许权使用费所得适用20%的比例预扣率。

（3）可扣除的项目不同：居民个人的上述三项所得和工资、薪金所得属于综合所得，年度汇算清缴时以四项所得的合计收入额减除费用60 000元以及专项扣除、专项附加扣除和依法确定的其他扣除后的余额，为应纳税所得额。而根据个人所得税法及实施条例规定，上述三项所得日常预扣预缴税款时暂不减除上述扣除。

【例7-9】　接例7-8，王某2023年收入情况如下：全年工资、薪金收入360 000元，"三险一金"等专项扣除为4 500元／月，全年享受专项附加扣除共计24 000元，全年取得劳务报酬收入30 000万元，稿酬收入20 000元，特许权使用费收入20 000元。不考虑其他因素，请计算王某汇算清缴多退少补的个人所得税税额。

【解析】

（1）全年收入额＝36＋3×（1－20%）＋2×（1－20%）×70%＋2×（1－20%）＝41.12万元

（2）全年减除费用6万元，则

专项扣除＝0.45×12＝5.4万元

专项附加扣除＝2.4万元

扣除项合计＝6＋5.4＋2.4＝13.8万元

（3）应纳税所得额＝41.12－13.8＝27.32万元

（4）全年应纳个人所得税额＝273 200×20%－16 920＝37 720元

（5）汇算清缴应补交税额＝37 720－27 480－5 200－2 240－3 200＝－400元

所以汇算清缴时应该退税400元。

三、非居民个人综合所得个人所得税的计算

非居民个人取得工资、薪金所得，劳务报酬所得，稿酬所得和特许权使用费所得，有扣缴义务人的，由扣缴义务人代扣代缴税款，不办理汇算清缴。

扣缴义务人向非居民个人支付工资、薪金所得，劳务报酬所得，稿酬所得和特许权使用费所得时，应当按以下方法按月或者按次代扣代缴个人所得税，适用个人所得税税率，见表7-6。

（1）工资、薪金所得应纳税额＝（每月收入额－5 000元／月）×税率－速算扣除数

（2）劳务报酬所得、稿酬所得、特许权使用费所得，以每次收入额为应纳税所得额，其中：

① 劳务报酬所得应纳税额＝收入×（1－20%）×税率－速算扣除数

② 稿酬所得应纳税额＝收入×（1－20%）×70%×税率－速算扣除数

③ 特许权使用费所得应纳税额＝收入×（1－20%）×税率－速算扣除数

【例 7-10】 非居民个人汤姆取得劳务报酬所得 20 000 元，计算支付单位为其代扣代缴的个人所得税。

【解析】

应扣缴税额 = (20 000 − 20 000 × 20%) × 20% − 1 410 = 1 790 元

【例 7-11】 非居民个人汤姆取得稿酬所得 10 000 元，计算支付单位为其代扣代缴的个人所得税。

【解析】

应扣缴税额 (10 000 − 10 000 × 20%) × 70% × 10% − 210 = 350 元

四、经营所得应纳税额的计算

经营所得，以每一纳税年度的收入总额减除成本、费用以及损失后的余额，为应纳税所得额。经营所得应纳税额的计算适用个人所得税税率，见表 7-5。

其应纳税额的计算公式为

$$应纳税所得额 = 全年收入总额 − 成本、费用以及损失$$
$$应纳税额 = 应纳税所得额适用税率 − 速算扣除数$$

【例 7-12】 某美容院为个体工商户，账证健全，2023 年 12 月取得营业收入 210 000 元，购进护肤产品、美容器材等花费 130 000 元，本月缴纳电费、水费、房租等 16 000 元，缴纳其他税费合计 5 000 元，当月支付给 3 名雇员工资共 8 000 元，业主个人费用扣除标准为 5 000 元，假设无其他扣除项目。1—11 月累计应纳税所得额 60 000 元，1—11 月累计已预缴个人所得税 7 000 元。计算该美容院 12 月份应缴纳的个人所得税。

【解析】

12 月份应纳税所得额 = 210 000 − 130 000 − 16 000 − 5 000 − 8 000 − 5 000 = 46 000 元
全年累计应纳税所得额 = 46 000 + 60 000 = 106 000 元
全年应纳个人所得税 = 106 000 × 20% − 10 500 = 10 700 元
12 月份应缴纳的个人所得税 = 10 700 − 7000 = 3 700 元

五、财产租赁所得应纳税额的计算

财产租赁所得适用 20% 的比例税率。其应纳税所得额为个人每次取得的收入，减除规定费用后的余额，每次收入不超过 4 000 元，减除费用 800 元；每次收入超过 4 000 元的，减除 20% 的费用。财产租赁所得以 1 个月内取得的收入为一次。

其应纳税额的计算公式为

$$应纳税额 = 应纳税所得额 × 适用税率$$

在确定财产租赁的应纳税所得额时，纳税人在出租财产过程中缴纳的税金和教育费附加，可持完税 (缴款) 凭证，从其财产租赁收入中扣除。准予扣除的项目除了规定费用和有关税费外，还准予扣除能够提供有效、准确的凭证，证明由纳税义务人负担的该出租财产实际开支的修缮费用。允许扣除的修缮费用以每次 800 元为限。一次扣除不完的，准予下次继续扣除，直至扣完为止。

个人出租财产取得的财产租赁收入，在计算缴纳个人所得税时，应依次扣除以下费用：

(1) 财产租赁过程中缴纳的税费。

(2) 由纳税人负担的该出租财产实际开支的修缮费用。

(3) 税法规定的费用扣除标准。

实际计算应纳税所得额时，可按以下公式计算：

① 每次 (月) 收入不足 4 000 元的：

应纳税额 = [每次 (月) 收入额 − 财产租赁过程中缴纳的税费 − 由纳税人负担的租赁财产实际开支的修缮费用 (800 元为限) − 800 元] × 20%

② 每次 (月) 收入在 4 000 元以上的：

应纳税额 = [每次 (月) 收入额 − 财产租赁过程中缴纳的税费 − 由纳税人负担的租赁财产实际开支的修缮费用 (800 元为限)] × (1 − 20%) × 20%

纳税提示

财产租赁所得适用 20% 的比例税率，但对个人按市场价格出租的居民住房取得的所得，按 10% 的税率征收个人所得税。

【例 7-13】 王某于 2023 年 1 月将其自有住房按市场价格出租给吴某居住。王某每月取得租金收入 5 500 元，全年租金收入 66 000 元。假设不考虑其他税费，请计算王某全年租金收入应缴纳的个人所得税。

【解析】

每月应纳税额 = 5 500 × (1 − 20%) × 10% = 440 元

全年应纳税额 = 440 × 12 = 5 280 元

【例 7-14】 假定例 7 − 13 中，当年 3 月因房顶漏水找人修理，发生修理费用 900 元，有维修部门的正式收据。计算 3 月和 4 月的应纳税额。

【解析】

3 月应纳税额 = (5 500 − 800) × (1 − 20%) × 10% = 376 元

4 月应纳税额 = (5 500 − 100) × (1 − 20%) × 10% = 432 元

六、财产转让所得应纳税额的计算

财产转让所得，以转让财产的收入额减除财产原值和合理费用后的余额为应纳税所得额。其应纳税额的计算公式为

$$应纳税额 = 应纳税所得额 × 适用税率$$

$$= (收入总额 − 财产原值 − 合理费用) × 20\%$$

【例 7-15】 2023 年 11 月，林某将一套三年前购入的普通住房出售，取得收入 160 万

元，原值 120 万元，售房中发生合理费用 0.5 万元。已知财产转让所得个人所得税税率为 20%，计算林某出售该住房应缴纳的个人所得税税额。

【解析】

应纳税额 = (160 - 120 - 0.5) × 20% = 7.9 万元

七、利息、股息、红利所得应纳税额的计算

利息、股息、红利所得以每次收入额为应纳税所得额，适用 20% 的比例税率，并且其所得收入不允许扣除任何费用。

其应纳税额的计算公式为

$$应纳税额 = 应纳税所得额（每次收入）× 20\%$$

纳税提示

上市公司股息、红利差别化个人所得税政策：

(1) 持股期限在 1 个月以内（含 1 个月）的全额计税。

(2) 持股期限在 1 个月以上至 1 年（含 1 年）的暂减按 50% 计税。

(3) 持股期限超过 1 年的暂免征收。

【例 7-16】 赵红 2023 年全年利息收入为 8 000 元。计算赵红应缴纳的个人所得税税额。

【解析】

应纳税额 = 8 000 × 20% = 1 600 元

八、偶然所得应纳税额的计算

偶然所得以每次收入额为应纳税所得额，适用 20% 的比例税率，并且其所得收入不允许扣除任何费用。

其应纳税额的计算公式为

$$应纳税额 = 应纳税所得额（每次收入）× 20\%$$

纳税提示

(1) 个人取得单张有奖发票奖金所得不超过 800 元（含 800 元）的，暂免征收；单张有奖发票奖金所得超过 800 元的全额征税。

(2) 对个人购买福利彩票、体育彩票，一次中奖收入在 1 万元以下的（含 1 万元），暂免征收个人所得税；超过 1 万元的，全额征收个人所得税。

【例 7-17】 陈某 2023 年 2 月购买福利彩票，取得一次中奖收入 20 000 元，购买彩票支出 600 元。已知偶然所得个人所得税税率为 20%，计算陈某中奖收入应缴纳个人所得税

的税额。

【解析】

应纳税额 = 20 000 × 20% = 4 000 元

任务四　个人所得税的税收优惠

案例导入

王某为一家企业的董事会成员，本月取得工资收入 10 000 元，因投保财产遭受损失，取得保险赔款 8 000 元。另外，王某本月还取得国库券利息收入 680 元，企业债券利息收入 350 元。王某的这些收入哪些可免征个人所得税？

一、免征个人所得税的优惠

下列各项个人所得，免征个人所得税：

(1) 省级人民政府、国务院部委和中国人民解放军军以上单位，以及外国组织、国际组织颁发的科学、教育、技术、文化、卫生、体育、环境保护等方面的奖金。

(2) 国债利息和国家发行的金融债券利息。

(3) 按照国家统一规定发放的补贴、津贴。

(4) 福利费、抚恤金、救济金。

(5) 保险赔款。

(6) 军人的转业费、复员费、退役金。

(7) 按照国家统一规定发给干部、职工的安家费、退职费、基本养老金或者退休费、离休费、离休生活补助费。

(8) 依照有关法律规定应予免税的各国驻华使馆、领事馆的外交代表、领事官员和其他人员的所得。

(9) 中国政府参加的国际公约、签订的协议中规定免税的所得。

(10) 国务院规定的其他免税所得，这项由国务院报全国人民代表大会常务委员会备案。

【例 7-18】（单选题）2023 年 9 月退休职工张某取得的下列收入中，免征个人所得税的是（　　）。

A. 退休金 4 000 元

B. 出租店铺取得租金 6 000 元

C. 发表一篇论文取得稿酬 1 000 元

D. 提供技术咨询取得的一次性报酬 2 000 元

【答案与解析】

答案为 A。退休金属于免税项目。

【例 7-19】（多选题）根据个人所得税法律制度的规定，下列各项中，免征个人所得税的有（　　　）。

A. 退休人员再任职收入

B. 省级人民政府颁发的教育方面的奖金

C. 按国家统一规定发给职工的退休金

D. 按国务院规定发给的政府特殊津贴

【答案与解析】

答案为 BCD。选项 A，退休人员再任职收入按照《个人所得税法》规定的"工资、薪金"项目缴纳个人所得税。

二、减征个人所得税的优惠

有下列情形之一的，可以减征个人所得税，具体幅度和期限，由省、自治区、直辖市人民政府规定，并报同级人民代表大会常务委员会备案：

(1) 残疾、孤老人员和烈属的所得。

(2) 因严重自然灾害遭受重大损失的。

国务院可以规定其他减税情形，报全国人民代表大会常务委员会备案。

三、其他税收优惠项目

(1) 下列所得，暂免征收个人所得税。

① 外籍个人以非现金形式或实报实销形式取得的住房补贴、伙食补贴、搬迁费、洗衣费。

② 外籍个人按合理标准取得的境内、外出差补贴。

③ 外籍个人取得的探亲费、语言训练费、子女教育费等，经当地税务机关审核批准为合理的部分。

④ 外籍个人从外商投资企业取得的股息、红利所得。

⑤ 凡符合下列条件之一的外籍专家取得的工资、薪金所得可免征个人所得税：

a. 根据世界银行专项贷款协议由世界银行直接派往我国工作的外国专家。

b. 联合国组织直接派往我国工作的专家。

c. 为联合国援助项目来华工作的专家。

d. 援助国派往我国专为该国无偿援助项目工作的专家。

e. 根据两国政府签订文化交流项目来华工作 2 年以内的文教专家，其工资、薪金所得由该国负担的。

f. 根据我国大专院校国际交流项目来华工作 2 年以内的文教专家，其工资、薪金所得由该国负担的。

g. 通过民间科研协定来华工作的专家，其工资、薪金所得由该国政府机构负担的。

自 2022 年 1 月 1 日起，外籍个人符合居民个人条件的，不再享受住房补贴、语言训练费、子女教育费津补贴免税优惠政策，应按规定享受专项附加扣除。

(2) 对个人在上海证券交易所、深圳证券交易所转让从上市公司公开发行和转让市场取得的上市公司股票所得，继续免征个人所得税。

(3) 自 2018 年 11 月 1 日起，对个人转让全国中小企业股份转让系统（新三板）挂牌公司非原始股取得的所得，暂免征收个人所得税。非原始股是指个人在新三板挂牌公司挂牌后取得的股票，以及由上述股票滋生的送、转股。

(4) 个人举报、协查各种违法、犯罪行为而获得的奖金暂免征收个人所得税。

(5) 个人办理代扣代缴手续，按规定取得的扣缴手续费暂免征收个人所得税。

(6) 个人转让自用在 5 年以上，并且是唯一的家庭生活用房取得的所得，暂免征收个人所得税。

(7) 对个人购买福利彩票、体育彩票，一次中奖收入在 1 万元以下（含 1 万元）的暂免征收个人所得税；超过 1 万元的，全额征收个人所得税。

(8) 个人取得单张有奖发票奖金所得不超过 800 元（含 800 元）的，暂免征收个人所得税。

(9) 达到离休、退休年龄，但确因工作需要，适当延长离休、退休年龄的高级专家（指享受国家发放的政府特殊津贴的专家、学者），其在延长离休、退休期间的工资、薪金所得，视同离休、退休金，免征个人所得税。

(10) 个人领取原提存的住房公积金、基本医疗保险金、基本养老保险金，以及失业保险金，免予征收个人所得税。

(11) 对工伤职工及其近亲属按照《工伤保险条例》规定取得的工伤保险待遇，免征个人所得税。

(12) 企事业单位按照国家或省（自治区、直辖市）人民政府规定的缴费比例或办法实际缴付的基本养老保险费、基本医疗保险费和失业保险费，免征个人所得税；个人按照国家或省（自治区、直辖市）人民政府规定的缴费比例或办法实际缴付的基本养老保险费、基本医疗保险费和失业保险费，允许在个人应纳税所得额中扣除。

(13) 企业和事业单位根据国家有关政策规定的办法和标准，为在本单位任职或者受雇的全体职工缴付的企业年金或职业年金单位缴费部分，在计入个人账户时，个人暂不缴纳个人所得税。

个人根据国家有关政策规定缴付的年金个人缴费部分，在不超过本人缴费工资计税基数的 4% 标准内的部分，暂从个人当期的应纳税所得额中扣除。

年金基金投资运营收益分配计入个人账户时，个人暂不缴纳个人所得税。

(14) 企业依照国家有关法律规定宣告破产，企业职工从该破产企业取得的一次性安置费收入，免征个人所得税。

(15) 自 2008 年 10 月 9 日起，对储蓄存款利息所得暂免征收个人所得税。

(16) 自 2015 年 9 月 8 日起，个人从公开发行和转让市场取得的上市公司股票，持股期限超过 1 年的，股息、红利所得暂免征收个人所得税。

(17) 自 2019 年 7 月 1 日至 2024 年 6 月 30 日，个人持有全国中小企业股份转让系统挂牌公司的股票，持股期限超过 1 年的，对股息、红利所得暂免征收个人所得税。

(18) 对被拆迁人按照国家有关城镇房屋拆迁管理办法规定的标准取得的拆迁补偿款免征个人所得税。

(19) 以下情形的房屋产权无偿赠与的，对当事人双方不征收个人所得税：

① 房屋产权所有人将房屋产权无偿赠与配偶、父母、子女、祖父母、外祖父母、孙子女、外孙子女、兄弟姐妹。

② 房屋产权所有人将房屋产权无偿赠与对其承担直接抚养或者赡养义务的抚养人或者赡养人。

③ 房屋产权所有人死亡，依法取得房屋产权的法定继承人、遗嘱继承人或者受遗赠人。

(20) 个体工商户、个人独资企业和合伙企业或个人从事种植业、养殖业、饲养业、捕捞业取得的所得，暂不征收个人所得税。

(21) 企业在销售商品 (产品) 和提供服务过程中向个人赠送礼品，属于下列情形之一的，不征收个人所得税：

① 企业通过价格折扣、折让方式向个人销售商品 (产品) 和提供服务。

② 企业在向个人销售商品 (产品) 和提供服务的同时给予赠品，如通信企业对个人购买手机赠话费、入网费，或者购话费赠手机等。

③ 企业对累积消费达到一定额度的个人按消费积分反馈礼品。

(22) 自 2022 年 1 月 1 日起，对法律援助人员按照《中华人民共和国法律援助法》规定获得的法律援助补贴，免征个人所得税。

任务五　个人所得税的征收管理

一、个人所得税的纳税申报

(一) 个人所得税的扣缴申报

个人所得税以所得人为纳税人，以支付所得的单位或者个人为扣缴义务人。扣缴义务人向个人支付应税款项时，应当依照《个人所得税法》的规定预扣或代扣税款，按时缴库，并专项记载备查。支付，包括现金支付、汇拨支付、转账支付和以有价证券、实物以及其他形式的支付。

税务机关对扣缴义务人按照所扣缴的税款，付给 2% 的手续费。

扣缴义务人应当按照国家规定办理全员全额扣缴申报，并向纳税人提供其个人所得和已扣缴税款等信息。全员全额扣缴申报，是指扣缴义务人在代扣税款的次月 15 日内，向主管税务机关报送其支付所得的所有个人的有关信息、支付所得数额、扣除事项和数额、扣缴税款的具体数额和总额，以及其他相关涉税信息资料。

(二)纳税人办理纳税申报的情形

有下列情形之一的，纳税人应当依法办理纳税申报：

(1) 取得综合所得需要办理汇算清缴。

需要办理汇算清缴的情形包括：

① 从两处以上取得综合所得，且综合所得年收入额减去专项扣除的余额超过 6 万元。

② 取得劳务报酬所得、稿酬所得、特许权使用费所得中一项或者多项所得，且综合所得年收入额减去专项扣除的余额超过 6 万元。

③ 纳税年度内预缴税额低于应纳税额的。

④ 纳税人申请退税。纳税人申请退税，应当提供其在中国境内开设的银行账户，并在汇算清缴地就地办理税款退库。

(2) 取得应税所得没有扣缴义务人。

(3) 取得应税所得，扣缴义务人未扣缴税款。

(4) 取得境外所得。

(5) 因移居境外注销中国户籍。

(6) 非居民个人在中国境内从两处以上取得工资、薪金所得。

(7) 国务院规定的其他情形。

纳税人可以委托扣缴义务人或者其他单位和个人办理汇算清缴。

(三)专项附加扣除信息的提供及减除

居民个人取得工资、薪金所得时，可以向扣缴义务人提供专项附加扣除有关信息，由扣缴义务人扣缴税款时减除专项附加扣除。纳税人同时从两处以上取得工资、薪金所得，并由扣缴义务人减除专项附加扣除的，对同一专项附加扣除项目，在 1 个纳税年度内只能选择从一处取得的所得中减除。

居民个人取得劳务报酬所得、稿酬所得、特许权使用费所得，应当在汇算清缴时向税务机关提供有关信息，减除专项附加扣除。

纳税人、扣缴义务人应当按照规定保存与专项附加扣除相关的资料。税务机关可以对纳税人提供的专项附加扣除信息进行抽查，具体办法由国务院税务主管部门另行规定。税务机关发现纳税人提供虚假信息的，应当责令改正并通知扣缴义务人；情节严重的，有关部门应当依法予以处理，纳入信用信息系统并实施联合惩戒。

(四)修正申报与退税

纳税人发现扣缴义务人提供或者扣缴申报的个人信息、所得、扣缴税款等与实际情况不符的，有权要求扣缴义务人修改。扣缴义务人拒绝修改的，纳税人应当报告税务机关，税务机关应当及时处理。

纳税人申请退税时提供的汇算清缴信息有错误的，税务机关应当告知其更正；纳税人更正的，税务机关应当及时办理退税。扣缴义务人未将扣缴的税款解缴入库的，不影响纳税人按照规定申请退税，税务机关应当凭纳税人提供的有关资料办理退税。

二、个人所得税的纳税期限

（一）居民个人的纳税期限

（1）居民个人取得综合所得，按年计算个人所得税；有扣缴义务人的，由扣缴义务人按月或者按次预扣预缴税款；需要办理汇算清缴的，应当在取得所得的次年 3 月 1 日至 6 月 30 日内办理汇算清缴。

（2）居民个人从中国境外取得所得的，应当在取得所得的次年 3 月 1 日至 6 月 30 日内申报纳税。

（二）非居民个人的纳税期限

（1）非居民个人取得工资、薪金所得，劳务报酬所得，稿酬所得和特许权使用费所得，有扣缴义务人的，由扣缴义务人按月或者按次代扣代缴税款，不办理汇算清缴。

（2）非居民个人在中国境内从两处以上取得工资、薪金所得的，应当在取得所得的次月 15 日内申报纳税。

（三）扣缴义务人的纳税期限

扣缴义务人每月或者每次预扣、代扣的税款，应当在次月 15 日内缴入国库，并向税务机关报送《个人所得税扣缴申报表》。

（四）其他情形的纳税期限

（1）纳税人取得经营所得，按年计算个人所得税，由纳税人在月度或者季度终了后 15 日内向税务机关报送纳税申报表，并预缴税款；在取得所得的次年 3 月 31 日前办理汇算清缴。

（2）纳税人取得利息、股息、红利所得，财产租赁所得，财产转让所得和偶然所得，按月或者按次计算个人所得税，有扣缴义务人的，由扣缴义务人按月或者按次代扣代缴税款。

（3）纳税人取得应税所得没有扣缴义务人的，应当在取得所得的次月 15 日内向税务机关报送纳税申报表，并缴纳税款。

（4）纳税人取得应税所得，扣缴义务人未扣缴税款的，纳税人应当在取得所得的次年 6 月 30 日前缴纳税款；税务机关通知限期缴纳的，纳税人应当按照期限缴纳税款。

（5）纳税人因移居境外注销中国户籍的，应当在注销中国户籍前办理税款清算。

任务六　个人所得税的纳税申报

一、个人所得税年度自行纳税申报

个人所得税年度自行纳税申报表（A 表）格式见表 7-7。

表 7-7 个人所得税年度自行纳税申报表（A 表）

（仅取得境内综合所得年度汇算适用）

税款所属期：　　年　　月　　日至　　　年　　月　　日

纳税人姓名：

纳税人识别号：□□□□□□□□□□□□□□□□□ - □□　　　　金额单位：人民币元（列至角分）

基 本 情 况			
手机号码		电子邮箱	邮政编码 □□□□□□
联系地址	_____省（区、市）_____市_____区（县）_街道（乡、镇）_____		
纳税地点（单选）			
1. 有任职受雇单位的，需选本项并填写"任职受雇单位信息"：			□任职受雇单位所在地
任职受雇 单位信息	名称		
	纳税人识别号	□□□□□□□□□□□□□□□□□□	
2. 没有任职受雇单位的，可以从本栏次选择一地：			□ 户籍所在地　　□ 经常居住地 □ 主要收入来源地
户籍所在地 / 经常居住地 / 主要收入来源地	_____省（区、市）_____市_____区（县）_____街道（乡、镇）		
申报类型（单选）			
□ 首次申报　　　　　　□ 更正申报			

综合所得个人所得税计算		
项　　目	行次	金额
一、收入合计（第 1 行 = 第 2 行 + 第 3 行 + 第 4 行 + 第 5 行）	1	
（一）工资、薪金	2	
（二）劳务报酬	3	
（三）稿酬	4	
（四）特许权使用费	5	
二、费用合计 [第 6 行 =（第 3 行 + 第 4 行 + 第 5 行）× 20%]	6	
三、免税收入合计（第 7 行 = 第 8 行 + 第 9 行）	7	
（一）稿酬所得免税部分 [第 8 行 = 第 4 行 ×（1 - 20%）× 30%]	8	
（二）其他免税收入（附报《个人所得税减免税事项报告表》）	9	
四、减除费用	10	
五、专项扣除合计（第 11 行 = 第 12 行 + 第 13 行 + 第 14 行 + 第 15 行）	11	
（一）基本养老保险费	12	

续表一

项　目	行次	金额
（二）基本医疗保险费	13	
（三）失业保险费	14	
（四）住房公积金	15	
六、专项附加扣除合计（附报《个人所得税专项附加扣除信息表》） （第16行＝第17行＋第18行＋第19行＋第20行＋第21行＋第22行＋第23行）	16	
（一）子女教育	17	
（二）继续教育	18	
（三）大病医疗	19	
（四）住房贷款利息	20	
（五）住房租金	21	
（六）赡养老人	22	
（七）3岁以下婴幼儿照护	23	
七、其他扣除合计（第24行＝第25行＋第26行＋第27行＋第28行＋第29行＋第30行）	24	
（一）年金	25	
（二）商业健康保险（附报《商业健康保险税前扣除情况明细表》）	26	
（三）税延养老保险（附报《个人税收递延型商业养老保险税前扣除情况明细表》）	27	
（四）允许扣除的税费	28	
（五）个人养老金	29	
（六）其他	30	
八、准予扣除的捐赠额（附报《个人所得税公益慈善事业捐赠扣除明细表》）	31	
九、应纳税所得额 （第32行＝第1行－第6行－第7行－第10行－第11行－第16行－第24行－第31行）	32	
十、税率（%）	33	
十一、速算扣除数	34	
十二、应纳税额（第35行＝第32行×第33行－第34行）	35	
全年一次性奖金个人所得税计算 （无住所居民个人预判为非居民个人取得的数月奖金，选择按全年一次性奖金计税的填写本部分）		
一、全年一次性奖金收入	36	
二、准予扣除的捐赠额（附报《个人所得税公益慈善事业捐赠扣除明细表》）	37	

项　目	行次	金额
三、税率 (%)	38	
四、速算扣除数	39	
五、应纳税额 [第 40 行 = (第 36 行 − 第 37 行) × 第 38 行 − 第 39 行]	40	
税额调整		
一、综合所得收入调整额 (需在 "备注" 栏说明调整具体原因、计算方式等)	41	
二、应纳税额调整额	42	
应补 / 退个人所得税计算		
一、应纳税额合计 (第 43 行 = 第 35 行 + 第 40 行 + 第 42 行)	43	
二、减免税额 (附报《个人所得税减免税事项报告表》)	44	
三、已缴税额	45	
四、应补 / 退税额 (第 46 行 = 第 43 行 − 第 44 行 − 第 45 行)	46	

无住所个人附报信息			
纳税年度内在中国境内居住天数		已在中国境内居住年数	

退税申请
(应补 / 退税额小于 0 的填写本部分)

□ 申请退税 (需填写 "开户银行名称" "开户银行省份" "银行账号")　　□ 放弃退税

开户银行名称		开户银行省份	
银行账号			

备　注

谨声明：本表是根据国家税收法律法规及相关规定填报的，本人对填报内容 (附带资料) 的真实性、可靠性、完整性负责。

纳税人签字：
年　月　日

经办人签字： 经办人身份证件类型： 经办人身份证件号码： 代理机构签章： 代理机构统一社会信用代码：	受理人： 受理税务机关 (章)： 受理日期：　　年　月　日

纳税提示

《个人所得税年度自行纳税申报表》(A表)填表说明
(仅取得境内综合所得年度汇算适用)

一、适用范围

本表适用于居民个人纳税年度内仅从中国境内取得工资薪金所得、劳务报酬所得、稿酬所得、特许权使用费所得(以下称"综合所得"),按照税法规定进行个人所得税综合所得汇算清缴。居民个人纳税年度内取得境外所得的,不适用本表。

二、报送期限

居民个人取得综合所得需要办理汇算清缴的,应当在取得所得的次年3月1日至6月30日内,向主管税务机关办理个人所得税综合所得汇算清缴申报,并报送本表。

三、本表各栏填写

(一)表头项目

1.税款所属期:填写居民个人取得综合所得当年的第1日至最后1日。如:2023年1月1日至2023年12月31日。

2.纳税人姓名:填写居民个人姓名。

3.纳税人识别号:有中国居民身份证号码的,填写中华人民共和国居民身份证上载明的"公民身份号码";没有中国居民身份证号码的,填写税务机关赋予的纳税人识别号。

(二)基本情况

1.手机号码:填写居民个人中国境内的有效手机号码。

2.电子邮箱:填写居民个人有效电子邮箱地址。

3.联系地址:填写居民个人能够接收信件的有效地址。

4.邮政编码:填写居民个人"联系地址"对应的邮政编码。

(三)纳税地点

居民个人根据任职受雇情况,在选项1和选项2之间选择其一,并填写相应信息。若居民个人逾期办理汇算清缴申报被指定主管税务机关的,无须填写本部分。

1.任职受雇单位信息:勾选"任职受雇单位所在地"并填写相关信息。按累计预扣法预扣预缴居民个人劳务报酬所得个人所得税的单位,视同居民个人的任职受雇单位。其中,按累计预扣法预扣预缴个人所得税的劳务报酬包括保险营销员和证券经纪人取得的佣金收入,以及正在接受全日制学历教育的学生实习取得的劳务报酬。

（1）名称：填写任职受雇单位的法定名称全称。

（2）纳税人识别号：填写任职受雇单位的纳税人识别号或者统一社会信用代码。

2. 户籍所在地/经常居住地/主要收入来源地：勾选"户籍所在地"的，填写居民户口簿中登记的住址。勾选"经常居住地"的，填写居民个人申领居住证上登载的居住地址；没有申领居住证的，填写居民个人实际居住地；实际居住地不在中国境内的，填写支付或者实际负担综合所得的境内单位或个人所在地。勾选"主要收入来源地"的，填写居民个人纳税年度内取得的劳务报酬、稿酬及特许权使用费三项所得累计收入最大的扣缴义务人所在地。

（四）申报类型

未曾办理过年度汇算申报，勾选"首次申报"；已办理过年度汇算申报，但有误需要更正的，勾选"更正申报"。

（五）综合所得个人所得税计算

1. 第1行"收入合计"：填写居民个人取得的综合所得收入合计金额。

第1行＝第2行＋第3行＋第4行＋第5行。

2. 第2～5行"工资、薪金""劳务报酬""稿酬""特许权使用费"：填写居民个人取得的需要并入综合所得计税的"工资、薪金""劳务报酬""稿酬""特许权使用费"所得收入金额。

3. 第6行"费用合计"：根据相关行次计算填报。

第6行＝（第3行＋第4行＋第5行）×20%。

4. 第7行"免税收入合计"：填写居民个人取得的符合税法规定的免税收入合计金额。

第7行＝第8行＋第9行。

5. 第8行"稿酬所得免税部分"：根据相关行次计算填报。

第8行＝第4行×（1－20%）×30%。

6. 第9行"其他免税收入"：填写居民个人取得的除第8行以外的符合税法规定的免税收入合计，并按规定附报《个人所得税减免税事项报告表》。

7. 第10行"减除费用"：填写税法规定的减除费用。

8. 第11行"专项扣除合计"：根据相关行次计算填报。

第11行＝第12行＋第13行＋第14行＋第15行。

9. 第12～15行"基本养老保险费""基本医疗保险费""失业保险费""住房公积金"：填写居民个人按规定可以在税前扣除的基本养老保险费、基本医疗保险费、失业保险费、住房公积金全额。

10. 第16行"专项附加扣除合计"：根据相关行次计算填报，并按规定附报《个人所得税专项附加扣除信息表》。

第16行＝第17行＋第18行＋第19行＋第20行＋第21行＋第22行＋第23行。

11. 第 17～23 行"子女教育""继续教育""大病医疗""住房贷款利息""住房租金""赡养老人""3 岁以下婴幼儿照护"：填写居民个人按规定可以在税前扣除的子女教育、继续教育、大病医疗、住房贷款利息、住房租金、赡养老人、3 岁以下婴幼儿照护等专项附加扣除的金额。

12. 第 24 行"其他扣除合计"：根据相关行次计算填报。

第 24 行＝第 25 行＋第 26 行＋第 27 行＋第 28 行＋第 29 行＋第 30 行。

13. 第 25～30 行"年金""商业健康保险""税延养老保险""允许扣除的税费""个人养老金""其他"：填写居民个人按规定可在税前扣除的年金、商业健康保险、税延养老保险、允许扣除的税费、个人养老金和其他扣除项目的金额。其中，填写商业健康保险的，应当按规定附报《商业健康保险税前扣除情况明细表》；填写税延养老保险的，应当按规定附报《个人税收递延型商业养老保险税前扣除情况明细表》。

14. 第 31 行"准予扣除的捐赠额"：填写居民个人按规定准予在税前扣除的公益慈善事业捐赠金额，并按规定附报《个人所得税公益慈善事业捐赠扣除明细表》。

15. 第 32 行"应纳税所得额"：根据相关行次计算填报。

第 32 行＝第 1 行－第 6 行－第 7 行－第 10 行－第 11 行－第 16 行－第 24 行－第 31 行。

16. 第 33、34 行"税率""速算扣除数"：填写按规定适用的税率和速算扣除数。

17. 第 35 行"应纳税额"：按照相关行次计算填报。

第 35 行＝第 32 行×第 33 行－第 34 行。

（六）全年一次性奖金个人所得税计算

无住所居民个人预缴时因预判为非居民个人而按取得数月奖金计算缴税的，汇缴时可以根据自身情况，将一笔数月奖金按照全年一次性奖金单独计算。

1. 第 36 行"全年一次性奖金收入"：填写无住所的居民个人纳税年度内预判为非居民个人时取得的一笔数月奖金收入金额。

2. 第 37 行"准予扣除的捐赠额"：填写无住所的居民个人按规定准予在税前扣除的公益慈善事业捐赠金额，并按规定附报《个人所得税公益慈善事业捐赠扣除明细表》。

3. 第 38、39 行"税率""速算扣除数"：填写按照全年一次性奖金政策规定适用的税率和速算扣除数。

4. 第 40 行"应纳税额"：按照相关行次计算填报。

第 40 行＝（第 36 行－第 37 行）×第 38 行－第 39 行。

（七）税额调整

1. 第 41 行"综合所得收入调整额"：填写居民个人按照税法规定可以办理的除第 41 行之前所填报内容之外的其他可以进行调整的综合所得收入的调整金额，并在"备注"栏说明调整的具体原因、计算方式等信息。

2. 第 42 行"应纳税额调整额"：填写居民个人按照税法规定调整综合所得收入后所应

调整的应纳税额。

（八）应补/退个人所得税计算

1. 第43行"应纳税额合计"：根据相关行次计算填报。

第43行＝第35行＋第40行＋第42行。

2. 第44行"减免税额"：填写符合税法规定的可以减免的税额，并按规定附报《个人所得税减免税事项报告表》。

3. 第45行"已缴税额"：填写居民个人取得在本表中已填报的收入对应的已经缴纳或者被扣缴的个人所得税。

4. 第46行"应补/退税额"：根据相关行次计算填报。

第46行＝第43行－第44行－第45行。

（九）无住所个人附报信息

本部分由无住所居民个人填写。不是，则不填。

1. 纳税年度内在中国境内居住天数：填写纳税年度内，无住所居民个人在中国境内居住的天数。

2. 已在中国境内居住年数：填写无住所居民个人已在中国境内连续居住的年份数。其中，年份数自2019年（含）开始计算且不包含本纳税年度。

（十）退税申请

本部分由应补/退税额小于0且勾选"申请退税"的居民个人填写。

1. "开户银行名称"：填写居民个人在中国境内开立银行账户的银行名称。

2. "开户银行省份"：填写居民个人在中国境内开立的银行账户的开户银行所在省、自治区、直辖市或者计划单列市。

3. "银行账号"：填写居民个人在中国境内开立的银行账户的银行账号。

（十一）备注

填写居民个人认为需要特别说明的或者按照有关规定需要说明的事项。

四、其他事项说明

以纸质方式报送本表的，建议通过计算机填写打印，一式两份，纳税人、税务机关各留存一份。

二、个人所得税扣缴申报

个人所得税扣缴申报表格式见表7-8。

表 7-8　个人所得税扣缴申报表

税款所属期：　　年　月　日至　　年　月　日

扣缴义务人纳税人识别号（统一社会信用代码）：□□□□□□□□□□□□□□□□□□

扣缴义务人名称：

金额单位：人民币元（列至角分）

列号	项目大类	项目
1		序号
2		姓名
3		身份证件类型
4		身份证件号码
5		纳税人识别号
6		是否为非居民个人
7		所得项目
8	本月（次）情况 — 收入额计算	收入
9	本月（次）情况 — 收入额计算	费用
10	本月（次）情况 — 收入额计算	免税收入
11	本月（次）情况 — 收入额计算	减除费用
12	本月（次）情况 — 专项扣除	基本养老保险费
13	本月（次）情况 — 专项扣除	基本医疗保险费
14	本月（次）情况 — 专项扣除	失业保险费
15	本月（次）情况 — 专项扣除	住房公积金
16	本月（次）情况 — 其他扣除	年金
17	本月（次）情况 — 其他扣除	商业健康保险
18	本月（次）情况 — 其他扣除	税延养老保险
19	本月（次）情况 — 其他扣除	允许扣除的财产原值
20	本月（次）情况 — 其他扣除	允许扣除的税费
21	本月（次）情况 — 其他扣除	其他
22	累计情况	累计收入额
23	累计情况	累计减除费用
24	累计情况	累计专项扣除费用
25	累计情况 — 累计专项附加扣除	子女教育
26	累计情况 — 累计专项附加扣除	继续教育
27	累计情况 — 累计专项附加扣除	住房贷款利息
28	累计情况 — 累计专项附加扣除	住房租金
29	累计情况 — 累计专项附加扣除	赡养老人
30	累计情况 — 累计专项附加扣除	3岁以下婴幼儿照护
31	累计情况	累计其他扣除
32	累计情况	减按计税比例
33	累计情况	准予扣除的捐赠额
34	税款计算	应纳税所得额
35	税款计算	税率／预扣率
36	税款计算	速算扣除数
37	税款计算	应纳税额
38	税款计算	减免税额
39	税款计算	已缴税额
40	税款计算	应补／退税额
41		备注

合计

谨声明：本表是根据国家税收法律法规及相关规定填报的，是真实的、可靠的、完整的。

扣缴义务人（签章）：　　　　　　　　　年　月　日

经办人签字：

经办人身份证件号码：

代理机构签章：

代理机构统一社会信用代码：

受理人：

受理税务机关（章）：

受理日期：　　年　月　日

纳税提示

《个人所得税扣缴申报表》填表说明

一、适用范围

本表适用于扣缴义务人向居民个人支付工资、薪金所得，劳务报酬所得，稿酬所得和特许权使用费所得的个人所得税全员全额预扣预缴申报；向非居民个人支付工资、薪金所得，劳务报酬所得，稿酬所得和特许权使用费所得的个人所得税全员全额扣缴申报；以及向纳税人（居民个人和非居民个人）支付利息、股息、红利所得，财产租赁所得，财产转让所得和偶然所得的个人所得税全员全额扣缴申报。

二、报送期限

扣缴义务人应当在每月或者每次预扣、代扣税款的次月 15 日内，将已扣税款缴入国库，并向税务机关报送本表。

三、本表各栏填写

（一）表头项目

1. 税款所属期：填写扣缴义务人预扣、代扣税款当月的第 1 日至最后 1 日。如：2023 年 3 月 20 日发放工资时代扣的税款，税款所属期填写"2023 年 3 月 1 日至 2023 年 3 月 31 日"。

2. 扣缴义务人名称：填写扣缴义务人的法定名称全称。

3. 扣缴义务人纳税人识别号（统一社会信用代码）：填写扣缴义务人的纳税人识别号或者统一社会信用代码。

（二）表内各栏

1. 第 2 列"姓名"：填写纳税人姓名。

2. 第 3 列"身份证件类型"：填写纳税人有效的身份证件名称。中国公民有中华人民共和国居民身份证的，填写居民身份证；没有居民身份证的，填写中华人民共和国护照、港澳居民来往内地通行证或者港澳居民居住证、台湾居民通行证或者台湾居民居住证、外国人永久居留身份证、外国人工作许可证或者护照等。

3. 第 4 列"身份证件号码"：填写纳税人有效身份证件上载明的证件号码。

4. 第 5 列"纳税人识别号"：有中国居民身份证号码的，填写中华人民共和国居民身份证上载明的"公民身份号码"；没有中国居民身份证号码的，填写税务机关赋予的纳税人识别号。

5. 第 6 列"是否为非居民个人"：纳税人为居民个人的填"否"。为非居民个人的，根据合同、任职期限、预期工作时间等不同情况，填写"是，且不超过 90 天"或者"是，且超过 90 天不超过 183 天"。不填默认为"否"。其中，纳税人为非居民个人的，填写"是，且不超过 90 天"的，当年在境内实际居住超过 90 天的次月 15 日内，填写"是，且超过 90 天不超过 183 天"。

6. 第 7 列"所得项目"：填写纳税人取得的个人所得税法第二条规定的应税所得项目名称。同一纳税人取得多项或者多次所得的，应分行填写。

7. 第 8～21 列"本月（次）情况"：填写扣缴义务人当月（次）支付给纳税人的所得，以及按规定各所得项目当月（次）可扣除的减除费用、专项扣除、其他扣除等。其中，工资、薪金所得预扣预缴个人所得税时扣除的专项附加扣除，按照纳税年度内纳税人在该任职受雇单位截至当月可享受的各专项附加扣除项目的扣除总额，填写至"累计情况"中第 25～29 列相应栏，本月情况中则无须填写。

(1)"收入额计算"：包含"收入""费用""免税收入"。收入额＝第 8 列－第 9 列－第 10 列。

① 第 8 列"收入"：填写当月（次）扣缴义务人支付给纳税人所得的总额。

② 第 9 列"费用"：取得劳务报酬所得、稿酬所得、特许权使用费所得时填写，取得其他各项所得时无须填写本列。居民个人取得上述所得，每次收入不超过 4 000 元的，费用填写"800"元；每次收入 4 000 元以上的，费用按收入的 20% 填写。非居民个人取得劳务报酬所得、稿酬所得、特许权使用费所得，费用按收入的 20% 填写。

③ 第 10 列"免税收入"：填写纳税人各所得项目收入总额中，包含的税法规定的免税收入金额。其中，税法规定"稿酬所得的收入额减按 70% 计算"，对稿酬所得的收入额减计的 30% 部分，填入本列。

(2) 第 11 列"减除费用"：按税法规定的减除费用标准填写。如，2023 年纳税人取得工资、薪金所得按月申报时，填写 5 000 元。纳税人取得财产租赁所得，每次收入不超过 4 000 元的，填写 800 元；每次收入 4 000 元以上的，按收入的 20% 填写。

(3) 第 12～15 列"专项扣除"：分别填写按规定允许扣除的基本养老保险费、基本医疗保险费、失业保险费、住房公积金（以下简称"三险一金"）的金额。

(4) 第 16～21 列"其他扣除"：分别填写按规定允许扣除的项目金额。

8. 第 22～30 列"累计情况"：本栏适用于居民个人取得工资、薪金所得，保险营销员、证券经纪人取得佣金收入等按规定采取累计预扣法预扣预缴税款时填报。

(1) 第 22 列"累计收入额"：填写本纳税年度截至当前月份，扣缴义务人支付给纳税人的工资、薪金所得，或者支付给保险营销员、证券经纪人的劳务报酬所得的累计收入额。

(2) 第 23 列"累计减除费用"：按照 5 000 元／月乘以纳税人当年在本单位的任职受雇或者从业的月份数计算。

(3) 第 24 列"累计专项扣除"：填写本年度截至当前月份，按规定允许扣除的"三险一金"的累计金额。

(4) 第 25～30 列"累计专项附加扣除"：分别填写截至当前月份，纳税人按规定可享受的子女教育、继续教育、住房贷款利息或者住房租金、赡养老人、3 岁以下婴幼儿照护扣除的累计金额。大病医疗扣除由纳税人在年度汇算清缴时办理，此处无须填报。

(5) 第 31 列"累计其他扣除"：填写本年度截至当前月份，按规定允许扣除的年金（包括企业年金、职业年金）、商业健康保险、税延养老保险及其他扣除项目的累计金额。

9. 第 32 列"减按计税比例"：填写按规定实行应纳税所得额减计税收优惠的减计比例。无减计规定的，可不填，系统默认为 100%。如，某项税收政策实行减按 60% 计入应纳税所得额，则本列填 60%。

10. 第 33 列 "准予扣除的捐赠额"：是指按照税法及相关法规、政策规定，可以在税前扣除的捐赠额。

11. 第 34 ~ 40 列 "税款计算"：填写扣缴义务人当月扣缴个人所得税款的计算情况。

(1) 第 34 列 "应纳税所得额"：根据相关列次计算填报。

① 居民个人取得工资、薪金所得，填写累计收入额减除累计减除费用、累计专项扣除、累计专项附加扣除、累计其他扣除后的余额。

② 非居民个人取得工资、薪金所得，填写收入额减去减除费用后的余额。

③ 居民个人或者非居民个人取得劳务报酬所得、稿酬所得、特许权使用费所得，填写本月（次）收入额减除其他扣除后的余额。

保险营销员、证券经纪人取得的佣金收入，填写累计收入额减除累计减除费用、累计其他扣除后的余额。

④ 居民个人或者非居民个人取得利息、股息、红利所得和偶然所得，填写本月（次）收入额。

⑤ 居民个人或者非居民个人取得财产租赁所得，填写本月（次）收入额减去减除费用、其他扣除后的余额。

⑥ 居民个人或者非居民个人取得财产转让所得，填写本月（次）收入额减除财产原值、允许扣除的税费后的余额。

其中，适用 "减按计税比例" 的所得项目，其应纳税所得额按上述方法计算后乘以减按计税比例的金额填报。

按照税法及相关法规、政策规定，可以在税前扣除的捐赠额，可以按上述方法计算后从应纳税所得额中扣除。

(2) 第 35 ~ 36 列 "税率／预扣率""速算扣除数"：填写各所得项目按规定适用的税率（或预扣率）和速算扣除数。没有速算扣除数的，则不填。

(3) 第 37 列 "应纳税额"：根据相关列次计算填报。第 37 列 = 第 34 列 × 第 35 列 - 第 36 列。

(4) 第 38 列 "减免税额"：填写符合税法规定可减免的税额，并附报《个人所得税减免税事项报告表》。居民个人工资、薪金所得，以及保险营销员、证券经纪人取得佣金收入，填写本年度累计减免税额；居民个人取得工资、薪金以外的所得或非居民个人取得各项所得，填写本月（次）减免税额。

(5) 第 39 列 "已缴税额"：填写本年或本月（次）纳税人同一所得项目，已由扣缴义务人实际扣缴的税款金额。

(6) 第 40 列 "应补／退税额"：根据相关列次计算填报。第 40 列 = 第 37 列 - 第 38 列 - 第 39 列。

四、其他事项说明

以纸质方式报送本表的，应当一式两份，扣缴义务人、税务机关各留存一份。

三、个人所得税基础信息表（A 表）

个人所得税基础信息表（A 表）适用于扣缴义务人填报，见表 7-9。

表7-9　个人所得税基础信息表（A表）

（适用于扣缴义务人填报）

扣缴义务人名称：

扣缴义务人纳税人识别号（统一社会信用代码）：□□□□□□□□□□□□□□□□□□

序号	纳税人基本信息（带*必填）						任职受雇从业信息					联系方式					银行账户		投资信息		其他信息		华侨、港澳台、外籍个人信息（带*必填）					备注
	纳税人识别号	*纳税人姓名	*身份证件类型	*身份证件号码	*出生日期	*国籍/地区	类型	职务	学历	任职受雇从业日期	离职日期	手机号码	户籍所在地	经常居住地	联系地址	电子邮箱	开户银行	银行账号	投资额（元）	投资比例	是否残疾/孤老/烈属	残疾/烈属证号	*出生地	*性别	*首次入境时间	*预计离境时间	*涉税事由	
1	2	3	4	5	6	7	8	9	10	11	12	13	14	15	16	17	18	19	20	21	22	23	24	25	26	27	28	29
1																												

谨声明：本表是根据国家税收法律法规及相关规定填报的，是真实的、可靠的、完整的。

扣缴义务人（签章）：　　　　　　　　　年　月　日

经办人签字：

经办人身份证件号码：

代理机构签章：

代理机构统一社会信用代码：

受理人：

受理税务机关（章）：

受理日期：　　年　月　日

纳税提示

《个人所得税基础信息表 (A表)》填表说明

一、适用范围

本表由扣缴义务人填报，适用于扣缴义务人办理全员全额扣缴申报时，填报其支付所得的纳税人的基础信息。

二、报送期限

扣缴义务人首次向纳税人支付所得，或者纳税人相关基础信息发生变化的，应当填写本表，并于次月扣缴申报时向税务机关报送。

三、本表各栏填写

本表带"*"项目分为必填和条件必填，其余项目为选填。

（一）表头项目

1. 扣缴义务人名称：填写扣缴义务人的法定名称全称。

2. 扣缴义务人纳税人识别号（统一社会信用代码）：填写扣缴义务人的纳税人识别号或者统一社会信用代码。

（二）表内各栏

1. 第 2~7 列"纳税人基本信息"：填写纳税人姓名、证件等基本信息。

（1）第 2 列"纳税人识别号"：有中国居民身份证号码的，填写中华人民共和国居民身份证上载明的"公民身份号码"；没有中国居民身份证号码的，填写税务机关赋予的纳税人识别号。

（2）第 3 列"纳税人姓名"：填写纳税人姓名。外籍个人英文姓名按照"先姓(surname)后名(given name)"的顺序填写，确实无法区分姓和名的，按照证件上的姓名顺序填写。

（3）第 4 列"身份证件类型"：根据纳税人实际情况填写。

① 有中国居民身份证号码的，应当填写《中华人民共和国居民身份证》（简称"居民身份证"）。

② 华侨应当填写《中华人民共和国护照》（简称"中国护照"）。

③ 港澳居民可选择填写《港澳居民来往内地通行证》（简称"港澳居民通行证"）或者《中华人民共和国港澳居民居住证》（简称"港澳居民居住证"）；台湾居民可选择填写《台湾居民来往大陆通行证》（简称"台湾居民通行证"）或者《中华人民共和国台湾居民居住证》（简称"台湾居民居住证"）。

④ 外籍人员可选择填写《中华人民共和国外国人永久居留身份证》（简称"外国人永久居留证"）、《中华人民共和国外国人工作许可证》（简称"外国人工作许可证"）或者"外国护照"。

⑤其他符合规定的情形填写"其他证件"。

身份证件类型选择"港澳居民居住证"的，应当同时填写"港澳居民通行证"；身份证件类型选择"台湾居民居住证"的，应当同时填写"台湾居民通行证"；身份证件类型选择"外国人永久居留证"或者"外国人工作许可证"的，应当同时填写"外国护照"。

(4) 第5～6列"身份证件号码""出生日期"：根据纳税人身份证件上的信息填写。

(5) 第7列"国籍/地区"：填写纳税人所属的国籍或者地区。

2. 第8～12列"任职受雇从业信息"：填写纳税人与扣缴义务人之间的任职受雇从业信息。

(1) 第8列"类型"：根据实际情况填写"雇员""保险营销员""证券经纪人"或者"其他"。

(2) 第9～12列"职务""学历""任职受雇从业日期""离职日期"：其中，当第9列"类型"选择"雇员""保险营销员"或者"证券经纪人"时，填写纳税人与扣缴义务人建立或者解除相应劳动或者劳务关系的日期。

3. 第13～17列"联系方式"：

(1) 第13列"手机号码"：填写纳税人境内有效手机号码。

(2) 第14～16列"户籍所在地""经常居住地""联系地址"：填写纳税人境内有效户籍所在地、经常居住地或者联系地址，按以下格式填写(具体到门牌号)：____省(区、市)____市____区(县)____街道(乡、镇)____。

(3) 第17列"电子邮箱"：填写有效的电子邮箱。

4. 第18～19列"银行账户"：填写个人境内有效银行账户信息，开户银行填写到银行总行。

5. 第20～21列"投资信息"：纳税人为扣缴单位的股东、投资者的，填写本栏。

6. 第22～23列"其他信息"：如纳税人有"残疾、孤老、烈属"情况的，填写本栏。

7. 第24～28列"华侨、港澳台、外籍个人信息"：纳税人为华侨、港澳台居民、外籍个人的填写本栏。

(1) 第24列"出生地"：填写华侨、港澳台居民、外籍个人的出生地，具体到国家或者地区。

(2) 第26～27列"首次入境时间""预计离境时间"：填写华侨、港澳台居民、外籍个人首次入境和预计离境的时间，具体到年月日。预计离境时间发生变化的，应及时进行变更。

(3) 第28列"涉税事由"：填写华侨、港澳台居民、外籍个人在境内涉税的具体事由，包括"任职受雇""提供临时劳务""转让财产""从事投资和经营活动""其他"。如有多项事由的，应同时填写。

四、其他事项说明

以纸质方式报送本表的，应当一式两份，扣缴义务人、税务机关各留存一份。

四、个人所得税基础信息表 (B 表)

个人所得税基础信息表 (B 表) 适用于自然人填报，见表 7-10。

表7-10　个人所得税基础信息表（B表）

（适用于自然人填报）

纳税人识别号：□□□□□□□□□□□□□□□□□□□

基本信息	基本信息（带*必填）				
	*纳税人姓名	中文名		英文名	
	*身份证件	证件类型一		证件号码	
		证件类型二		证件号码	
	*国籍/地区			*出生日期	年　月　日
联系方式	户籍所在地	省（区、市）	市	区（县）	街道（乡、镇）____
	经常居住地	省（区、市）	市	区（县）	街道（乡、镇）____
	联系地址	省（区、市）	市	区（县）	街道（乡、镇）____
	*手机号码			电子邮箱	
	开户银行			银行账号	
其他信息	学历	□研究生　□大学本科　□大学本科以下			
	特殊情形	□残疾　残疾证号____　□烈属　烈属证号____　□孤老			
任职受雇从业单位一	任职、受雇、从业信息				
	名称		国家/地区		
	纳税人识别号（统一社会信用代码）		任职受雇从业日期　年　月	离职日期　年　月	
	类型	□雇员　□保险营销员　□证券经纪人　□其他	职务	□高层　□其他	

续表

	名称		国家/地区		任职受雇从业日期 年 月	离职日期 年 月
任职受雇从业单位二	纳税人识别号（统一社会信用代码）					
	类型	□雇员 □保险营销员 □证券经纪人 □其他	职务			□高层 □其他

该栏仅由投资者纳税人填写

	名称		国家/地区	投资额/元	投资比例
被投资单位一	纳税人识别号				
被投资单位二	名称		国家/地区	投资额/元	投资比例
	纳税人识别号				

该栏仅由华侨、港澳台、外籍个人填写（带*必填）

*出生地		*首次入境时间 年 月 日
*性别		*预计离境时间 年 月 日
*涉税事由	□任职受雇 □提供临时劳务 □转让财产 □从事投资和经营活动 □其他	

谨声明：本表是根据国家税收法律法规及相关规定填报的，是真实的、可靠的、完整的。

纳税人（签字）： 年 月 日

经办人签字：
经办人身份证件号码：
代理机构签章：
代理机构统一社会信用代码：

受理人：
受理税务机关（章）：
受理日期： 年 月 日

纳税提示

《个人所得税基础信息表 (B 表)》填表说明

一、适用范围

本表适用于自然人纳税人基础信息的填报。

二、报送期限

自然人纳税人初次向税务机关办理相关涉税事宜时填报本表；初次申报后，以后仅需在信息发生变化时填报。

三、本表各栏填写

本表带"*"的项目为必填或者条件必填，其余项目为选填。

（一）表头项目

纳税人识别号：有中国居民身份证号码的，填写中华人民共和国居民身份证上载明的"公民身份号码"；没有中国居民身份证号码的，填写税务机关赋予的纳税人识别号。

（二）表内各栏

1. 基本信息：

(1) 纳税人姓名：填写纳税人姓名。外籍个人英文姓名按照"先姓 (surname) 后名 (given name)"的顺序填写，确实无法区分姓和名的，按照证件上的姓名顺序填写。

(2) 身份证件：填写纳税人有效的身份证件类型及号码。

"证件类型一"按以下原则填写：

① 有中国居民身份证号码的，应当填写《中华人民共和国居民身份证》(简称"居民身份证"）。

② 华侨应当填写《中华人民共和国护照》(简称"中国护照"）。

③ 港澳居民可选择填写《港澳居民来往内地通行证》(简称"港澳居民通行证"）或者《中华人民共和国港澳居民居住证》(简称"港澳居民居住证"）；台湾居民可选择填写《台湾居民来往大陆通行证》(简称"台湾居民通行证"）或者《中华人民共和国台湾居民居住证》(简称"台湾居民居住证"）。

④ 外籍个人可选择填写《中华人民共和国外国人永久居留身份证》(简称"外国人永久居留证"）、《中华人民共和国外国人工作许可证》(简称"外国人工作许可证"）或者"外国护照"。

⑤ 其他符合规定的情形填写"其他证件"。

"证件类型二"按以下原则填写：证件类型一选择"港澳居民居住证"的，证件类型二应当填写"港澳居民通行证"；证件类型一选择"台湾居民居住证"的，证件类型二应当填写"台湾居民通行证"；证件类型一选择"外国人永久居留证"或者"外国人工作许可证"的，证件类型二应当填写"外国护照"。证件类型一已选择"居民身份证""中国护照""港澳居民通行证""台湾居民通行证"或"外国护照",证件类型二可不填。

(3)国籍/地区:填写纳税人所属的国籍或地区。

(4)出生日期:根据纳税人身份证件上的信息填写。

(5)户籍所在地、经常居住地、联系地址:填写境内地址信息,至少填写一项。有居民身份证的,"户籍所在地""经常居住地"必须填写其中之一。

(6)手机号码、电子邮箱:填写境内有效手机号码,港澳台、外籍个人可以选择境内有效手机号码或电子邮箱中的一项填写。

(7)开户银行、银行账号:填写有效的个人银行账户信息,开户银行填写到银行总行。

(8)特殊情形:纳税人为残疾、烈属、孤老的,填写本栏。残疾、烈属人员还需填写残疾/烈属证件号码。

2.任职、受雇、从业信息:填写纳税人任职受雇从业的有关信息。其中,中国境内无住所个人有境外派遣单位的,应在本栏除填写境内任职受雇从业单位、境内受聘签约单位情况外,还应一并填写境外派遣单位相关信息。填写境外派遣单位时,其纳税人识别号(统一社会信用代码)可不填。

3.投资者纳税人填写栏:由自然人股东、投资者填写。没有,则不填。

(1)名称:填写被投资单位名称全称。

(2)纳税人识别号(统一社会信用代码):填写被投资单位纳税人识别号或者统一社会信用代码。

(3)投资额:填写自然人股东、投资者在被投资单位投资的投资额(股本)。

(4)投资比例:填写自然人股东、投资者的投资额占被投资单位投资(股本)的比例。

4.华侨、港澳台、外籍个人信息:华侨、港澳台居民、外籍个人填写本栏。

(1)出生地:填写华侨、港澳台居民、外籍个人的出生地,具体到国家或者地区。

(2)首次入境时间、预计离境时间:填写华侨、港澳台居民、外籍个人首次入境和预计离境的时间,具体到年月日。预计离境时间发生变化的,应及时进行变更。

(3)涉税事由:填写华侨、港澳台居民、外籍个人在境内涉税的具体事由,在相应事由处画"√"。如有多项事由的,同时勾选。

四、其他事项说明

以纸质方式报送本表的,应当一式两份,纳税人、税务机关各留存一份。

练习题(项目七)　练习题答案(项目七)

项目八　其 他 税 种

"引言"

　　之所以将本章的 12 个税种合并为一章称为"其他税种"，是因为其"小"。虽然"小"，种类却不少，而且其历史之悠久、纳税范围之广泛，有的甚至超过了我们之前学习过的"大税种"。不仅如此，这些小税种在实际征收管理过程中，由于管理难度高、企业不重视，往往会带来大风险，更是不容轻视。党的二十大报告提出，要"完善支持绿色发展的财税、金融、投资、价格政策和标准体系"。财政是国家治理的基础和重要支柱，财税制度是推动绿色低碳发展的重要支撑和基本手段。从加强生态保护修复到加大环保研发投入，从鼓励居民绿色消费到提升生态产品价值，从促进企业节能降耗到加快能源结构调整……财税不仅是提供财力保障的"钱袋子"，更是引导带动全社会护绿、增绿、谋绿的"指挥棒"。习近平总书记在全国生态环境保护大会上指出，"总体上看，我国生态环境质量持续好转，出现了稳中向好趋势，但成效并不稳固。生态文明建设正处于压力叠加、负重前行的关键期"。2024 年的《政府工作报告》指出，完善支持绿色发展的财税、金融、投资、价格政策和相关市场化机制，推动废弃物循环利用产业发展，促进节能降碳先进技术研发应用，加快形成绿色低碳供应链。面对复杂严峻的生态环境问题和艰巨繁重的国内改革发展任务，统筹环境保护与经济发展成为推进中国式现代化的重要主题。结合我国绿色发展目标，仍需继续深化绿色财税制度改革，积极突破制约绿色发展的体制机制障碍，以系统观念统筹谋划和整体推进，从继续深化绿色税制体系、绿色财政支出制度和绿色预算制度建设"三点发力"，牵引带动国家生态文明治理体系和治理能力现代化。

任务一　资源税

　　《中华人民共和国资源税法》规定，在中华人民共和国领域和中华人民共和国管辖的其他海域开发应税资源的单位和个人，为资源税的纳税人，应当依照本法规定缴纳资源税。《中华人民共和国资源税法》由中华人民共和国第十三届全国人民代表大会常务委员会第十二次会议于 2019 年 8 月 26 日通过，自 2020 年 9 月 1 日起施行。

1984 年我国开征资源税时，普遍认为征收资源税主要依据的是受益原则、公平原则和效率原则。从受益方面考虑，资源属国家所有，开采者因开采国有资源而得益，有责任向所有者支付其地租；从公平角度来看，条件公平是有效竞争的前提，资源级差收入的存在影响资源开采者利润的真实性，故级差收入以归政府支配为宜；从效率角度分析，稀缺资源应由社会净效率高的企业来开采，对资源开采中出现的掠夺和浪费行为，国家有权采取经济手段促其转变。

案例导入

资源税法是贯彻习近平生态文明思想、落实税收法定原则、完善地方税体系的重要举措。通过制定税法，将资源税从价计征改革成果上升为法律，确立了规范公平、调控合理、征管高效的制度，有利于发挥资源税组织收入、调控经济、促进资源节约集约利用和生态环境保护的重要作用。

资源税立法将《中华人民共和国资源税暂行条例》上升为法律，基本保持现行税制框架和税负水平总体不变，对不适应经济社会发展和改革要求的内容做出适当调整。与原有的资源税制度相比，资源税法的重大变化可以概括为"一拓展、两规范、三明确"。

一是拓展了征税范围。资源税法将征税范围的表述由原来的"开采矿产品和生产盐"改为"开发应税资源"，并授权国务院根据国民经济和社会发展需要，对取用地表水或者地下水的单位和个人试点征收水资源税，为水资源税改革试点提供了法律依据，预留了改革的空间。

二是规范细化了税目。原有资源税税目由中央层面列举的 30 余种主要资源产品税目和各省人民政府列举的具体税目组成，且分散由不同的文件做出规定。此次资源税立法，将全部 164 个应税资源品目在资源税法所附《税目税率表》中逐一列明，覆盖了目前已发现的所有矿种。

三是规范了减免税管理。现行减免税政策既有长期性政策，也有阶段性政策。对长期实行且实践证明行之有效的减免税政策，资源税法做出了明确规定。如对煤炭开采企业因安全生产需要抽采煤成（层）气免征资源税、低丰度油气田等减征资源税等。

四是明确了分级分类确定税率的权限划分方式。对原油、天然气、中重稀土、钨、钼等战略资源实行固定税率，由税法直接确定。其他应税资源实行幅度税率，由税法确定幅度，并授权省级人民政府提出本地区的具体适用税率，报同级人大常委会决定。这种方式既可以保障国家对战略资源的宏观调控需要，又对地方充分授权，有利于调动地方加强管理的积极性，体现了健全地方税体系的改革思路。

五是明确了以从价计征为主的征税方式。资源税立法巩固了资源税从价计征改革的成果，从法律上确立了从价计征为主、从量计征为辅的资源税征税方式。税法所列 164 个税目中，有 158 个税目实行从价计征，其余 6 个税目可视征管便利度选择实行从价计征或者从量计征，主要是地热、矿泉水、石灰岩、砂石、其他黏土、天然卤水。

六是明确了按原矿、选矿分别设定税率。资源税立法在总结改革经验的基础上进一步简化、规范税制，改为按原矿、选矿分别设定税率，既确保了税负公平，又便利了纳税申报，是资源税制的一次优化。

一、资源税概述

（一）纳税义务人

在中华人民共和国境内开采应税资源的矿产品或生产盐的单位和个人，为资源税的纳税义务人，应依法缴纳资源税。上述所称中华人民共和国境内，是指我国实际税收管理行政范围内。所称单位，是指国有企业、集体企业、私有企业、股份制企业、其他企业和行政单位、事业单位、军事单位、社会团体及其他单位；所称个人，是指个体经营者及其他个人；其中其他单位和其他个人包括外商投资企业、外国企业和外籍人员。

纳税提示

独立矿山、联合企业收购未税矿产品的单位，按照本单位应税产品税额、税率标准，依据收购的数量代扣代缴资源税。其他收购单位收购的未税矿产品，按税务机关核定的应税产品税额、税率标准，依据收购的数量代扣代缴资源税。

【例 8-1】（单选题）根据资源税法律制度的规定，下列情形中，应缴纳资源税的是（ ）。

A. 火电厂使用煤炭发电

B. 石材厂购买大理岩加工瓷砖

C. 油田销售所开采的原油

D. 钢铁厂进口铁矿石

【答案与解析】

答案为 C。在我国领域和管辖的其他海域"开发"应税资源的单位和个人，为资源税的纳税人。选项 ABD，使用、购买、进口均不属于"开发"。

（二）征税范围

资源税目前只对税法列举的资源征税，原则上以开采取得的原料产品或者自然资源的初级产品为征税对象，不包括经过加工的产品。具体来说，其征税范围有矿产品和盐两大类。

1. 矿产品

(1) 原油，指开采的天然原油，不包括人造石油。

(2) 天然气，指专门开采或与原油同时开采的天然气，暂不包括煤矿生产的天然气。

(3) 煤炭，指原煤，不包括洗煤、选煤及其他煤炭制品。

(4) 其他非金属矿原矿，指上列产品和井矿盐以外的非金属矿原矿，包括宝石、宝石级金刚石、玉石、膨润土、石墨、石英砂、萤石、重晶石、毒重石、蛭石、长石、沸石、滑石、白云石、硅灰石、凹凸棒石黏土、高岭土、耐火黏土、云母、菱镁矿、石膏、硅线石、工业用金刚石、石棉、硫铁矿、自然硫、磷铁矿等。

(5) 黑色金属矿原矿，指纳税人开采后自用、销售的，用于直接入炉冶炼或作为主产品先入选精矿，制造人工矿，再最终入炉冶炼的黑色金属矿石原矿，包括铁矿石、锰矿石和铬矿石。

(6) 有色金属矿原矿，指纳税人开采后自用、销售的，用于直接入炉冶炼或作为主产品先入选精矿，制造人工矿、再最终入炉冶炼的有色金属矿石原矿，包括铜矿石、铅锌矿石、铝土矿石、钨矿石、锡矿石、锑矿石、钼矿石、镍矿石、黄金矿等。其中金属矿石 (包括黑色和有色金属矿) 自用原矿，系指入选精矿，直接入炉冶炼或制造烧结矿、球团矿等所用原矿。铁矿石直接入炉用的原矿，系指粉矿、高炉原矿、高炉块矿、平炉块矿等。

2. 盐

(1) 固体盐，包括海盐原盐、湖盐原盐和井矿盐。

(2) 液体盐，指卤水，即氯化钠含量达到一定浓度的溶液，是用于生产碱和其他产品的原料。

【例 8-2】（单选题）根据资源税法律制度的规定，下列各项中，不属于资源税征税范围的是（   ）。

A. 开采的煤成 (层) 气

B. 以空气加工生产的液氧

C. 开采的原煤

D. 开采的天然气

【答案与解析】

答案为 B。选项 B，空气不属于我国境内不可再生的自然资源，因此以空气加工生产的液氧不属于资源税的征税范围。

（三）税率

资源税采用从价定率或从量定额征收，因此，税率形式有比例税率和定额税率两种。对《资源税税目税率表》(见表 8-1) 中列举名称的资源品目和未列举名称的其他金属矿实行从价计征。

对经营分散、多为现金交易且难以控管的黏土、砂石，按照便利征管原则，仍实行从量定额计征。

对《资源税税目税率表》中未列举名称的其他非金属矿产品，按照从价计征为主、从量计征为辅的原则，由省级人民政府确定计征方式。

表 8-1　资源税税目税率表

税　目			征税对象	税率
能源矿产	原油		原矿	6%
	天然气、页岩气、天然气水合物		原矿	6%
	煤		原矿或者选矿	2%～10%
	煤成（层）气		原矿	1%～2%
	铀、钍		原矿	4%
	油页岩、油砂、天然沥青、石煤		原矿或者选矿	1%～4%
	地热		原矿	1%～20%或者每立方米1～30元
金属矿产	黑色金属	铁、锰、铬、钒、钛	原矿或者选矿	1%～9%
	有色金属	铜、铅、锌、锡、镍、锑、镁、钴、铋、汞	原矿或者选矿	2%～10%
		铝土矿	原矿或者选矿	2%～9%
		钨	选矿	6.5%
		钼	选矿	8%
		金、银	原矿或者选矿	2%～6%
		铂、钯、钌、锇、铱、铑	原矿或者选矿	5%～10%
		轻稀土	选矿	7%～12%
		中重稀土	选矿	20%
		铍、锂、锆、锶、铷、铯、铌、钽、锗、镓、铟、铊、铪、铼、镉、硒、碲	原矿或者选矿	2%～10%
非金属矿产	矿物类	高岭土	原矿或者选矿	1%～6%
		石灰岩	原矿或者选矿	1%～6%或者每吨(或者每立方米)1～10元
		磷	原矿或者选矿	3%～8%
		石墨	原矿或者选矿	3%～12%
		萤石、硫铁矿、自然硫	原矿或者选矿	1%～8%
		天然石英砂、脉石英、粉石英、水晶、工业用金刚石、冰洲石、蓝晶石、硅线石(矽线石)、长石、滑石、刚玉、菱镁矿、颜料矿物、天然碱、芒硝、钠硝石、明矾石、砷、硼、碘、溴、膨润土、硅藻土、陶瓷土、耐火黏土、铁矾土、凹凸棒石黏土、海泡石黏土、伊利石黏土、累托石黏土	原矿或者选矿	1%～12%

续表

税目			征税对象	税率
非金属矿产	矿物类	叶蜡石、硅灰石、透辉石、珍珠岩、云母、沸石、重晶石、毒重石、方解石、蛭石、透闪石、工业用电气石、白垩、石棉、蓝石棉、红柱石、石榴子石、石膏	原矿或者选矿	2%～12%
		其他黏土(铸型用黏土、砖瓦用黏土、陶粒用黏土、水泥配料用黏土、水泥配料用红土、水泥配料用黄土、水泥配料用泥岩、保温材料用黏土)	原矿或者选矿	1%～5%或者每吨(或者每立方米)0.1～5元
	岩石类	大理岩、花岗岩、白云岩、石英岩、砂岩、辉绿岩、安山岩、闪长岩、板岩、玄武岩、片麻岩、角闪岩、页岩、浮石、凝灰岩、黑曜岩、霞石正长岩、蛇纹岩、麦饭石、泥灰岩、含钾岩石、含钾砂页岩、天然油石、橄榄岩、松脂岩、粗面岩、辉长岩、辉石岩、正长岩、火山灰、火山渣、泥炭	原矿或者选矿	1%～10%
		砂石	原矿或者选矿	1%～5%或者每吨(或者每立方米)0.1～5元
	宝玉石类	宝石、玉石、宝石级金刚石、玛瑙、黄玉、碧玺	原矿或者选矿	4%～20%
水气矿产	二氧化碳气、硫化氢气、氦气、氡气		原矿	2%～5%
	矿泉水		原矿	1%～20%或者每立方米1～30元
盐	钠盐、钾盐、镁盐、锂盐		选矿	3%～15%
	天然卤水		原矿	3%～15%或者每吨(或者每立方米)1～10元
	海盐			2%～5%

(四)税收优惠

(1)纳税人开采或者生产应税产品,自用于连续生产应税产品的,不缴纳资源税;自用于其他方面的,视同销售,依法缴纳资源税。

(2) 有下列情形之一的，减征或者免征资源税：

① 开采原油过程中用于加热、修井的原油，免税。

② 纳税人开采或者生产应税产品过程中，因意外事故或者自然灾害等原因遭受重大损失的，由省、自治区、直辖市人民政府酌情决定减税或者免税。

③ 国务院规定的其他减税免税项目。

(3) 纳税人的减税、免税项目，应当单独核算销售额或者销售数量；未单独核算或者不能准确提供销售额或者销售数量的，不予减税或者免税。

(4) 2023 年 9 月 20 日至 2027 年 12 月 31 日，为促进页岩气开发利用，有效增加天然气供给，在 2027 年 12 月 31 日之前，继续对页岩气资源税（按 6% 的规定税率）减征 30%。

二、资源税的计算

（一）计税依据

根据《国家税务总局关于发布〈资源税征收管理规程〉的公告》（国家税务总局公告 2018 年第 13 号）的规定，自 2018 年 7 月 1 日起，资源税应纳税额按照应税产品的计税销售额或者销售数量乘以适用税率计算。由此可见，资源税的计税依据为应税产品的销售额或销售量。

1. 从价定率征收的计税依据

1) 销售额的基本规定

从价定率征收的计税依据为计税销售额。计税销售额是指纳税人销售应税产品向购买方收取的全部价款和价外费用，不包括增值税销项税额。其中，价外费用包括价外向购买方收取的手续费、补贴、基金、集资费、返还利润、奖励费、违约金、滞纳金、延期付款利息、赔偿金、代收款项、代垫款项、包装费、包装物租金、储备费、优质费以及其他各种性质的价外收费。

纳税提示

销售额中不应包括下列项目：

(1) 同时符合以下条件的代垫运输费用：① 承运部门的运输费用发票开具给购买方的；② 纳税人将该项发票转交给购买方的。

(2) 同时符合以下条件代为收取的政府性基金或者行政事业性收费：① 由国务院或者财政部批准设立的政府性基金，由国务院或者省级人民政府及其财政、价格主管部门批准设立的行政事业性收费；② 收取时开具省级以上财政部门印制的财政票据；③ 所收款项全额上缴财政。

2) 视同销售行为及销售额的确定

视同销售具体包括以下情形：

(1) 纳税人以自采原矿直接加工为非应税产品的，视同原矿销售。

(2) 纳税人以自采原矿洗选（加工）后的精矿连续生产非应税产品的，视同精矿销售。

(3) 以应税产品投资、分配、抵债、赠与、以物易物等，视同应税产品销售。

纳税人有视同销售应税产品行为而无销售价格的，或者申报的应税产品销售价格明显偏低且无正当理由的，税务机关应按下列顺序确定其应税产品计税价格：

(1) 按纳税人最近时期同类产品的平均销售价格确定。

(2) 按其他纳税人最近时期同类产品的平均销售价格确定。

(3) 按应税产品组成计税价格确定。

$$组成计税价格 = 成本 \times \frac{1+成本利润率}{1-资源税税率}$$

(4) 按后续加工非应税产品销售价格，减去后续加工环节的成本利润后确定。

(5) 按其他合理方法确定。

2. 从量定额征收的计税依据

从量定额征收的计税依据为销售数量。销售数量，包括纳税人开采或者生产应税产品的实际销售数量和视同销售的自用数量。纳税人不能准确提供应税产品销售数量的，以应税产品的产量或者主管税务机关确定的折算比换算成的数量为计征资源税的销售数量。

（二）应纳税额的计算

资源税的应纳税额，按照从价定率或者从量定额的办法，分别以应税产品的销售额乘以纳税人具体适用的比例税率或者以应税产品的销售数量乘以纳税人具体适用的定额税率计算。

1. 从价定率方式应纳税额的计算

实行从价定率方式征收资源税的，根据应税产品的销售额和规定的适用税率计算应纳税额，具体计算公式为

$$应纳税额 = 销售额 \times 适用税率$$

【例8-3】某油田2022年3月销售原油20 000吨，开具增值税专用发票取得销售额10 000万元、增值税额1 300万元，按《资源税税目税率表》的规定，其适用的税率为8%。计算该油田3月应缴纳的资源税。

【解析】

销售原油应纳税额 = 10 000 × 8% = 800万元

2. 从量定额方式应纳税额的计算

实行从量定额征收资源税的，根据应税产品的课税数量和规定的单位税额计算应纳税额，具体计算公式为

$$应纳税额 = 课税数量 \times 单位税额$$

【例8-4】某砂石开采企业2022年3月销售砂石3 000立方米，资源税税率为2元/立方米。计算该企业3月应纳资源税税额。

【解析】

销售砂石应纳税额 = 3 000 × 2 = 6 000 元

【例 8-5】（单选题）甲煤矿为增值税一般纳税人，2022 年 8 月销售原煤取得不含增值税价款 435 万元，其中包含从坑口到码头的运输费用 10 万元、随运销产生的装卸费用 5 万元，均取得增值税发票。已知资源税税率为 2%。甲煤矿当月应缴纳资源税税额为（　）。

A. 8.4 万元　　　　B. 8.9 万元　　　　C. 9 万元　　　　D. 8.7 万元

【答案与解析】

答案为 A。计入资源税应税产品销售额中的相关运杂费用，凡取得增值税发票或者其他合法有效凭据的，准予从销售额中扣除。相关运杂费用是指应税产品从坑口或者洗选（加工）地到车站、码头或者购买方指定地点的运输费用、建设基金以及随运销产生的装卸、仓储、港杂费用。甲煤矿当月应缴纳资源税税额 = (435 − 10 − 5) × 2% = 8.4 万元。

三、资源税的纳税申报

（一）纳税义务发生时间

(1) 纳税人销售应税产品，其纳税义务发生时间如下：

① 纳税人采取分期收款结算方式的，纳税义务发生时间为销售合同规定的收款日期的当天。

② 纳税人采取预收货款结算方式的，纳税义务发生时间为发出应税产品的当天。

③ 纳税人采取除分期收款和预收货款以外其他结算方式的，纳税义务发生时间为收讫销售款或者取得索取销售款凭据的当天。

(2) 纳税人自产自用应税产品的，纳税义务发生时间为移送使用应税产品的当天。

(3) 扣缴人代扣代缴税款的，纳税义务发生时间为支付首笔货款或首次开具支付货款凭据的当天。

（二）纳税期限

纳税期限是纳税人发生纳税义务后缴纳税款的期限。资源税的纳税期限为 1 日、3 日、5 日、10 日、15 日或者 1 个月，纳税人的纳税期限由主管税务机关根据实际情况具体核定。不能按固定期限计算纳税的，可以按次计算纳税。

纳税人以 1 个月为一期纳税的，自期满之日起 10 日内申报纳税；以 1 日、3 日、5 日、10 日或者 15 日为一期纳税的，自期满之日起 5 日内预缴税款，于次月 1 日起 10 日内申报纳税并结清上月税款。

（三）纳税地点

纳税人开采或生产资源税应税产品，应依法向开采地或者生产地主管税务机关申报缴纳资源税。

如果纳税人应纳的资源税属于跨省开采，其下属生产单位与核算单位不在同一省、自治区、直辖市的，对其开采或者生产的应税产品，一律在开采地或者生产地纳税。实行从量计征的应税产品，其应纳税款一律由独立核算的单位按照每个开采地或者生产地的销售量及适用税率计算划拨；实行从价计征的应税产品，其应纳税款一律由独立核算的单位按照每个开采地或者生产地的销售量、单位销售价格及适用税率计算划拨。

扣缴义务人代扣代缴的资源税，应当向收购地主管税务机关缴纳。

（四）纳税申报

《资源税纳税申报表（一）》和《资源税纳税申报表（二）》见表 8-2 和表 8-3。

表 8-2 资源税纳税申报表（一）

（按从价定率办法计算应纳税额的纳税人适用）

税款所属期限：自　　年　月　日至　　年　月　日

填表日期：　　年　月　日

纳税人识别号：□□□□□□□□□□□□□□□□□□□□　　　　　　金额单位：元至角分

栏次	征收品目	征收子目	销售量	销售额	折算率	适用税率或实际征收率	本期应纳税额	减征比例	本期减免税额	减免性质代码	本期已缴税额	本期应补（退）税额
	1	2	3	4	5	6	7	8	$9 = 7 \times 8$	10	11	$12 = 7 - 9 - 11$
合计												

以下由纳税人填写：

纳税人声明	此纳税申报表是根据《中华人民共和国资源税暂行条例》及其实施细则的规定填报的，是真实的、可靠的、完整的。		
纳税人签章		代理人签章	代理人身份证号

以下由税务机关填写：

受理人		受理日期	年　月　日	受理税务机关签章	

本表一式两份，一份纳税人留存，一份税务机关留存。

表 8-3 资源税纳税申报表（二）

（按从量定额办法计算应纳税额的纳税人适用）

税款所属期限：自　年　月　日至　　年　月　日

填表日期：　年　月　日

纳税人识别号：□□□□□□□□□□□□□□□　　　　金额单位：元至角分

栏次	征收品目	征收子目	计税单位	销售量	单位税额	本期应纳税额	本期减免销量	本期减免税额	减免性质代码	本期已缴税额	本期应补（退）税额
	1	2	3	4	5	$6 = 4 \times 5$	7	8	9	10	$11 = 6 - 8 - 10$
合计											

以下由纳税人填写：

纳税人声明	此纳税申报表是根据《中华人民共和国资源税暂行条例》及其实施细则的规定填报的，是真实的、可靠的、完整的。		
纳税人签章		代理人签章	代理人身份证号

以下由税务机关填写：

受理人		受理日期	年　月　日	受理税务机关签章	

本表一式两份，一份纳税人留存，一份税务机关留存。

任务二 ▶▶▶ 土地增值税

　　土地增值税是对有偿转让国有土地使用权及地上建筑物和其他附着物产权，取得增值收入的单位和个人征收的一种税。现行土地增值税的基本规范，是 1993 年 12 月 13 日国务院颁布的《中华人民共和国土地增值税暂行条例》。征收土地增值税增强了政府对房地产开发和交易市场的调控，有利于抑制炒买炒卖土地获取暴利的行为，也增加了国家财政收入。

一、土地增值税概述

（一）纳税人

土地增值税的纳税义务人为转让国有土地使用权、地上的建筑及其附着物（以下简称转让房地产）并取得收入的单位和个人。单位包括各类企业、事业单位、国家机关和社会团体及其他组织。个人包括个体经营者。

（二）征税范围

1.基本征税范围

土地增值税是对转让国有土地使用权及其地上建筑物和附着物的行为征税，具体而言包括：

(1) 转让国有土地使用权。

(2) 地上的建筑物及其附着物连同国有土地使用权一并转让。

(3) 存量房地产的买卖。

纳税提示

土地增值税的征税范围不包括：

(1) 国有土地使用权出让行为。

(2) 未转让土地使用权、房产产权的行为，如房地产的出租等。

2.特殊征税范围

(1) 房地产的继承，不征土地增值税。

(2) 房地产的出租，不征土地增值税。

(3) 房地产的赠与中，属于公益性赠与、赠与直系亲属或承担直接赡养义务人的不征土地增值税，属于非公益性赠与的征收土地增值税。

(4) 房地产的抵押中，属于抵押期的不征土地增值税。抵押期满偿还债务本息的，不征土地增值税；抵押期满不能偿还债务本息，而以房地产抵债的，征收土地增值税。

(5) 房地产的交换中，属于单位之间换房并产生收入的，征收土地增值税；个人之间互换自有住房的，免征土地增值税。

(6) 合作建房。建成后按比例分房自用，暂免征收土地增值税；建成后转让，征收土地增值税。

(7) 房地产的代建房行为，不征土地增值税。

(8) 房地产的重新评估，不征土地增值税。

【例 8-6】（单选题）根据土地增值税法律制度的规定，下列情形中，属于土地增值税征税范围的是（   ）。

A. 王某转让商铺　　　　　　　　B. 甲公司承租仓库

C. 陈某出租住房　　　　　　　　D. 乙公司抵押厂房

【答案与解析】

答案为 A。选项 BC，产权未发生转移，不征收土地增值税；选项 D，对房地产的抵押，在抵押期间不征收土地增值税。

（三）税率

土地增值税实行四级超率累进税率，如表 8-4 所示。

表 8-4　土地增值税四级超率累进税率表　　　　单位：%

级　　数	增值税与扣除项目金额的比率	税　率	速算扣除系数
1	不超过 50% 的部分	30	0
2	超过 50% ~ 100% 的部分	40	5
3	超过 100% ~ 200% 的部分	50	15
4	超过 200% 的部分	60	35

（四）税收优惠

(1) 转让房屋，增值额未超过扣除项目金额之和 20% 的，免征土地增值税。

① 建造普通标准住宅出售，其增值额未超过扣除项目金额之和 20% 的，予以免税；超过 20% 的，应就其全部增值额按规定计税。

② 转让旧房作为保障性住房且增值额未超过扣除项目金额 20% 的免税。

③ 转让旧房作为公共租赁住房房源且增值额未超过扣除项目金额 20% 的免税。

(2) 因国家建设需要免征土地增值税。

① 因国家建设需要而被政府征收、收回的房地产，免税。

② 因城市实施规划、国家建设需要而搬迁，纳税人自行转让房地产免税。

(3) 对个人销售住房暂免征收土地增值税。

(4) 对企业改制、资产整合过程中涉及的土地增值税予以免征。

二、土地增值税的计算

（一）应税收入

纳税人转让房地产取得的应税收入，应包括转让房地产的全部价款及有关的经济收益。从收入的形式来看，包括货币收入、实物收入和其他收入。

(1) 货币收入。货币收入是指纳税人转让房地产而取得的现金、银行存款、支票、银行本票、汇票等各种信用票据和国库券、金融债券、企业债券、股票等有价证券。这些类型的收入其实质都是转让方因转让土地使用权、房屋产权而向取得方收取的价款。货币收入一般比较容易确定。

(2) 实物收入。实物收入是指纳税人转让房地产而取得的各种实物形态的收入，如钢材、水泥等建材，房屋、土地等不动产等。实物收入的价值不太容易确定，一般要对这些实物形态的财产进行估价。

(3) 其他收入。其他收入是指纳税人转让房地产而取得的无形资产收入或具有财产价值的权利，如专利权、商标权、著作权、专有技术使用权、土地使用权、商誉权等。这种类型的收入比较少见，其价值需要进行专门的评估。

（二）扣除项目

1. 取得土地使用权所支付的金额

取得土地使用权所支付的金额包括：

(1) 纳税人为取得土地使用权所支付的地价款。

(2) 纳税人在取得土地使用权时按国家统一规定缴纳的有关费用。

2. 房地产开发成本

房地产开发成本指的是纳税人房地产开发项目实际发生的成本，包括土地的征用及拆迁补偿费、前期工程费、建筑安装工程费、基础设施费、公共配套设施费、开发间接费用等。

3. 房地产开发费用

房地产开发费用指的是与房地产开发项目有关的销售费用、管理费用和财务费用。

(1) 纳税人能够按转让房地产项目计算分摊利息支出，并能提供金融机构的贷款证明的，其允许扣除的房地产开发费用的计算公式为

$$允许扣除的房地产开发费用 = 利息 + (取得土地使用权所支付的金额 + 房地产开发成本) \times 5\%$$

(2) 纳税人不能按转让房地产项目计算分摊利息支出或不能提供金融机构贷款证明的，其允许扣除的房地产开发费用的计算公式为

$$允许扣除的房地产开发费用 = (取得土地使用权所支付的金额 + 房地产开发成本) \times 10\%$$

4. 与转让房地产有关的税金

与转让房地产有关的税金指的是在转让房地产时缴纳的城市维护建设税、教育费附加、印花税等。

5. 其他扣除项目

从事房地产开发的纳税人可按取得土地使用权所支付的金额和房地产开发成本的金额之和，加计 20% 扣除。

6. 存量房地产转让时的扣除项目

纳税人转让旧房的，应按房屋及建筑物的评估价格、取得土地使用权所支付的地价款或出让金、按国家统一规定缴纳的有关费用和转让环节缴纳的税金作为扣除项目金额计征土地增值税。对取得土地使用权时未支付地价款或不能提供已支付的地价款凭据的，在计征土地增值税时不允许扣除。

（三）应纳税额的计算

土地增值税按照纳税人转让房地产所取得的增值额和规定的税率计算征收，增值额是土地增值税纳税人转让房地产所取得的收入减除规定的扣除项目金额后的余额。

纳税提示

土地增值税的计算步骤：

(1) 计算收入总额，注意应税收入不含增值税。

(2) 计算扣除项目金额。

(3) 计算增值额。

$$增值额 = 转让房地产收入 - 规定扣除项目金额$$

(4) 计算增值额与扣除项目之间的比例，以确定使用税率的档次和速算扣除系数。

(5) 计算应纳税额。

$$应纳税额 = 增值额 \times 税率 - 扣除项目金额 \times 速算扣除系数$$

【例 8-7】　某房地产开发公司转让商品房一栋，取得收入总额为 1 000 万元，应扣除的购买土地的金额、开发成本的金额、开发费用的金额、相关税金的金额、其他扣除金额合计为 400 万元。计算该房地产开发公司应缴纳的土地增值税。

【解析】

(1) 计算增值额：

增值额 = 1 000 - 400 = 600 万元

(2) 计算增值额与扣除项目金额的比率：

$$增值额与扣除项目金额的比率 = \frac{600}{400} \times 100\% = 150\%$$

由上可知，增值税与扣除项目金额的比率在 100% ～ 200% 之间，其适用的计算公式为

$$土地增值税税额 = 增值额 \times 50\% - 扣除项目金额 \times 15\%$$

(3) 计算该房地产开发公司应缴纳的土地增值税：

$$应缴纳的土地增值税 = 600 \times 50\% - 400 \times 15\% = 240 \text{ 万元}$$

（四）计税依据的特殊规定

(1) 纳税人隐瞒、虚报房地产成交价格的，应由评估机构参照同类房地产的市场交易价格进行评估，税务机关根据评估价格确定转让房地产的收入。

(2) 纳税人申报扣除项目金额不实的，应由评估机构按照房屋重置成本价乘以成新度折扣率计算的房屋成本价和取得土地使用权时的基准地价进行评估，税务机关根据评估价格确定房产的扣除项目金额。

(3) 转让房地产的成交价格低于房地产评估价格，又无正当理由的，应按评估的市场交易价确定其实际成交价，并以此作为转让房地产的收入。

(4) 非直接销售和自用房地产收入的确定。

① 按本企业在同一地区、同一年度销售的同类房地产的平均价格确定。

② 由主管税务机关参照当地当年同类房地产的市场价格或评估价值确定。

【例 8-8】 (单选题)2022 年 12 月甲公司销售的自行开发的房地产项目，取得不含税收入 6 000 万元，准予从房地产销售收入中减除的扣除项目金额为 3 500 万元。已知土地增值税适用税率为 40%，速算扣除系数为 5%。计算甲公司该笔业务应缴纳土地增值税的下列算式中，正确的是 (   )。

A. 6 000 × 40% − 3 500 × 5% = 2 225 万元

B. (6 000 − 3 500) × 5% = 125 万元

C. (6 000 − 3 500) × 40% − 3 500 × 5% = 825 万元

D. (6 000 − 3 500) × 40% − 6 000 × 5% = 700 万元

【答案与解析】

答案为 C。土地增值税应纳税额 = 增值额 × 适用税率 − 扣除项目金额 × 速算扣除系数；增值额 = 不含税收入 − 扣除项目金额。

三、土地增值税的纳税申报

(一) 纳税义务发生时间

土地增值税纳税义务发生时间为房地产转让合同签订之日。通过非正常方式转让房地产的，土地增值税纳税义务发生时间如下：

(1) 已签订房地产转让合同，原房产因种种原因迟迟未能过户，后因有关问题解决后再办理房产转移登记，土地增值税纳税义务发生时间以签订房地产转让合同时间为准。

(2) 法院在进行民事判决、民事裁定、民事调解过程中，判决或裁定房地产所有权转移，土地增值税纳税义务发生时间以判决书、裁定书、民事调解书确定的权属转移时间为准。

(3) 依法设立的仲裁机构裁决房地产权属转移，土地增值税纳税义务发生时间以仲裁书明确的权属转移时间为准。

(二) 纳税期限

土地增值税的纳税人应在转让房地产合同签订后的 7 日内，到房地产所在地主管税务机关办理纳税申报，并向税务机关提交房屋及建筑物产权、土地使用权证书、土地转让合同、房产买卖合同、房地产评估报告及其他与转让房地产有关的资料。

纳税人因经常发生房地产转让而难以在每次转让后申报的，经税务机关审核同意后，可以定期进行纳税申报，具体期限由税务机关根据相关规定确定。

(三) 纳税地点

土地增值税的纳税人应向房地产所在地主管税务机关办理纳税申报。房地产所在地，是指房地产的坐落地。纳税人转让的房地产坐落在两个或两个以上地区的，应按房地产所在地分别申报纳税。

在实际工作中，纳税地点的确定又可分为以下两种情况：

(1) 纳税人是法人的。当转让的房地产坐落地与其机构所在地或经营所在地一致时，在办理税务登记的原管辖税务机关申报纳税即可；如果转让的房地产坐落地与其机构所在地或经营所在地不一致时，则应在房地产坐落地所管辖的税务机关申报纳税。

(2) 纳税人是自然人的。当转让的房地产坐落地与其居住所在地一致时，在住所所在地税务机关申报纳税；当转让的房地产坐落地与其居住所在地不一致时，则在房地产坐落地的税务机关申报纳税。

（四）纳税申报

《土地增值税项目登记表》和《土地增值税纳税申报表》见表 8-5 和表 8-6。

表 8-5　土地增值税项目登记表

（从事房地产开发的纳税人适用）

纳税人识别号：　　　　　　　　纳税人名称：　　　　　　填表日期：　　年 月 日

金额单位：元至角分　　　　　　　　　　　　　　　　　　面积单位：平方米

项目名称		项目地址		业　别	
经济性质		主管部门			
开户银行		银行账号			
地　　址		邮政编码		电　话	
土地使用权受让（行政划拨）合同号			受让（行政划拨）时间		
建设项目起讫时间		总预算成本		单位预算成本	
项目详细坐落地点					
开发土地总面积		开发建筑总面积		房地产转让合同名称	
转让次序	转让土地面积（按次填写）	转让建筑面积（按次填写）		转让合同签订日期（按次填写）	
第 1 次					
第 2 次					
...					
备注					
以下由纳税人填写：					
纳税人声明	此纳税申报表是根据《中华人民共和国土地增值税暂行条例》及其实施细则和国家有关税收规定填报的，是真实的、可靠的、完整的。				
纳税人签章		代理人签章		代理人身份证号	
以下由税务机关填写：					
受理人		受理日期	年 月 日	受理税务机关签章	

表 8-6 土地增值税纳税申报表

(非从事房地产开发的纳税人适用)

税款所属时间： 年 月 日至 年 月 日　　　　　　　填表日期： 年 月 日

金额单位：元至角分　　　　　　　　　　　　　　　　　面积单位：平方米

纳税人识别号：

纳税人名称		项目名称			项目地址		
所属行业		登记注册类型		纳税人地址		邮政编码	
开户银行		银行账号		主管部门		电　话	

项　　目			行次	金　额
一、转让房地产收入总额　1 = 2 + 3 + 4			1	
其中	货币收入		2	
	实物收入		3	
	其他收入		4	
二、扣除项目金额合计 (1) 5 = 6 + 7 + 10 + 15 (2) 5 = 11 + 12 + 14 + 15			5	
(1) 提供评估价格	① 取得土地使用权所支付的金额		6	
	② 旧房及建筑物的评估价格 7 = 8 × 9		7	
	其中	旧房及建筑物的重置成本价	8	
		成新度折扣率	9	
	③ 评估费用		10	
(2) 提供购房发票	① 购房发票金额		11	
	② 发票加计扣除金额 12 = 11 × 5% × 13		12	
	其中：房产实际持有年数		13	
	③ 购房契税		14	
④ 与转让房地产有关的税金等 15 = 16 + 17 + 18 + 19			15	
其中	营业税		16	
	城市维护建设税		17	
	印花税		18	
	教育费附加		19	

续表

项 目	行次	金 额
三、增值额 20 = 1 - 5	20	
四、增值额与扣除项目金额之比 (%)21 = 20÷5	21	
五、适用税率 (%)	22	
六、速算扣除系数 (%)	23	
七、应缴土地增值税税额 24 = 20 × 22 - 5 × 23	24	
八、减免税额 (减免性质代码: _____)	25	
九、已缴土地增值税税额	26	
十、应补 (退) 土地增值税税额 27 = 24 - 25 - 26	27	

以下由纳税人填写:

纳税人声明	此纳税申报表是根据《中华人民共和国土地增值税暂行条例》及其实施细则和国家有关税收规定填报的,是真实的、可靠的、完整的。		
纳税人签章	代理人签章		代理人身份证号

以下由税务机关填写:

受理人		受理日期	年 月 日	受理税务机关签章

任务三 房产税

房产税是以房屋为征税对象,按照房屋的计税余值或租金收入,向产权所有人征收的一种财产税。现行房产税法的基本规范,是 1986 年 9 月 15 日国务院颁布的《中华人民共和国房产税暂行条例》。征收房产税有利于地方政府筹集财政收入,也有利于加强房产管理。

案例导入

"房地产税"和"房产税"看似仅一字之差,实则不同。"房地产税"作为不动产持有期间的税收成本,狭义上来说包括我国现行的"房产税"和"城镇土地使用税"。根据国内学术界目前的讨论,我国房地产税的改革目的主要包括以下几点:第一,增加政府财政收入；第二，完善我国税制结构中财产税的缺失，调节收入分配；第三，控制房价，预防房价过快增长。

首先，从增加地方政府财政收入的角度来看，目前我国多个城市对土地出让金的财政依赖度很高，而可开发的土地却在不断减少，土地财政的不可持续导致地方政府需要开拓新的财政收入来源，一旦对不动产普遍开征房地产税，房地产税未来即可成为地方政府一个稳定的财政收入来源。

其次，从完善财产税结构和降低贫富差距的角度来看，目前的社会风气和民间讨论中，民众对目前国内贫富差距较大的情况是存在不满情绪的，贫富分化不利于社会公平，更不利于社会的和谐稳定。所以无论是学术界还是广大人民群众，对完善财产税有了一定的共识和社会基础。房产不可转移，房地产税的征管难度较其他隐蔽财产较低，而且房地产税税源丰富，带来的财政收入效果也较好。

最后，从控制房价方面来说，房产持有环节的轻税负导致房产在我们国家不仅仅是一种住所，是居民生活的必需品，更带有投资属性。目前在我国家庭财富的组成分析中，对房产的投资超过对其他任何金融产品的投资，房产投资可以说是房价暴涨的重要主动力之一，这也是为什么近年来国家一直强调"房子是用来住的，不是用来炒的"原因。而且，房价的过高导致中低收入家庭需要用"六个钱包"来帮助年轻人购买房子，已经严重影响了这些家庭的债务杠杆和消费能力，降低了他们的日常消费支出和消费水平。

一、房产税概述

（一）纳税人

房产税以在征税范围内的房屋产权所有人为纳税人。其中：

(1) 产权属国家所有的，由经营管理单位纳税；产权属集体和个人所有的，由集体单位和个人纳税。

(2) 产权出典的，由承典人纳税。

(3) 产权所有人、承典人不在房屋所在地的，或者产权未确定及租典纠纷未解决的，由房产代管人或者使用人纳税。

(4) 纳税单位和个人无租使用房产管理部门、免税单位及纳税单位的房产，应由使用人代为缴纳房产税。

（二）征税范围

房产税以房产为征税对象。所谓房产，是指有屋面和围护结构（有墙或两边有柱），能够遮风避雨，可供人们在其中生产、学习、工作、娱乐、居住或储藏物资的场所。房地产开发企业建造的商品房，在出售前，不征收房产税；但对出售前房地产开发企业已使用或出租、出借的商品房应按规定征收房产税。

房产税的征税范围为城市、县城、建制镇和工矿区。具体规定如下：

(1) 城市是指国务院批准设立的市。

(2) 县城是指未设立建制镇的县人民政府所在地。

(3) 建制镇是指经省、自治区、直辖市人民政府批准设立的建制镇。

(4) 工矿区是指工商业比较发达、人口比较集中、符合国务院规定的建制镇标准但尚未设立建制镇的大中型工矿企业所在地。开征房产税的工矿区须经省、自治区、直辖市人民政府批准。

纳税提示

房产税的征税范围不包括农村，这主要是为了减轻农民的负担。因为农村的房屋，除农副业生产用房外，大部分是农民居住用房。对农村房屋不纳入房产税征税范围，有利于农业发展，繁荣农村经济，促进社会稳定。

（三）税率

我国现行房产税采用的是比例税率。由于房产税的计税依据分为从价计征和从租计征两种形式，所以房产税的税率也有两种：一种是按房产原值一次减除10%～30%后的余值计征的，税率为1.2%；另一种是按房产出租的租金收入计征的，税率为12%。自2008年3月1日起，对个人出租住房，不区分用途，按4%的税率征收房产税。

1. 关于房产原值从下规定

(1) 房产原值是指纳税人按照会计制度规定，在账簿"固定资产"科目中记载的房屋原价（不减除折旧）。

(2) 凡以房屋为载体，不可随意移动的附属设备和配套设施，如给排水、采暖、消防、中央空调、电气及智能化楼宇设备等，无论在会计核算中是否单独记账与核算，都应计入房产原值。

(3) 纳税人对原有房屋进行改建、扩建的，要相应增加房屋的原值。对更换房屋附属设备和配套设施的，在将其价值计入房产原值时，可扣减原来相应设备和设施的价值；对附属设备和配套设施中易损坏、需要经常更换的零配件，更新后不再计入房产原值。

(4) 居民住宅区内业主共有的经营性房产，自营的且没有房产原值或不能将业主共有房产与其他房产的原值准确划分开的，由房产所在地税务机关参照同类房产核定房产原值。

2. 关于租金

计税租金为不含增值税的租金收入，既包括货币收入，也包括实物收入。

3. 关于投资联营

(1) 对以房产投资联营，投资者参与投资利润分红、共担风险的，按房产余值作为计税依据计缴房产税。

(2) 对以房产投资收取固定收入，不承担经营风险的，实际上是以联营名义取得房产租金，应以出租方取得的租金收入为计税依据计缴房产税。

4.关于融资租赁

对于融资租赁的房屋，由"承租人"以"房产余值"计征房产税。

（四）税收优惠

(1) 国家机关、人民团体、军队自用的房产免征房产税。但上述免税单位的出租房产以及非自身业务使用的生产、营业用房，不属于免税范围。

(2) 由国家财政部门拨付事业经费的单位，如学校、医疗卫生单位、托儿所、幼儿园、敬老院、文化、体育、艺术这些实行全额或差额预算管理的事业单位所有的，本身业务范围内使用的房产免征房产税。

(3) 宗教寺庙、公园、名胜古迹自用的房产免征房产税。

(4) 个人所有非营业用的房产免征房产税。

(5) 经财政部批准免税的其他房产，主要有：

① 对非营利性医疗机构、疾病控制机构和妇幼保健机构等卫生机构自用的房产，免征房产税。

② 从 2001 年 1 月 1 日起，对按政府规定价格出租的公有住房和廉租住房，包括企业和自收自支事业单位向职工出租的单位自有住房，房管部门向居民出租的公有住房，落实私房政策中带户发还产权并以政府规定租金标准向居民出租的私有住房等，暂免征收房产税。

③ 经营公租房的租金收入，免征房产税。

(6) 自 2023 年 9 月 22 日至 2027 年 12 月 31 日，对农产品批发市场、农贸市场（包括自有和承租，下同）专门用于经营农产品的房产、土地，暂免征收房产税。对同时经营其他产品的农产品批发市场和农贸市场使用的房产、土地，按其他产品与农产品交易场地面积的比例确定征免房产税。

(7) 自 2023 年 9 月 22 日至 2027 年 12 月 31 日，对高校学生公寓免征房产税。

二、房产税的计算

（一）计税依据

房产税的计税依据是房产的计税价值或房产的租金收入。按照房产计税价值征税的，称为从价计征；按照房产租金收入计征的，称为从租计征。

1.从价计征

《中华人民共和国房产税暂行条例》规定，房产税依照房产原值一次减除 10% ～ 30% 后的余值计算缴纳。各地扣除比例由当地省、自治区、直辖市人民政府确定。

房产原值是指纳税人按照会计制度规定，在会计核算账簿"固定资产"科目中记载的房屋原价。因此，凡按会计制度规定在账簿中记载有房屋原价的，应以房屋原价按规定减除一定比例后作为房产余值计征房产税；没有记载房屋原价的，按照上述原则，并参照同类房屋确定房产原值，按规定计征房产税。

纳税提示

自 2009 年 1 月 1 日起，对依照房产原值计税的房产，不论是否记载在会计账簿固定资产科目中，均应按照房屋原价计算缴纳房产税。房屋原价应根据国家有关会计制度规定进行核算。对纳税人未按国家会计制度规定核算并记载的，应按规定予以调整或重新评估。

自 2010 年 12 月 21 日起，对按照房产原值计税的房产，无论会计上如何核算，房产原值均应包含地价，包括为取得土地使用权支付的价款、开发土地发生的成本费用等。宗地容积率低于 0.5 的，按房产建筑面积的 2 倍计算土地面积并据此确定计入房产原值的地价。

2. 从租计征

房产出租的，以房产租金收入为房产税的计税依据。房产租金收入，是房屋产权所有人出租房产使用权所得的报酬，包括货币收入和实物收入。

如果是以劳务或者其他形式为报酬抵付房租收入的，应根据当地同类房产的租金水平，确定一个标准租金额从租计征。对出租房产，租赁双方签订的租赁合同约定有免收租金期限的，免收租金期间由产权所有人按照房产原值缴纳房产税。出租的地下建筑，按照出租地上房屋建筑的有关规定计算征收房产税。

（二）应纳税额的计算

1. 从价计征

从价计征是按房产的原值减除一定比例后的余值计征，其计算公式为

$$应纳税额 = 应税房产原值 \times (1 - 扣除比例) \times 1.2\%$$

【例 8-9】（单选题）甲企业为增值税一般纳税人，拥有一处房产自用，该房产原值 1 200 万元，已计提折旧 100 万元。该房产于 2021 年 12 月更换了监控系统，新系统价值 60 万元，原系统价值 20 万元。已知房产原值减除比例为 30%；房产税从价计征税率为 1.2%。计算甲企业该房产 2022 年度应缴纳房产税税额的下列算式中，正确的是（   ）。

A. $(1\ 200 - 100 + 60) \times (1 - 30\%) \times 1.2\% \approx 9.74$ 万元

B. $(1\ 200 + 60) \times 1.2\% = 15.12$ 万元

C. $(1\ 200 + 100 + 60) \times (1 - 30\%) \times 1.2\% \approx 11.42$ 万元

D. $(1\ 200 - 20 + 60) \times (1 - 30\%) \times 1.2\% \approx 10.42$ 万元

【答案与解析】

答案为 D。对更换房屋附属设备和配套设施的，在将其价值计入房产原值时，可扣减原来相应设备和设施的价值。房产原值 = 1 200 - 20 + 60 = 1 240 万元，因此甲企业该房产 2022 年度应缴纳房产税税额 = 房产原值 × (1 - 扣除比例) × 1.2% = (1 200 - 20 + 60) × (1 - 30%) × 1.2% = 10.42 万元。

2. 从租计征

从租计征是按房产的租金收入计征，其计算公式为

$$应纳税额 = 租金收入 \times 12\%(或 4\%)$$

【例 8-10】　某公司出租房屋 10 间，年租金收入为 300 000 元，适用税率为 12%。计算其应纳房产税税额。

【解析】

应纳税额 = 300 000 × 12% = 36 000 元

三、房产税的纳税申报

（一）纳税义务发生时间

(1) 纳税人将原有房产用于生产经营，从生产经营之月起缴纳房产税。

(2) 纳税人自行新建房屋用于生产经营，从建成之次月起缴纳房产税。

(3) 纳税人委托施工企业建设的房屋，从办理验收手续之次月起缴纳房产税。

(4) 纳税人购置新建商品房，自房屋交付使用之次月起缴纳房产税。

(5) 纳税人购置存量房，自办理房屋权属转移、变更登记手续，房地产权属登记机关签发房屋权属证书之次月起缴纳房产税。

(6) 纳税人出租、出借房产，自交付出租、出借房产之次月起缴纳房产税。

(7) 房地产开发企业自用、出租、出借本企业建造的商品房，自房屋使用或交付之次月起缴纳房产税。

(8) 纳税人因房产的实物或权利状态发生变化而依法终止房产税纳税义务的，其应纳税款的计算应截止到房产的实物或权利状态发生变化的当月末。

【例 8-11】　（多选题）根据规定，下列各项中，不符合房产税纳税义务发生时间规定的有（　　　　）。

A. 纳税人将原有房产用于生产经营，从生产经营之次月起缴纳房产税

B. 纳税人自行新建房屋用于生产经营，从建成之次月起缴纳房产税

C. 纳税人委托施工企业建设的房屋，从办理验收手续之月起缴纳房产税

D. 纳税人购置新建商品房，自房屋交付使用之次月起缴纳房产税

【答案与解析】

答案为 AC。选项 A，纳税人将原有房产用于生产经营，从生产经营之月起缴纳房产税；选项 C，纳税人委托施工企业建设的房屋，从办理验收手续之次月起缴纳房产税。

（二）纳税期限

房产税实行按年计算、分期缴纳的征收方法，具体纳税期限由省、自治区、直辖市人民政府确定。

（三）纳税地点

房产税在房产所在地缴纳。房产不在同一地方的纳税人，应按房产的坐落地点分别向房产所在地的税务机关纳税。

（四）纳税申报

房产税的纳税人应按照条例的有关规定，及时办理纳税申报，并如实填写《房产税纳

税申报表》(见表 8-7)。

表 8-7 房产税纳税申报表

税款所属期:自 年 月 日至 年 月 日

纳税人识别号(统一社会信用代码):□□□□□□□□□□□□□□□□□□

纳税人名称: 　　　　　　　　　　金额单位:元至角分 面积单位:平方米

本期是否适用增值税小规模纳税人减征政策(减免性质代码:08049901)	□是 □否	本期适用增值税小规模纳税人减征政策起始时间	年 月	减征比例/%	
		本期适用增值税小规模纳税人减征政策终止时间	年 月		

一、从价计征房产税

	房产编号	房产原值	其中:出租房产原值	计税比例	税率	所属期起	所属期止	本期应纳税额	本期减免税额	本期增值税小规模纳税人减征额	本期已缴税额	本期应补(退)税额
1	*											
2	*											
3	*											
4	*											
5	*											
6	*											
7	*											
8	*											
9	*											
10	*											
合计	*	*	*	*	*	*	*					

二、从租计征房产税

	本期申报租金收入	税率	本期应纳税额	本期减免税额	本期增值税小规模纳税人减征额	本期已缴税额	本期应补(退)税额
1							
2							
3							
合计							

谨声明:本纳税申报表是根据国家税收法律法规及相关规定填报的,是真实的、可靠的、完整的。 纳税人(签章): 年 月 日
经办人: 经办人身份证号: 代理机构签章: 代理机构统一社会信用代码: ‖ 受理人: 受理税务机关(章): 受理日期: 年 月 日

任务四 >>> 契 税

契税是指不动产（土地、房屋）产权发生转移变动时，就当事人所订契约按产价的一定比例向新业主（产权承受人）征收的一次性税收。

契税除与其他税收有相同的性质和作用外，还具有其自身的特征：

(1) 征收契税的宗旨是为了保障不动产所有人的合法权益。通过征收，契税征收机关便以政府名义发给契证，作为合法的产权凭证，政府即承担保证产权的责任。因此，契税又带有规费性质，这是契税不同于其他税收的主要特点。

(2) 纳税人是产权承受人。当发生房屋买卖、典当、赠与或交换行为时，按转移变动的价值，对产权承受人可征一次性契税。

(3) 契税采用比例税率，即在房屋产权发生转移变动行为时，对纳税人依一定比例的税率课征。

2021 年 9 月 1 日起，《中华人民共和国契税法》施行，1997 年 7 月 7 日国务院发布的《中华人民共和国契税暂行条例》同时废止。

一、契税概述

（一）纳税人

契税的纳税义务人是指在境内转移土地、房屋权属，承受的单位和个人。境内是指中华人民共和国实际税收行政管辖范围内。土地、房屋权属是指土地使用权和房屋所有权。单位是指企业单位、事业单位、国家机关、军事单位和社会团体以及其他组织。个人是指个体经营者及其他个人，包括中国公民和外籍人员。

（二）征税范围

根据 2021 年 9 月 1 日发布的《中华人民共和国契税法》的规定，将契税征税范围调整如下：

契税所指转移土地、房屋权属，是指下列行为：

(1) 土地使用权出让。

(2) 土地使用权转让，包括出售、赠与、互换。

(3) 房屋买卖、赠与、互换。

上述第二项土地使用权转让，不包括土地承包经营权和土地经营权的转移。以作价投资（入股）、偿还债务、划转、奖励等方式转移土地、房屋权属的，应当依照本法规定征收契税。

纳税提示

以下情形，不属于契税的征税范围：

(1)"土地承包经营权和土地经营权"的转移。

(2)土地、房屋典当；分拆（分割）；抵押以及出租等行为。

契税与土地增值税的区别，关键在于纳税人不同。

【例 8-12】（单选题）根据契税法律制度的规定，下列各项中，属于契税纳税人的是（　　）。

A. 转让土地使用权的企业 　　　　B. 出租自有住房的个人

C. 受赠房屋权属的个体工商户 　　D. 继承父母车辆的子女

【答案与解析】

答案为 C。选项 ACD，契税的纳税人，是指在我国境内承受（包括受让、购买、受赠、互换）土地、房屋权属转移的单位和个人；选项 B，土地、房屋典当、分拆（分割）、抵押以及出租等行为，不属于契税的征税范围。

（三）税率

契税实行 3%～5% 的幅度税率。实行幅度税率是考虑到我国经济发展的不平衡，各地经济差别较大的实际情况。因此，各省、自治区、直辖市人民政府可以在 3%～5% 的幅度税率规定范围内，按照本地区的实际情况决定。

（四）税收优惠

(1)国家机关、事业单位、社会团体、军事单位承受土地、房屋用于办公、教学、医疗、科研和军事设施的，免征契税。

(2)城镇职工按规定第一次购买公有住房，免征契税。

纳税提示

财政部、国家税务总局规定：自 2000 年 11 月 29 日起，对各类公有制单位为解决职工住房而采取集资建房方式建成的普通住房，或由单位购买的普通商品住房，经当地县以上人民政府房改部门批准、按照国家房改政策出售给本单位职工的，如属职工首次购买住房，均可免征契税。

(3)因不可抗力灭失住房而重新购买住房的，酌情减免。

(4)土地、房屋被县级以上人民政府征用、占用后，重新承受土地、房屋权属的，由省级人民政府确定是否减免。

(5)承受荒山、荒沟、荒丘、荒滩土地使用权，并用于农、林、牧、渔业生产的，免征契税。

(6) 经外交部确认，依照我国有关法律规定以及我国缔结或参加的双边和多边条约或协定，应当予以免税的外国驻华使馆、领事馆、联合国驻华机构及其外交代表、领事官员和其他外交人员承受土地、房屋权属，免征契税。

(7) 公租房经营单位购买住房作为公租房的，免征契税。

(8) 对个人购买家庭唯一住房 (家庭成员范围包括购房人、配偶以及未成年子女)，面积为 90 平方米及以下的，减按 1% 的税率征收契税；面积为 90 平方米以上的，减按 1.5% 的税率征收契税。

(9) 对个人购买家庭第二套改善性住房，面积为 90 平方米及以下的，减按 1% 的税率征收契税；面积为 90 平方米以上的，减按 2% 的税率征收契税。

二、契税的计算

（一）计税依据

契税的计税依据为不动产的价格。由于土地、房屋权属转移方式不同，定价方法不同，因而具体计税依据视不同情况而决定。

(1) 国有土地使用权出让、土地使用权出售、房屋买卖，以成交价格为计税依据。成交价格是指土地、房屋权属转移合同确定的价格，包括承受者应交付的货币、实物、无形资产或者其他经济利益。

(2) 土地使用权赠与、房屋赠与，由征收机关参照土地使用权出售、房屋买卖的市场价格核定。

(3) 土地使用权交换、房屋交换，为所交换的土地使用权、房屋的价格差额。即交换价格相等时，免征契税；交换价格不等时，由多交付的货币、实物、无形资产或者其他经济利益的一方缴纳契税。

(4) 以划拨方式取得土地使用权。经批准转让房地产时，由房地产转让者补交契税，计税依据为补交的土地使用权出让费用或者土地收益。

(5) 房屋附属设施征收契税的依据。

① 不涉及土地使用权和房屋所有权转移变动的，不征收契税。

② 采取分期付款方式购买房屋附属设施土地使用权、房屋所有权的，应按合同规定的总价款计征契税。

③ 承受的房屋附属设施权属如为单独计价的，按照当地确定的适用税率征收契税；如与房屋统一计价的，适用与房屋相同的契税税率。

(6) 个人无偿赠与不动产行为 (法定继承人除外)，应对受赠人全额征收契税。

（二）应纳税额的计算

应纳税额的计算公式为

$$应纳税额 = 计税依据 × 税率$$

【例 8-13】 居民甲有两套住房，将一套出售给居民乙，成交价格为 1 200 000 元；将另一套两室住房与居民丙交换成两套一室住房，并支付给丙换房差价款 300 000 元。已知税率为 4%，计算甲、乙、丙相关行为应缴纳的契税。

【解析】

(1) 甲应缴纳的契税 = 300 000 × 4% = 12 000 元

(2) 乙应缴纳的契税 = 1 200 000 × 4% = 48 000 元

(3) 丙无须缴纳契税。

三、契税的纳税申报

（一）纳税义务发生时间

契税的纳税义务发生时间是纳税人签订土地、房屋权属转移合同的当天，或者纳税人取得其他具有土地、房屋权属转移合同性质凭证的当天。

（二）纳税期限

纳税人应当自纳税义务发生之日起 10 日内，向土地、房屋所在地的契税征收机关办理纳税申报，并在契税征收机关核定的期限内缴纳税款。

（三）纳税地点

契税在土地、房屋所在地的征收机关缴纳。

（四）纳税申报

根据人民法院、仲裁委员会的生效法律文书发生土地、房屋权属转移，纳税人不能取得销售不动产发票的，可持人民法院执行裁定书原件及相关材料办理契税纳税申报，税务机关应予受理。

购买新建商品房的纳税人在办理契税纳税申报时，由于销售新建商品房的房地产开发企业已办理注销税务登记或者被税务机关列为非正常户等原因，致使纳税人不能取得销售不动产发票的，税务机关在核实有关情况后应予受理。

任务五　城镇土地使用税

城镇土地使用税是以国有土地为征税对象，对拥有土地使用权的单位和个人征收的一种税。现行城镇土地使用税法的基本规范，是 2006 年 12 月 31 日国务院修改并颁布的《中华人民共和国城镇土地使用税暂行条例》，最新版本为 2019 年 3 月 2 日修订版。征收城镇土地使用税有利于促进土地的合理使用，调节土地级差收入，也有利于筹集地方财政资金。

案例导入

济南市某区的纳税人办理完工商登记后，到该区的地税征管分局办理税种核定事宜。税管员张某根据纳税人出示的办公房屋租赁合同为纳税人核定了以下税种：城镇土地使用税。纳税人租用的房屋面积不过100余平方米，该建筑的容积率为1.2，城镇土地使用税税额标准为16元/平方。因此核定该单位年度城镇土地使用税应纳税额度为1333.33(≈100÷1.2×16)元。

该纳税人跟税务师甲闲聊的时候说起此事，税务师甲有些诧异：您租用的办公用房不是住宅性质吗？个人出租住宅不缴纳城镇土地使用税啊。

纳税人解释说：税管员说个人出租住宅给企业，属于变更了房屋使用性质，不属于免征城镇土地使用税的范围。

税务师甲苦笑了一下：税管员的解释是错误的！根据《财政部　国家税务总局关于廉租住房经济适用住房和住房租赁有关税收政策的通知(财税〔2008〕24号)》第二条第三款规定："对个人出租住房，不区分用途……按4%的税率征收房产税，免征城镇土地使用税。"

税务师甲建议该纳税人根据相关政策规定与税管员进行交涉，申请退回本不该缴纳的城镇土地使用税。纳税人却嘀咕说：税额也不多，没有必要跟税管员进行纠缠，就不去沟通了。

税务师甲不禁哑然。

税无小事，一方面，税管员应该熟练掌握相关知识，不征收无谓的税，保障纳税人的合法权益；另一方面，纳税人也应该多了解本行业涉税行为的相关规定，避免缴纳冤枉税，维护自身的合法权益。

一、城镇土地使用税概述

城镇土地使用税是国家在"城市、县城、建制镇和工矿区"范围内，对使用土地的单位和个人，以其实际占用的土地面积为计税依据，按照规定的税额计算征收的一种税。

（一）纳税人

在城市、县城、建制镇、工矿区范围内使用土地的单位和个人，为城镇土地使用税的纳税人。

城镇土地使用税的纳税人通常包括以下几类：

(1) 拥有土地使用权的单位和个人。

(2) 拥有土地使用权的单位和个人不在土地所在地的，其土地的实际使用人和代管人为纳税人。

(3) 土地使用权未确定或权属纠纷未解决的，其实际使用人为纳税人。

(4) 土地使用权共有的，共有各方都是纳税人，由共有各方分别纳税。

(5) 在城镇土地使用税征税范围内，承租集体所有建设用地的，由直接从集体经济组织承租土地的单位和个人，缴纳城镇土地使用税。

【例8-14】（单选题）根据城镇土地使用税法律制度的规定，下列关于城镇土地使用税纳税人的表述中，不正确的是(　　)。

A. 土地使用权未确定或权属纠纷未解决的，由实际使用人缴纳

B. 拥有土地使用权的纳税人不在土地所在地的，暂不缴纳

C. 土地使用权共有的，共有各方均为纳税人，由共有各方分别缴纳

D. 城镇土地使用税由拥有土地使用权的单位或个人缴纳

【答案与解析】

答案为 B。拥有土地使用权的纳税人不在土地所在地的，由代管人或实际使用人缴纳城镇土地使用税。

（二）征税范围

城镇土地使用税的征税范围，包括在城市、县城、建制镇和工矿区内的国家所有和集体所有的土地。城市、县城、建制镇和工矿区分别按以下标准确认：

(1) 城市是指经国务院批准设立的市。

(2) 县城是指县人民政府所在地。

(3) 建制镇是指经省、自治区、直辖市人民政府批准设立的建制镇。

(4) 工矿区是指工商业比较发达，人口比较集中，符合国务院规定的建制镇标准，但尚未设立建制镇的大中型工矿企业所在地，工矿区须经省、自治区、直辖市人民政府批准。

纳税提示

城镇土地使用税的征税范围中，城市的土地包括市区和郊区的土地，县城的土地是指县人民政府所在地的城镇的土地，建制镇的土地是指镇人民政府所在地的土地。

建立在城市、县城、建制镇和工矿区以外的工矿企业不需要缴纳城镇土地使用税。

【例 8-15】（多选题）下列各项中，属于城镇土地使用税的征收范围的有（　　　）。

A. 集体所有的建制镇土地　　　　B. 集体所有的城市土地

C. 集体所有的农村土地　　　　　D. 国家所有的工矿区土地

【答案与解析】

答案为 ABD。凡在城市、县城、建制镇、工矿区范围内（不包括农村）的土地，不论是属于国家所有的土地，还是集体所有的土地，都属于城镇土地使用税的征税范围。

（三）税率

城镇土地使用税采用定额税率，即采用有幅度的差别税额，按大、中、小城市和县城、建制镇、工矿区分别规定每平方米城镇土地使用税年应纳税额。具体标准如下：

(1) 大城市 1.5 ～ 30 元。

(2) 中等城市 1.2 ～ 24 元。

(3) 小城市 0.9 ～ 18 元。

(4) 县城、建制镇、工矿区 0.6 ～ 12 元。

各省、自治区、直辖市人民政府可根据市政建设情况和经济繁荣程度在规定税额幅度内，确定所辖地区的适用税额幅度。经济落后地区，城镇土地使用税的适用税额标准可适当降低，但降低额不得超过上述规定最低税额的 30%。经济发达地区的适用税额标准可以适当提高，但须报财政部批准。

纳税提示

根据《国务院关于调整城市规模规划标准的通知》(国发〔2014〕51号),以城区常住人口为统计口径,将城市划分为五类七档。城区常住人口50万以下的城市为小城市,其中20万以上50万以下的城市为Ⅰ型小城市,20万以下的城市为Ⅱ型小城市;城区常住人口50万以上100万以下的城市为中等城市;城区常住人口100万以上500万以下的城市为大城市,其中300万以上500万以下的城市为Ⅰ型大城市,100万以上300万以下的城市为Ⅱ型大城市;城区常住人口500万以上1000万以下的城市为特大城市;城区常住人口1000万以上的城市为超大城市。(以上包括本数,以下不包括本数)

【例8-16】(单选题)甲公司购入一宗土地,取得政府部门核发的土地使用证书,证书上注明的该宗土地面积为1 800平方米。甲公司在该土地上建造办公楼,楼座占地面积为1 200平方米,建筑面积5 000平方米。甲公司该宗土地应缴纳城镇土地使用税的土地面积为(　　)。

A. 5 000平方米　　B. 1 200平方米　　　　C. 8 000平方米　　　　D. 1 800平方米

【答案与解析】

答案为D。纳税人持有政府部门核发的土地使用证书的,实际占用的土地面积以证书确定的土地面积为准。

(四)税收优惠

1.法定免缴城镇土地使用税的优惠

(1)国家机关、人民团体、军队自用的土地。

(2)由国家财政部门拨付事业经费的单位自用的土地。

(3)宗教寺庙、公园、名胜古迹自用的土地。

(4)市政街道、广场、绿化地带等公共用地。

(5)直接用于农、林、牧、渔业的生产用地。

(6)经批准开山填海整治的土地和改造的废弃土地,从使用的月份起免缴城镇土地使用税5～10年。

(7)对非营利性医疗机构、疾病控制机构和妇幼保健机构等卫生机构自用的土地,免征城镇土地使用税。

(8)企业办的学校、医院、托儿所、幼儿园,其用地能与企业其他用地明确区分的,免征城镇土地使用税。

(9)免税单位无偿使用纳税单位的土地(如公安、海关等单位使用铁路、民航等单位的土地),免征城镇土地使用税。纳税单位无偿使用免税单位的土地,纳税单位应照章缴纳城镇土地使用税。纳税单位与免税单位共同使用、共有使用权土地上的多层建筑,对纳税单位可按其占用的建筑面积占建筑总面积的比例计征城镇土地使用税。

(10)对行使国家行政管理职能的中国人民银行总行(含国家外汇管理局)所属分支机

构自用的土地，免征城镇土地使用税。

(11) 对石油、天然气生产建设中用于地质勘探、钻井、井下作业、油气田地面工程等施工临时用地暂免征收城镇土地使用税。对企业的铁路专用线、公路等用地，在厂区以外、与社会公用地段未加隔离的，暂免征收城镇土地使用税。对企业厂区以外的公共绿化用地和向社会开放的公园用地，暂免征收城镇土地使用税。对盐场的盐滩、盐矿的矿井用地，暂免征收城镇土地使用税。

(12) 自 2023 年 9 月 22 日至 2027 年 12 月 31 日，对农产品批发市场、农贸市场 (包括自有和承租，下同) 专门用于经营农产品的房产、土地，暂免征收房产税和城镇土地使用税。对同时经营其他产品的农产品批发市场和农贸市场使用的房产、土地，按其他产品与农产品交易场地面积的比例确定免征房产税和城镇土地使用税。

(13) 自 2023 年 9 月 22 日至 2027 年 12 月 31 日，对城市公交站场、道路客运站场、城市轨道交通系统运营用地，免征城镇土地使用税。

2. 省、自治区、直辖市税务局确定的城镇土地使用税减免优惠

(1) 个人所有的居住房屋及院落用地。

(2) 房产管理部门在房租调整改革前经租的居民住房用地。

(3) 免税单位职工家属的宿舍用地。

(4) 集体和个人办的各类学校、医院、托儿所、幼儿园用地。

二、城镇土地使用税的计算

(一) 计税依据

城镇土地使用税以纳税人实际占用的土地面积为计税依据，土地面积计量标准为每平方米。即税务机关根据纳税人实际占用的土地面积，按规定税额计算应纳税额，向纳税人征收城镇土地使用税。

纳税人实际占用的土地面积按下列办法确定：

(1) 由省、自治区、直辖市人民政府确定的单位组织测定土地面积的，以测定的面积为准。

(2) 尚未组织测量，但纳税人持有政府部门核发的土地使用证书的，以证书确认的土地面积为准。

(3) 尚未核发土地使用证书的，应由纳税人申报土地面积，据以纳税，待核发土地使用证以后再作调整。

(4) 对在城镇土地使用税征税范围内单独建造的地下建筑用地，按规定征收城镇土地使用税。其中，已取得地下土地使用权证的，按土地使用权证确认的土地面积计算应征税款；未取得地下土地使用权证或地下土地使用权证上未标明土地面积的，按地下建筑垂直投影面积计算应征税款。对地下建筑用地暂按应征税款的 50% 征收城镇土地使用税。

(二) 应纳税额的计算

城镇土地使用税的应纳税额可以通过纳税人实际占用的土地面积乘以该土地所在地段的适用税额求得。其计算公式为

全年应纳税额 = 实际占用应税土地面积 (平方米) × 适用税额

【例 8-17】 在某城市的一家企业使用土地面积为 10 000 平方米，经税务机关核定，该土地为应税土地，每平方米年税额为 4 元。计算其全年应纳的城镇土地使用税税额。

【解析】

全年应纳税额 = 10 000 × 4 = 40 000 元

三、城镇土地使用税的纳税申报

（一）纳税义务发生时间

(1) 纳税人购置新建商品房，自房屋交付使用之次月起，缴纳城镇土地使用税。

(2) 纳税人购置存量房，自办理房屋权属转移、变更登记手续，房地产权属登记机关签发房屋权属证书之次月起，缴纳城镇土地使用税。

(3) 纳税人出租、出借房产，自交付出租、出借房产之次月起，缴纳城镇土地使用税。

(4) 以出让或转让方式有偿取得土地使用权的，应由受让方从合同约定交付土地时间的次月起缴纳城镇土地使用税；合同未约定交付时间的，由受让方从合同签订的次月起缴纳城镇土地使用税。

(5) 纳税人新征用的耕地，自批准征用之日起满 1 年时开始缴纳城镇土地使用税。

(6) 纳税人新征用的非耕地，自批准征用次月起缴纳城镇土地使用税。

(7) 自 2009 年 1 月 1 日起，纳税人因土地的权利发生变化而依法终止城镇土地使用税纳税义务的，其应纳税款的计算应截止到土地权利发生变化的当月末。

【例 8-18】 （单选题）甲公司购买一幢旧办公楼，2022 年 5 月 12 日签订合同并付讫全部款项，2022 年 6 月 3 日入驻办公楼，2022 年 7 月 2 日办理完权属变更登记。甲公司持有该办公楼城镇土地使用税的纳税义务发生时间为（   ）。

A. 2022 年 8 月　　B. 2022 年 7 月　　　　C. 2022 年 6 月　　　　D. 2022 年 5 月

【答案与解析】

答案为 A。纳税人购置存量房，自办理房屋权属转移、变更登记手续，房地产权属登记机关签发房屋权属证书之次月起，缴纳城镇土地使用税。

（二）纳税期限

城镇土地使用税实行按年计算、分期缴纳的征收方法，具体纳税期限由省、自治区、直辖市人民政府确定。

（三）纳税地点

城镇土地使用税在土地所在地缴纳。纳税人使用的土地不属于同一省、自治区、直辖市管辖的，由纳税人分别向土地所在地的税务机关缴纳城镇土地使用税；在同一省、自治区、直辖市管辖范围内，纳税人跨地区使用的土地，其纳税地点由各省、自治区、直辖市税务局确定。

（四）纳税申报

城镇土地使用税的纳税人应按照条例的有关规定及时办理纳税申报，并如实填写《城镇土地使用税纳税申报表》（见表 8-8）。

表 8-8　城镇土地使用税纳税申报表

纳税人识别号 (统一社会信用代码)：□□□□□□□□□□□□□□□□□□

纳税人名称：

金额单位：人民币元 (列至角分)　　　　　　　　　　　　　　　　面积单位：平方米

本期是否适用增值税小规模纳税人减征政策 (减免性质代码：10049901)	□是 □否	本期适用增值税小规模纳税人减征政策起始时间	年 月	减征比例 /%						
		本期适用增值税小规模纳税人减征政策终止时间	年 月							
联系人				联系方式						
土地编号	宗地的地号	土地等级	税额标准	土地总面积	所属期起	所属期止	本期应纳税额	本期减免税额	本期增值税小规模纳税人减征额	本期已缴税额	本期应补 (退) 税额
*											
*											
*											
*											
*											
*											
*											
*											
*											
合计			*		*	*					

谨声明：本纳税申报表是根据国家税收法律法规及相关规定填报的，是真实的、可靠的、完整的。

纳税人 (签章)：　　　　　　年　月　日

经办人：　　　　　　　　　　　　　受理人：

经办人身份证号：　　　　　　　　　受理税务机关 (章)：

代理机构签章：

代理机构统一社会信用代码：　　　　受理日期：　年　月　日

任务六　　耕地占用税

耕地占用税是对占用耕地建房或从事其他非农业建设的单位和个人，就其实际占用的耕地面积征收的一种税，它属于对特定土地资源占用课税。现行耕地占用税法的基本规范，是 2018 年 12 月 29 日第十三届全国人民代表大会常务委员会第七次会议通过的《中华人民共和国耕地占用税法》（以下简称《耕地占用税法》）。通过开征耕地占用税，使那些占用耕地建房及从事其他非农业建设的单位和个人承担必要的经济责任，有利于政府运用税收经济杠杆调节他们的经济利益，引导他们节约、合理地使用耕地资源。这对于保护国土资源、促进农业可持续发展、强化耕地管理、保护农民的切身利益等，都具有十分重要的意义。

📄 案例导入

近期，税务人员在税源巡查过程中，发现一户外来建筑企业 A 公司因建设项目施工占用较大块林地和园地。经查询系统及核实相关情况，A 公司已获得相关部门的耕地占用批准，其中林地 23 418 平方米、园地 7 983 平方米，临时占用批准时长为 10 个月，但未向税务机关申报缴纳耕地占用税。A 公司财务人员认为，临时占用林地、园地不属于耕地占用税征税范围，而且临时占用时间较短，不需缴纳耕地占用税，一直未进行税务处理，导致企业产生应缴未缴耕地占用税的风险。

根据《耕地占用税法》规定，耕地占用税，指占用耕地（用于种植农作物的土地）建设建筑物、构筑物或者从事非农业建设的单位和个人应当缴纳征收的一个税种，由税务机关负责征收。以纳税人实际占用的耕地面积为计税依据，按照规定的适用税额一次性征收，应纳税额为纳税人实际占用的耕地面积（平方米）乘以适用税额。耕地占用税的适用税额最高每平方米 50 元，最低每平方米 5 元，具体由各省、自治区、直辖市人民政府根据人均耕地面积和经济发展等情况，在规定的税额幅度内提出并报备。"对于占用土地资源进行开发建设，需要缴纳耕地占用税的情形，税法已经予以明确。"国家税务总局深圳市深汕特别合作区税务局第一税务所副所长郭方墩分析，根据《耕地占用税法》第十二条及《财政部 税务总局 自然资源部 农业农村部 生态环境部关于发布〈中华人民共和国耕地占用税法实施办法〉的公告》（财政部公告 2019 年第 81 号，以下简称 81 号公告）第十九条规定，有两种情形应缴纳耕地占用税：第一种是占用园地、林地、草地、农田水利用地、养殖水面、渔业水域滩涂以及其他农用地，以建设建筑物、构筑物或者从事非农业建设；第二种是因挖损、采矿塌陷、压占、污染等损毁耕地。本案例中，A 公司因建设项目施工临时占用园地、林地，属于第一种情形，应当缴纳相应的耕地占用税。

郭方墩提醒，根据《耕地占用税法》第二条和第十二条规定，有两种情形不缴纳耕占用税：一种情形是占用耕地建设农田水利设施，另一种情形是占用园地、林地、草地、农田水利用地、养殖水面、渔业水域滩涂以及其他农用地，建设直接为农业生产服务的生产设施。"换句话说，只要属于规定的情形，纳税人就必须缴纳耕地占用税，与是否属于临时占用没有关系。一旦临时占用状态解除，纳税人可以申请退税。"郭方墩说。

深汕特别合作区税务局法制科副科长陈柏志分析，根据81号公告，耕地占用税纳税人具体可分为三类：一是经批准占用耕地的，纳税人为农用地转用审批文件中标明的建设用地人；二是农用地转用审批文件中未标明建设用地人的，纳税人为用地申请人；三是未经批准占用耕地的，纳税人为实际用地人。"实务中，个人或单位是否为耕地占用税纳税人，主要结合其农用地转用审批文件来判断。"陈柏志说。A公司因建设项目施工占用较大块林地和园地，已获得相关部门的耕地占用批准，属于上述"经批准占用耕地"的情形，A公司作为审批文件中标明的建设用地人，应为耕地占用税的纳税人。

耕地占用税纳税义务发生时间的确定，是纳税人合规履行纳税义务的重要前提。陈柏志分析，根据占用情形不同，耕地占用税纳税义务发生时间具体可分为三个"当日"。根据《耕地占用税法》第十条及81号公告第二十七条，经批准占用耕地的，耕地占用税的纳税义务发生时间，为纳税人收到自然资源主管部门办理占用耕地手续的书面通知的当日。未经批准占用耕地的，耕地占用税纳税义务发生时间，为自然资源主管部门认定的纳税人实际占用耕地的当日。因挖损、采矿塌陷、压占、污染等损毁耕地的，纳税义务发生时间为自然资源、农业农村等相关部门认定损毁耕地的当日。

那么，纳税人应当何时在何地申报缴纳耕地占用税？陈柏志说，根据《耕地占用税法》第十条及81号公告第十七条、第二十八条规定，纳税人应当自纳税义务发生之日起30日内，在耕地所在地申报缴纳耕地占用税，自然资源主管部门凭耕地占用税完税凭证或者免税凭证和其他有关文件，发放建设用地批准书。对于纳税人改变原占地用途，不再属于免征或减征情形的，应自改变用途之日起30日内，申报补缴税款，补缴税款按改变用途的实际占用耕地面积和改变用途时当地适用税额计算。

据此，本案例中，A公司收到相关部门耕地占用批准通知书的当日，就产生了耕地占用税纳税义务，应当自收到耕地占用批准通知书30日内，依法向耕地所在地税务机关申报缴纳耕地占用税。最终，经税务人员的耐心解释，A公司依法补缴了耕地占用税共94.21万元。

实务提醒：复垦后符合条件可申请退税。值得注意的是，纳税人临时占用或毁损耕地，如果在规定的期限内依法复垦，恢复种植条件，可以申请退还耕地占用税。

深汕特别合作区税务局税源管理一科副科长包保华分析，临时占用耕地，指经自然资源主管部门批准，在一般不超过2年内临时使用耕地并且没有修建永久性建筑物的行为。结合《耕地占用税法》第十一条和81号公告第十九条的规定，临时占用耕地退税有两种情形：一种是纳税人因建设项目施工或者地质勘查临时占用耕地，依法缴纳耕地占用税，在批准临时占用耕地期满之日起，1年内依法复垦，恢复种植条件的，全额退还已经缴纳的耕地占用税；另一种是因挖损、采矿塌陷、压占、污染等损毁耕地，自自然资源、农业农村等相关部门认定损毁耕地之日起，3年内依法复垦或修复，恢复种植条件的，比照临时占用耕地情形办理退税。应当注意的是，依法复垦应由自然资源主管部门会同有关行业管理部门认定并出具验收合格确认书。

本案例中，A公司如果在自然资源主管部门批准临时占用耕地期满之日起，1年内依法复垦，恢复种植条件，通过自然资源主管部门会同有关行业管理部门认定并获得其出具的验收合格确认书后，可以申请全额退还已经缴纳的耕地占用税。

一、耕地占用税概述

（一）纳税人

耕地占用税的纳税人是指在中华人民共和国境内占用耕地建设建筑物、构筑物或者从事非农业建设的单位和个人。

（二）征税范围

耕地占用税的征税范围包括纳税人占用耕地建设建筑物、构筑物或者从事非农业建设的国家所有和集体所有的耕地。

耕地占用税所称耕地，是指用于种植农作物的土地，包括菜地、园地。其中，园地包括花圃、苗圃、茶园、果园、桑园和其他种植经济林木的土地。占用鱼塘及其他农用土地建房或从事其他非农业建设，也视同占用耕地，必须依法征收耕地占用税。占用已开发从事种植、养殖的滩涂、草场、水面和林地等从事非农业建设，由省、自治区、直辖市本着有利于保护土地资源和生态平衡的原则，结合具体情况确定是否征收耕地占用税。

（三）税率

考虑到不同地区之间客观条件的差别以及与此相关的税收调节力度和纳税人负担能力方面的差别，耕地占用税在税率设计上采用了地区差别定额税率。税率规定如下：

(1) 人均耕地不超过1亩的地区(以县、自治县、不设区的市、市辖区为单位，下同)，每平方米为10～50元。

(2) 人均耕地超过1亩但不超过2亩的地区，每平方米为8～40元。

(3) 人均耕地超过2亩但不超过3亩的地区，每平方米为6～30元。

(4) 人均耕地超过3亩以上的地区，每平方米为5～25元。

纳税提示

在人均耕地低于0.5亩的地区，省、自治区、直辖市可以根据当地经济发展情况，适当提高耕地占用税的适用税额，但提高的部分不得超过上述第(2)条确定的适用税额的50%。占用基本农田的，应当按照适用税额加征150%。

（四）税收优惠

1. 免征耕地占用税

(1) 军事设施占用耕地。

(2) 学校、幼儿园、社会福利机构、医疗机构占用耕地。

(3) 农村烈士遗属、因公牺牲军人遗属、残疾军人以及符合农村最低生活保障条件的农村居民，在规定用地标准以内新建自用住宅，免征耕地占用税。

2. 减征耕地占用税

(1) 铁路线路、公路线路、飞机场跑道、停机坪、港口、航道水利工程占用耕地，减按每平方米 2 元的税额征收耕地占用税。

(2) 农村居民在规定用地标准以内占用耕地新建自用住宅，按照当地适用税额减半征收耕地占用税；其中农村居民经批准搬迁，新建自用住宅占用耕地不超过原宅基地面积的部分，免征耕地占用税。免征或者减征耕地占用税后，纳税人改变原占地用途，不再属于免征或者减征耕地占用税情形的，应当按照当地适用税额补缴耕地占用税。

纳税人因建设项目施工或者地质勘查临时占用耕地，应当依照本条例的规定缴纳耕地占用税。纳税人在批准临时占用耕地期满之日起一年内依法复垦，恢复种植条件的，全额退还已经缴纳的耕地占用税。

占用林地、牧草地、农田水利用地、养殖水面、渔业水域滩涂以及其他农用地建设建筑物、构筑物或者从事非农业建设的，依照本法的规定征收耕地占用税。建设直接为农业生产服务的生产设施占用前款规定的农用地的，不征收耕地占用税。

纳税提示

(1) 按规定免征或减征耕地占用税后，纳税人改变原占地用途，不再属于免征或者减征耕地占用税情形的，应当按照当地适用税额补缴耕地占用税。

(2) 纳税人因"建设项目施工或者地质勘查"临时占用耕地，应当缴纳耕地占用税。纳税人在批准临时占用耕地"期满之日起 1 年内"依法复垦，恢复种植条件的，"全额退还"已经缴纳的耕地占用税。

(3) 因"挖损、采矿塌陷、压占、污染"等损毁耕地，应当缴纳耕地占用税。自自然资源、农业农村等相关部门认定损毁耕地之日起"3 年内"依法复垦或修复，恢复种植条件的，"全额退还"已经缴纳的耕地占用税。

【例 8-19】（多选题）根据耕地占用税法律制度的规定，下列各项中，不缴纳耕地占用税的有（   ）。

A. 占用耕地建设储存农用机具的仓库

B. 占用养殖水面建设专为农业生产服务的灌溉排水设施

C. 占用竹林地建设木材集材道

D. 占用天然牧草地建设旅游度假村

【答案与解析】

答案为 ABC。建设直接为农业生产服务的生产设施占用农用地的，不缴纳耕地占用税。

二、耕地占用税的计算

（一）计税依据

耕地占用税以纳税人实际占用的耕地面积为计税依据，按照规定的适用税额一次性征收。

（二）应纳税额的计算

耕地占用税以纳税人实际占用的耕地面积为计税依据，以每平方米土地为计税单位，按适用的定额税率计税。应纳税额为纳税人实际占用的耕地面积（平方米）乘以适用税额。其计算公式为

$$应纳税额 = 实际占用耕地面积（平方米）× 适用定额税率$$

【例 8-20】（单选题）2022 年 7 月甲公司开发住宅社区经批准共占用耕地 150 000 平方米，其中 800 平方米兴建幼儿园，5 000 平方米修建学校，已知耕地占用税适用税率为 30 元/平方米。甲公司应缴纳耕地占用税税额的下列算式中，正确的是（　　）。

A. 150 000 × 30 = 4 500 000 元

B. (150 000 − 800 − 5 000) × 30 = 4 326 000 元

C. (150 000 − 5 000) × 30 = 4 350 000 元

D. (150 000 − 800) × 30 = 4 476 000 元

【答案与解析】

答案为 B。学校、幼儿园占用耕地，免征耕地占用税。

三、耕地占用税的纳税申报

耕地占用税由税务机关负责征收。耕地占用税的纳税义务发生时间为纳税人收到自然资源主管部门办理占用耕地手续的书面通知的当日。纳税人应当自纳税义务发生之日起三十日内申报缴纳耕地占用税。自然资源主管部门凭耕地占用税完税凭证或者免税凭证和其他有关文件发放建设用地批准书。

【例 8-21】（单选题）甲企业 2022 年 2 月经批准新占用一块耕地建造办公楼，另占用一块非耕地建造企业仓库。下列关于甲企业城镇土地使用税和耕地占用税的有关处理，说法正确的是（　　）。

A. 甲企业建造办公楼占地，应征收耕地占用税，并自批准征用之次月起征收城镇土地使用税

B. 甲企业建造办公楼占地，应征收耕地占用税，并自批准征用之日起满一年后征收城镇土地使用税

C. 甲企业建造仓库占地，不征收耕地占用税，应自批准征用之月起征收城镇土地使用税

D. 甲企业建造仓库占地，不征收耕地占用税，应自批准征用之日起满一年时征收城镇土地使用税

【答案与解析】

答案为 B。为避免对一块土地同时征收耕地占用税和城镇土地使用税，凡是缴纳了耕地占用税的，从批准征用之日起满 1 年后征收城镇土地使用税；征用非耕地因不需要缴纳耕地占用税，应从批准征用之次月起征收城镇土地使用税。

任务七　车辆购置税

车辆购置税是以在中国境内购置规定车辆为课税对象、在特定的环节向车辆购置者征收的一种税。就其性质而言，属于直接税的范畴。现行车辆购置税法的基本规范，是 2018 年 12 月 29 日第十三届全国人民代表大会常务委员会第七次会议通过，并于 2019 年 7 月 1 日起施行的《中华人民共和国车辆购置税法》。征收车辆购置税有利于合理筹集财政资金，规范政府行为，调节收入差距，也有利于配合打击车辆走私和维护国家权益。

一、车辆购置税概述

（一）纳税人

车辆购置税的纳税人是指在中华人民共和国境内购置汽车、有轨电车、汽车挂车、排气量超过一百五十毫升的摩托车（以下统称应税车辆）的单位和个人。其中购置是指以购买、进口、自产、受赠、获奖或者其他方式取得并自用应税车辆的行为。车辆购置税实行一次性征收，购置已征车辆购置税的车辆，不再征收车辆购置税。

【例 8-22】（多选题）根据车辆购置税法律制度的规定，下列情形中，应缴纳车辆购置税的有（　　　　）。

A. 自产应税车辆并自用

B. 受赠应税车辆并自用

C. 购买应税车辆并自用

D. 进口应税车辆并自用

【答案与解析】

答案为 ABCD。在中华人民共和国境内购置应税车辆的单位和个人，为车辆购置税的纳税人；购置，是指以购买、进口、自产、受赠、获奖或者其他方式取得并自用应税车辆的行为。

（二）征税范围

车辆购置税以列举的车辆作为征税对象，未列举的车辆不纳税。其征税范围包括汽车、摩托车、电车、挂车、农用运输车。

（三）税率

车辆购置税实行统一比例税率，税率为 10%。

（四）税收优惠

根据 2018 年 12 月 29 日第十三届全国人民代表大会常务委员会第七次会议通过的《中华人民共和国车辆购置税法》，税收优惠调整如下：

(1) 依照法律规定应当予以免税的外国驻华使馆、领事馆和国际组织驻华机构及其有关人员自用的车辆。

(2) 中国人民解放军和中国人民武装警察部队列入装备订货计划的车辆。

(3) 悬挂应急救援专用号牌的国家综合性消防救援车辆。

(4) 设有固定装置的非运输专用作业车辆。

(5) 城市公交企业购置的公共汽电车辆。

根据国民经济和社会发展的需要，国务院可以规定减征或者其他免征车辆购置税的情形，报全国人民代表大会常务委员会备案。

① 防汛部门和森林消防部门用于指挥、检查、调度、报汛（警）、联络的设有固定装置的指定型号的车辆。

② 回国服务的留学人员用现汇购买 1 辆自用国产小汽车。

③ 长期来华定居专家进口 1 辆自用小汽车。

(6) 农用三轮运输车免征车辆购置税。农用三轮车是指：柴油发动机，功率不大于 7.4 kW，载重量不大于 500 kg，最高车速不大于 40 km/h 的三个车轮的机动车。

(7) 自 2023 年 9 月 22 日至 2027 年 12 月 31 日，继续对购置挂车减半征收车辆购置税。购置日期按照《机动车销售统一发票》《海关关税专用缴款书》或者其他有效凭证的开具日期确定。本公告所称挂车，是指由汽车牵引才能正常使用且用于载运货物的无动力车辆。

二、车辆购置税的计算

（一）计税依据

车辆购置税计税依据为应税车辆的计税价格，按照下列规定确定：

(1) 纳税人购买自用应税车辆的计税价格，为纳税人实际支付给销售者的全部价款，不包括增值税税款。

(2) 纳税人进口自用应税车辆的计税价格，为关税完税价格加上关税和消费税。

(3) 纳税人自产自用应税车辆的计税价格，按照纳税人生产的同类应税车辆的销售价格确定，不包括增值税税款。

(4) 纳税人以受赠、获奖或者其他方式取得自用应税车辆的计税价格，按照购置应税车辆时相关凭证载明的价格确定，不包括增值税税款。

纳税提示

纳税人申报的应税车辆计税价格明显偏低，又无正当理由的，由税务机关依照《中华人民共和国税收征收管理法》的规定核定其应纳税额。纳税人以外汇结算应税车辆价款的，按照申报纳税之日的人民币汇率中间价折合成人民币计算缴纳税款。

（二）应纳税额的计算

1. 购买自用应税车辆应纳税额的确定

应税车辆的计税价格，按照下列规定确定：

(1) 纳税人购买自用应税车辆的计税价格，为纳税人实际支付给销售者的全部价款，不包括增值税税款。

(2) 纳税人进口自用应税车辆的计税价格，为关税完税价格加上关税和消费税。

(3) 纳税人自产自用应税车辆的计税价格，按照纳税人生产的同类应税车辆的销售价格确定，不包括增值税税款。

(4) 纳税人以受赠、获奖或者其他方式取得自用应税车辆的计税价格，按照购置应税车辆时相关凭证载明的价格确定，不包括增值税税款。

2. 进口自用应税车辆应纳税额的计算

$$应纳税额 = （关税完税价格 + 关税 + 消费税）× 税率$$

【例 8-23】 某外贸进出口公司 2022 年 8 月从国外进口 10 辆某公司生产的某型号小轿车。该公司报关进口这批小轿车时，经报关地海关对有关报关资料的审查，确定关税完税价格为每辆 185 000 元人民币，海关按关税政策规定每辆征收了关税 46 200 元，并按消费税、增值税有关规定分别代征了每辆小轿车的进口消费税 25 600 元和增值税 41 000 元。由于联系业务需要，该公司将一辆小轿车留在本单位使用。根据以上资料，计算应纳车辆购置税。

【解析】

计税依据 = 185 000 + 46 200 + 25 600 = 256 800 元

应纳税额 = 256 800 × 10% = 25 680 元

3. 其他自用应税车辆应纳税额的计算

纳税人自产自用、受赠使用、获奖使用和以其他方式取得并自用应税车辆的，凡不能取得该型车辆的购置价格，或者低于最低计税价格的，以国家税务总局核定的最低计税价格作为计税依据计算征收车辆购置税。

$$应纳税额 = 最低计税价格 × 税率$$

【例 8-24】 某客车制造厂将自产的一辆某型号的客车，用于本厂后勤服务。该厂在办理车辆上牌落籍前，出具该车的发票，注明金额 65 000 元，并按此金额向主管税务机关申报纳税。经审核，国家税务总局对该车同类型车辆核定的最低计税价格为 80 000 元。计算该车应纳车辆购置税。

【解析】

应纳税额 = 80 000 × 10% = 8 000 元

三、车辆购置税的纳税申报

（一）纳税义务发生时间

车辆购置税的纳税义务发生时间为纳税人购置应税车辆的当日。纳税人应当自纳税义务发生之日起 60 日内申报缴纳车辆购置税。纳税人应当在向公安机关交通管理部门办理车辆注册登记前，缴纳车辆购置税。

（二）纳税期限

纳税人购买自用的应税车辆，自购买之日起 60 日内申报纳税；进口自用的应税车辆，应当自进口之日起 60 日内申报纳税；自产、受赠、获奖和以其他方式取得并自用的应税车辆，应当自取得之日起 60 日内申报纳税。购买之日是指纳税人购车发票上注明的销售日期，进口之日是指纳税人报关进口的当天。

（三）纳税地点

纳税人购置应税车辆，应当向车辆登记注册地的主管税务机关申报纳税；购置不需办理车辆登记注册手续的应税车辆，应当向纳税人所在地主管税务机关申报纳税。车辆登记注册地是指车辆的上牌落籍地或落户地。

（四）纳税申报

车辆购置税实行一车一申报制度。纳税人办理纳税申报时应如实填写《车辆购置税纳税申报表》，同时提供纳税人身份证明、车辆价格证明、车辆合格证明以及税务机关要求提供的其他资料。

【例 8-25】（单选题）甲公司机构所在地为 M 市，于 N 市购进一辆应税汽车，在 P 市办理车辆登记，该汽车生产企业机构所在地为 Q 市。甲公司购置该汽车车辆购置税的纳税地点是（　　）。

A. N 市　　　　　　　　　　B. Q 市

C. M 市　　　　　　　　　　D. P 市

【答案与解析】

答案为 D。纳税人购置应税车辆，需要办理车辆登记注册手续的，应当向"车辆登记地"的主管税务机关申报缴纳车辆购置税。

任务八　车船税

车船税是以车船为征税对象，向拥有车船的单位和个人征收的一种税。现行车船税法的基本规范，是 2011 年 2 月 25 日由中华人民共和国第十一届全国人民代表大会常务委员会第十九次会议通过的《中华人民共和国车船税法》，自 2012 年 1 月 1 日起施行；根据 2019 年 4 月 23 日第十三届全国人民代表大会常务委员会第十次会议《关于修改〈中华人民共和国建筑法〉等八部法律的决定》修正。征收车船税有利于为地方政府筹集财政资金，有利于车船的管理和合理配置，也有利于调节财富差异。

一、车船税概述

（一）纳税人

车船税的纳税义务人，是指在中华人民共和国境内，车辆、船舶（以下简称车船）的所有人或者管理人。

【例 8-26】（多选题）下列纳税主体中，属于车船税纳税人的有（　　　　）。

A. 在中国境内拥有并使用船舶的国有企业

B. 在中国境内拥有并使用车辆的外籍个人

C. 在中国境内拥有并使用船舶的内地居民

D. 在中国境内拥有并使用车辆的外国企业

【答案与解析】

答案为 ABCD。车船税的纳税人，是指在中国境内拥有或者管理车辆、船舶的单位和个人，包括外商投资企业、外籍个人。

（二）征税范围

车船税的征税范围是指在中华人民共和国境内属于车船税法所附《车船税税目税额表》规定的车辆、船舶。车辆、船舶是指：

(1) 依法应当在车船管理部门登记的机动车辆和船舶。

(2) 依法不需要在车船管理部门登记、在单位内部场所行驶或者作业的机动车辆和船舶。

车船管理部门，是指公安、交通运输、农业、渔业、军队、武装警察部队等依法具有车船登记管理职能的部门。

（三）税率

车船税采用定额税率，即对征税的车船规定单位固定税额。车船税确定税额总的原则是：非机动车船的税负轻于机动车船；人力车的税负轻于畜力车；小吨位船舶的税负轻于大船舶。《车船税税目税额表》如表 8-9 所示。

表 8-9 车船税税目税额表

税 目		计税单位	年基准税额	备 注
乘用车 [按发动机汽缸容量（排气量）分档]	1.0 升（含）以下的	每辆	60 元至 360 元	核定载客人数 9 人（含）以下
	1.0 升以上至 1.6 升（含）的		300 元至 540 元	
	1.6 升以上至 2.0 升（含）的		360 元至 660 元	
	2.0 升以上至 2.5 升（含）的		660 元至 1 200 元	
	2.5 升以上至 3.0 升（含）的		1 200 元至 2 400 元	
	3.0 升以上至 4.0 升（含）的		2 400 元至 3 600 元	
	4.0 升以上的		3 600 元至 5 400 元	
商用车	客车	每辆	480 元至 1 440 元	核定载客人数 9 人以上，包括电车
	货车	整备质量每吨	16 元至 120 元	包括半挂牵引车、三轮汽车和低速载货汽车等
挂车		整备质量每吨	按照货车税额的 50% 计算	
其他车辆	专用作业车	整备质量每吨	16 元至 120 元	不包括拖拉机
	轮式专用机械车		16 元至 120 元	
摩托车		每辆	36 元至 180 元	
船舶	机动船舶	净吨位每吨	3 元至 6 元	拖船、非机动驳船分别按照机动船舶税额的 50% 计算
	游艇	艇身长度每米	600 元至 2 000 元	

（四）税收优惠

1. 法定减免

(1) 捕捞、养殖渔船：是指在渔业船舶登记管理部门登记为捕捞船或者养殖船的船舶，免征车船税。

(2) 军队、武装警察部队专用的车船：是指按照规定在军队、武装警察部队车船管理部门登记，并领取军队、武警牌照的车船，免征车船税。

(3) 警用车船：是指公安机关、国家安全机关、监狱和人民法院、人民检察院领取警用牌照的车辆和执行警务的专用船舶，免征车船税。

(4) 悬挂应急救援专用号牌的国家综合性消防救援车辆和国家综合性消防救援专用船舶，免征车船税。

(5) 依照法律规定应当予以免税的外国驻华使领馆、国际组织驻华代表机构及其有关人员的车船，免征车船税。

(6) 对节约能源、使用新能源的车船可以减征或者免征车船税；对受严重自然灾害影响纳税困难以及有其他特殊原因确需减税、免税的，可以减征或者免征车船税。具体办法由国务院规定，并报全国人民代表大会常务委员会备案。

(7) 省、自治区、直辖市人民政府根据当地实际情况，可以对公共交通车船，农村居民拥有并主要在农村地区使用的摩托车、三轮汽车和低速载货汽车定期减征或者免征车船税。

(8) 国家综合性消防救援车辆由部队号牌改挂应急救援专用号牌，一次性免征改挂当年车船税。

2. 特定减免

(1) 经批准临时入境的外国车船和香港特别行政区、澳门特别行政区、台湾地区的车船，不征收车船税。

(2) 按照规定缴纳船舶吨税的机动船舶，自车船税法实施之日起 5 年内免征车船税。

(3) 依法不需要在车船登记管理部门登记的机场、港口、铁路站场内部行驶或作业的车船，自车船税法实施之日起 5 年内免征车船税。

二、车船税的计算

纳税人按照纳税地点所在的省、自治区、直辖市人民政府确定的具体适用税额缴纳车船税。

购置的新车船，购置当年的应纳税额自纳税义务发生的当月起按月计算。其计算公式为

$$应纳税额=\frac{年应纳税额}{12}×应纳税月份数$$

$$应纳税月份数 = 12 - 纳税义务发生时间（取月份）+ 1$$

【例 8-27】（单选题）2022 年 4 月甲公司购置了净吨位 600 吨的机动船舶和净吨位 300 吨的非机动驳船各 2 艘。已知机动船舶车船税适用年基准税额为净吨位每吨 4 元。计算甲公司 2022 年度上述船舶应缴纳车船税税额的下列算式中，正确的是（　　）。

A. $\dfrac{600×2×4×50\%+300×2×4}{12}×8=3\ 200$ 元

B. $\dfrac{600×2×4+300×2×4×50\%}{12}×9=4\ 500$ 元

C. $\dfrac{600×2×4+300×2×4×50\%}{12}×8=4\ 000$ 元

D. $\dfrac{600×2×4×50\%+300×2×4}{12}×9=3\ 600$ 元

【答案与解析】

答案为 B。① 车船税纳税义务发生时间为取得车船所有权或者管理权的当月，本题中应从 4 月开始计算车船税；② 非机动驳船按照机动船舶税额的 50% 计算。

三、车船税的纳税申报

（一）纳税义务发生时间

车船税纳税义务发生时间为取得车船所有权或者管理权的当月。以购买车船的发票或其他证明文件所载日期的当月为准。

（二）纳税期限

车船税按年申报，分月计算，一次性缴纳。纳税年度为公历 1 月 1 日至 12 月 31 日。车船税按年申报缴纳，具体申报纳税期限由省、自治区、直辖市人民政府规定。

（三）纳税地点

车船税的纳税地点为车船的登记地或者车船税扣缴义务人所在地。依法不需要办理登记的车船，车船税的纳税地点为车船的所有人或者管理人所在地。

扣缴义务人代收代缴车船税的，纳税地点为扣缴义务人所在地。

纳税人自行申报缴纳车船税的，纳税地点为车船登记地的主管税务机关所在地。

（四）纳税申报

(1) 税务机关可以在车船管理部门、车船检验机构的办公场所集中办理车船税征收事宜。

(2) 公安机关交通管理部门在办理车辆相关登记和定期检验手续时，对未提交自上次检验后各年度依法纳税或者免税证明的，不予登记，不予发放检验合格标志。

(3) 海事部门、船舶检验机构在办理船舶登记和定期检验手续时，对未提交依法纳税或者免税证明，且拒绝扣缴义务人代收代缴车船税的纳税人，不予登记，不予发放检验合格标志。

(4) 对于依法不需要购买机动车交通事故责任强制保险的车辆，纳税人应当向主管税务机关申报缴纳车船税。

(5) 纳税人在首次购买机动车交通事故责任强制保险时缴纳车船税或者自行申报缴纳车船税的，应当提供购车发票及反映排气量、整备质量、核定载客人数等与纳税相关的信息及其相应凭证。

(6) 从事机动车第三者责任强制保险业务的保险机构为机动车车船税的扣缴义务人，应当在收取保险费时依法代收车船税，并出具代收税款凭证。

任务九　印花税

印花税是以经济活动和经济交往中，书立应税凭证、进行证券交易的行为为征税对象征收的一种税。印花税因采用在应税凭证上粘贴印花税票的方法缴纳税款而得名。现行印花税法的基本规范是《中华人民共和国印花税法》，已由中华人民共和国第十三届全国人民代表大会常务委员会第二十九次会议于 2021 年 6 月 10 日通过，自 2022 年 7 月 1 日起施行。征收印花税有利于增加财政收入、有利于配合和加强经济合同的监督管理、有利于培养纳税意识，也有利于配合对其他应纳税种的监督管理。

案例导入

统计显示，2021 年我国印花税收入 4 076 亿元，同比增长 32%。其中，证券交易印花税 2 478 亿元，同比增长 39.7%。今年前 5 月，印花税收入 2 165 亿元，比上年同期增长 13.7%。其中，证券交易印花税 1 413 亿元，比上年同期增长 15%。

"从实际执行情况看，印花税税制要素基本合理，运行比较平稳。制定印花税法，总体上按照税制平移的思路，保持现行税制框架和税负水平基本不变，将《中华人民共和国印花税暂行条例》和证券交易印花税有关规定上升为法律。同时，根据实际情况对部分内容做了必要调整，适当简并税目、降低部分税率。"财政部部长刘昆在向全国人大常委会做法律草案说明时表示。

北京国家会计学院财税政策与应用研究所所长李旭红认为，印花税立法是落实税收法定原则的重要一步，有利于推动完善税收法律制度，提高税收制度规范化、法治化水平，减少自由裁量权，稳定市场预期，促进税收征管更加科学规范。"虽然印花税在我国税收体系中属于收入占比较小的税种，但是由于其主要对在经营交易或证券交易中书立的应税凭证征税，所以影响面较广，涉及企业、个人在日常经营交易中的各个方面。因此，完善印花税立法对于促进我国市场法治环境的完善具有积极意义。"李旭红说。根据印花税法，借款合同、买卖合同、技术合同、证券交易等税目维持现行税率不变。其中，证券交易印花税对证券交易的出让方征收，不对受让方征收，税率为成交金额的千分之一。制定印花税法总体上按照税制平移的思路，但其中一些变化不乏亮点。比如，税目税率方面，在基本维持现行税率水平的同时，适当简并税目税率、减轻税负。其中，加工承揽合同、建设工程勘察设计合同、货物运输合同的税率由万分之五降为万分之三；营业账簿的税率由万分之五降为万分之二点五。此外，取消对权利、许可证照每件征收 5 元印花税的规定。

李旭红认为，此次印花税立法基本采取保持税负平移或适当降低税收负担的做法，以减轻市场主体负担、促进市场主体交易。同时，在计税依据的设计上，进一步规范了计税依据，避免重复征税，促进专业化分工。"比如，同一应税凭证由两方以上当事人书立的，按照各自涉及的金额分别计算应纳税额，这样可以明确交易主体各自的税收负担，避免重复计税。又如，应税合同的计税依据，为合同所列的金额，不包括列明的增值税税款，这样可以减小合同主体的计税基础，降低税负。"

一、印花税概述

（一）纳税人

1.印花税的纳税义务人

在中华人民共和国境内书立应税凭证、进行证券交易的单位和个人，为印花税的纳税人，应当依照《中华人民共和国印花税法》缴纳印花税。在中华人民共和国境外书立在境内使用的应税凭证的单位和个人，应当依照《中华人民共和国印花税法》缴纳印花税。

2.扣缴义务人

(1) 纳税人为境外单位或者个人，在境内有代理人的，以其境内代理人为扣缴义务人；在境内没有代理人的，由纳税人自行申报缴纳印花税。

(2) 证券登记结算机构为证券交易印花税的扣缴义务人。

（二）征税范围

印花税的税目，指印花税法明确规定的应当纳税的项目，它具体划定了印花税的征税范围。印花税共有 14 个税目：借款合同；融资租赁合同；买卖合同；承揽合同；建设工程合同；运输合同；技术合同；租赁合同；保管合同；仓储合同；财产保险合同；产权转移书据；营业账簿；证券交易。

【例 8-28】（多选题）下列合同中，应缴纳印花税的有（　　　　）。

A. 买卖合同　　　　　　　　　B. 技术合同
C. 运输合同　　　　　　　　　D. 融资租赁合同

【答案】

答案为 ABCD。

（三）税率

印花税采取比例税率。

在印花税的 14 个税目中，各类合同以及具有合同性质的凭证（含以电子形式签订的各类应税凭证）、产权转移书据、营业账簿中记载资金的账簿，适用比例税率。印花税的比例税率分为 5 个档次，分别是万分之五、万分之三、万分之二点五、万分之零点五、千分之一。

纳税提示

印花税不同税目适用税率的总结：

(1) 适用万分之五税率的为产权转移书据（土地使用权出让书据；土地使用权、房屋等建筑物和构筑物所有权转让书据;股权转让书据)。

(2) 适用万分之三税率的为买卖合同、承揽合同、建设工程合同、运输合同、技术合同、产权转移书据(商标专用权、著作权、专利权、专有技术使用权转让书据)。

(3) 适用万分之二点五税率的为营业账簿。

(4) 适用万分之零点五税率的为借款合同、融资租赁合同。

(5) 适用千分之一的为租赁合同、保管合同、仓储合同、财产保险合同、证券交易。

在印花税的 14 个税目中,《印花税税目税率表》如表 8-10 所示。

表 8-10 印花税税目税率表

税 目		税 率	备 注
合同(指书面合同)	借款合同	借款金额的万分之零点五	指银行业金融机构、经国务院银行业监督管理机构批准设立的其他金融机构与借款人(不包括同业拆借)的借款合同
	融资租赁合同	租金的万分之零点五	
	买卖合同	价款的万分之三	指动产买卖合同(不包括个人书立的动产买卖合同)
	承揽合同	报酬的万分之三	
	建设工程合同	价款的万分之三	
	运输合同	运输费用的万分之三	指货运合同和多式联运合同(不包括管道运输合同)
	技术合同	价款、报酬或者使用费的万分之三	不包括专利权、专有技术使用权转让书据
	租赁合同	租金的千分之一	
	保管合同	保管费的千分之一	
	仓储合同	仓储费的千分之一	
	财产保险合同	保险费的千分之一	不包括再保险合同
产权转移书据	土地使用权出让书据	价款的万分之五	转让包括买卖(出售)、继承、赠与、互换、分割
	土地使用权、房屋等建筑物和构筑物所有权转让书据(不包括土地承包经营权和土地经营权转移)	价款的万分之五	
	股权转让书据(不包括应缴纳证券交易印花税的)	价款的万分之五	
	商标专用权、著作权、专利权、专有技术使用权转让书据	价款的万分之三	
营业账簿		实收资本(股本)、资本公积合计金额的万分之二点五	
证券交易		成交金额的千分之一	

（四）税收优惠

下列凭证，免征印花税：

(1) 应税凭证的副本或者抄本。

(2) 依照法律规定应当予以免税的外国驻华使馆、领事馆和国际组织驻华代表机构为获得馆舍书立的应税凭证。

(3) 中国人民解放军、中国人民武装警察部队书立的应税凭证。

(4) 农民、家庭农场、农民专业合作社、农村集体经济组织、村民委员会购买农业生产资料或者销售农产品书立的买卖合同和农业保险合同。

(5) 无息或者贴息借款合同、国际金融组织向中国提供优惠贷款书立的借款合同。

(6) 财产所有权人将财产赠与政府、学校、社会福利机构、慈善组织书立的产权转移书据。

(7) 非营利性医疗卫生机构采购药品或者卫生材料书立的买卖合同。

(8) 个人与电子商务经营者订立的电子订单。

(9) 自 2023 年 9 月 22 日至 2027 年 12 月 31 日，对与高校学生签订的高校学生公寓租赁合同。

【例 8-29】（单选题）根据印花税法律制度的规定，下列合同中，不征收印花税的是（　　）。

A. 公司与会计师事务所签订的审计合同

B. 发电厂与电网之间签订的购售电合同

C. 企业出租商铺签订的房屋租赁合同

D. 物流公司与客户之间签订的仓储合同

【答案与解析】

答案为 A。选项 A，审计合同，不属于印花税列举征税的凭证，不征收印花税。选项 B，对发电厂与电网之间、电网与电网之间签订的购售电合同，按购销合同征收印花税。电网与用户之间签订的供用电合同不征印花税。选项 C，企业出租门店、柜台等所签订的合同，按照租赁合同缴纳印花税。选项 D，按照仓储合同缴纳印花税。

二、印花税的计算

（一）计税依据

印花税的计税依据为各种应税凭证上所记载的计税金额。其具体规定如下：

(1) 应税合同的计税依据，为合同所列的金额，不包括列明的增值税税款。

(2) 应税产权转移书据的计税依据，为产权转移书据所列的金额，不包括列明的增值税税款。

(3) 应税营业账簿的计税依据，为账簿记载的实收资本（股本）、资本公积合计金额。

(4) 证券交易的计税依据，为成交金额。

(5) 应税合同、产权转移书据未列明金额的，印花税的计税依据按照实际结算的金额确定。计税依据按照上述规定仍不能确定的，按照书立合同、产权转移书据时的市场价格确定；依法应当执行政府定价或者政府指导价的，按照国家有关规定确定。

(6) 证券交易无转让价格的，按照办理过户登记手续时该证券前一个交易日收盘价计算确定计税依据；无收盘价的，按照证券面值计算确定计税依据。

（二）应纳税额的计算

纳税人的应纳税额，按照计税依据乘以适用税率计算。

$$应纳税额 = 应税凭证计税金额 \times 适用税率$$

纳税提示

(1) 同一应税凭证载有两个以上税目事项并分别列明金额的，按照各自适用的税目税率分别计算应纳税额；未分别列明金额的，从高适用税率。

(2) 同一应税凭证由两方以上当事人书立的，按照各自涉及的金额分别计算应纳税额。

(3) 已缴纳印花税的营业账簿，以后年度记载的实收资本（股本）、资本公积合计金额比已缴纳印花税的实收资本（股本）、资本公积合计金额增加的，按照增加部分计算应纳税额。

【例 8-30】（单选题）某企业本月签订两份合同：① 承揽合同，合同载明材料金额 30 万元，加工费 10 万元；② 财产保险合同，合同载明被保险财产价值 1 000 万元，保险费 1 万元。已知承揽合同印花税税率 0.3‰，财产保险合同印花税税率 1‰。则应缴纳的印花税为（　　）。

A. $30 \times 0.3‰ + 1\,000 \times 1‰ = 1.009$ 万元

B. $10 \times 0.3‰ + 1\,000 \times 1‰ = 1.003$ 万元

C. $30 \times 0.3‰ + 1 \times 1‰ = 0.01$ 万元

D. $10 \times 0.3‰ + 1 \times 1‰ = 0.004$ 万元

【答案与解析】

答案为 D。① 承揽合同以加工费为计税依据，不包括材料金额；② 财产保险合同以保险费为计税依据，不包括被保险财产价值。

三、印花税的纳税申报

（一）纳税方法

(1) 纳税人为单位的，应当向其机构所在地的主管税务机关申报缴纳印花税；纳税人为个人的，应当向应税凭证书立地或者纳税人居住地的主管税务机关申报缴纳印花税。

(2) 不动产产权发生转移的，纳税人应当向不动产所在地的主管税务机关申报缴纳印花税。

(3) 纳税人为境外单位或者个人，在境内有代理人的，以其境内代理人为扣缴义务人；在境内没有代理人的，由纳税人自行申报缴纳印花税，具体办法由国务院税务主管部门规定。证券登记结算机构为证券交易印花税的扣缴义务人，应当向其机构所在地的主管税务机关申报解缴税款以及银行结算的利息。

(4) 印花税按季、按年或者按次计征。实行按季、按年计征的，纳税人应当自季度、年度终了之日起 15 日内申报缴纳税款；实行按次计征的，纳税人应当自纳税义务发生之日起 15 日内申报缴纳税款。证券交易印花税按周解缴。证券交易印花税扣缴义务人应当自每周终了之日起 5 日内申报解缴税款以及银行结算的利息。

（二）纳税环节

印花税的纳税义务发生时间为纳税人书立应税凭证或者完成证券交易的当日。证券交易印花税扣缴义务发生时间为证券交易完成的当日。

印花税按季、按年或者按次计征。实行按季、按年计征的，纳税人应当自季度、年度终了之日起十五日内申报缴纳税款；实行按次计征的，纳税人应当自纳税义务发生之日起十五日内申报缴纳税款。

证券交易印花税按周解缴。证券交易印花税扣缴义务人应当自每周终了之日起五日内申报解缴税款以及银行结算的利息。

（三）纳税申报

印花税的纳税人应按照条例的有关规定及时办理纳税申报，并如实填写《印花税纳税申报表》。

任务十　烟叶税

烟叶税是以纳税人收购烟叶的收购金额为计税依据征收的一种税。为了保持政策的连续性，充分兼顾地方利益和有利于烟叶产区可持续发展，2006 年 4 月 28 日，国务院公布了《中华人民共和国烟叶税暂行条例》，开征烟叶税取代原烟叶特产农业税。2017 年 12 月 27 日，第十二届全国人民代表大会常务委员会第三十一次会议通过《中华人民共和国烟叶税法》，该法自 2018 年 7 月 1 日起施行。

一、烟叶税概述

（一）纳税人

在中华人民共和国境内依照《中华人民共和国烟草专卖法》的规定收购烟叶的单位为烟叶税的纳税人。

纳税提示

(1) 烟叶税的纳税人为在中华人民共和国境内"收购烟叶的单位"(包括接受委托收购烟叶的单位)。

(2) 对依法查处没收的违法收购的烟叶,由"收购罚没烟叶的单位"缴纳烟叶税。

(二)征税范围

烟叶税的征税范围是指晾晒烟叶、烤烟叶。

(三)税率

烟叶税实行比例税率,税率为20%。烟叶税实行全国统一的税率,主要是考虑烟叶属于特殊的专卖品,其税率不宜存在地区间的差异,否则会形成各地之间的不公平竞争,不利于烟叶种植的统一规划和烟叶市场、烟叶收购价格的统一。

【例8-31】(单选题)根据烟叶税法律制度的规定,下列各项中,属于烟叶税纳税人的是( )。

A. 销售香烟的单位   B. 生产烟叶的个人

C. 收购烟叶的单位   D. 消费香烟的个人

【答案与解析】

答案为C。烟叶税的纳税人为在我国境内"收购"烟叶的单位。

二、烟叶税的计算

烟叶税的应纳税额按照纳税人收购烟叶实际支付的价款总额乘以税率计算,计算公式为

应纳税额 = 实际支付价款 × 税率

纳税人收购烟叶实际支付的价款总额包括纳税人支付给烟叶生产销售单位和个人的烟叶收购价款和价外补贴。其中,价外补贴统一按烟叶收购价款的10%计算。

实际支付价款 = 收购金额 × (1 + 10%)

【例8-32】某烟草公司系增值税一般纳税人,2022年1月收购烟叶100 000千克,烟叶收购价格10元/千克,总计1 000 000元,货款已全部支付。计算该烟草公司8月收购烟叶应缴纳的烟叶税。

【解析】

应缴纳烟叶税 = 1 000 000 × (1 + 10%) × 20% = 220 000 元

三、烟叶税的纳税申报

(一)纳税义务发生时间

烟叶税的纳税义务发生时间为纳税人收购烟叶的当日。收购烟叶的当日是指纳税人向烟叶销售者付讫收购烟叶款项或者开具收购烟叶凭据的当日。

(二)纳税期限

烟叶税按月计征,纳税人应当于纳税义务发生月终了之日起十五日内申报并缴纳税款。

(三)纳税地点

纳税人收购烟叶,应当向烟叶收购地的主管税务机关申报缴纳烟叶税。

(四)纳税申报

烟叶税的纳税人应按照条例的有关规定及时办理纳税申报,并如实填写《烟叶税纳税申报表》(见表 8-11)。

表 8-11 烟叶税纳税申报表

税款所属期限:自 年 月 日至 年 月 日　　　　　　填表日期: 年 月 日

纳税人识别号:□□□□□□□□□□□□□□□□□□　　金额单位:元(列至角分)

纳税人名称				
烟叶收购价款总额	税率	本期应纳税额	本期已纳税额	本期应补(退)税额
1	2	3＝1×2	4	5＝3－4
合计				
以下由纳税人填写:				
谨声明:本表是根据国家税收法律法规及相关规定填报的,是真实的、可靠的、完整的。				
纳税人签章			代理人签章	
以下由税务机关填写:				
受理人		受理日期		受理税务机关(签章)

本表一式两份,一份纳税人留存,一份税务机关留存。

任务十一 船舶吨税

船舶吨税是根据船舶运载量课征的一个税种，源于明朝以后税关的"船料"。中英鸦片战争后，海关对出入中国口岸的商船按船舶吨位计征税款，故称船舶吨税。现行船舶吨税的基本规范是 2017 年 12 月 27 日第十二届全国人民代表大会常务委员会第三十一次会议通过的《中华人民共和国船舶吨税法》，自 2018 年 7 月 1 日起施行。

一、船舶吨税概述

(一)征税范围

自中华人民共和国境外港口进入境内港口的船舶 (以下简称应税船舶)，应当缴纳船舶吨税 (以下简称吨税)。

(二)税率

吨税设置优惠税率和普通税率。中华人民共和国国籍的应税船舶，船籍国 (地区) 与中华人民共和国签订含有相互给予船舶税费最惠国待遇条款的条约或者协定的应税船舶，适用优惠税率。其他应税船舶，适用普通税率 (见表 8-12)。

表 8-12 吨税税目税率表

税 目 (按船舶净吨位划分)	税率 /(元 / 净吨)						备 注
	普通税率 (按执照期限划分)			优惠税率 (按执照期限划分)			
	1 年	90 日	30 日	1 年	90 日	30 日	1. 拖船按照发动机功率每千瓦折合净吨位 0.67 吨。 2. 无法提供净吨位证明文件的游艇，按照发动机功率每千瓦折合净吨位 0.05 吨。 3. 拖船和非机动驳船分别按相同净吨位船舶税率的 50% 计征税款
不超过 2 000 净吨	12.6	4.2	2.1	9.0	3.0	1.5	
超过 2 000 净吨，但不超过 10 000 净吨	24.0	8.0	4.0	17.4	5.8	2.9	
超过 10 000 净吨，但不超过 50 000 净吨	27.6	9.2	4.6	19.8	6.6	3.3	
超过 50 000 净吨	31.8	10.6	5.3	22.8	7.6	3.8	

(三)税收优惠

1. 直接优惠

下列船舶免征吨税：

(1) 应纳税额在人民币五十元以下的船舶。

(2) 自境外以购买、受赠、继承等方式取得船舶所有权的初次进口到港的空载船舶。

(3) 吨税执照期满后二十四小时内不上下客货的船舶。

(4) 非机动船舶(不包括非机动驳船)。非机动船舶，是指自身没有动力装置，依靠外力驱动的船舶。非机动驳船，是指在船舶登记机关登记为驳船的非机动船舶。

(5) 捕捞、养殖渔船。捕捞、养殖渔船，是指在中华人民共和国渔业船舶管理部门登记为捕捞船或者养殖船的船舶。

(6) 避难、防疫隔离、修理、改造、终止运营或者拆解，并不上下客货的船舶。

(7) 军队、武装警察部队专用或者征用的船舶。

(8) 警用船舶。

(9) 按法律规定应当予以免税的外国驻华使领馆、国际组织驻华代表机构及其有关人员的船舶。

(10) 国务院规定的其他船舶。

2. 延期优惠

在执照期限内，应税船舶发生下列情形之一的，海关按照实际发生的天数批注延长吨税执照期限：

(1) 避难、防疫隔离、修理，并不上下客货。

(2) 军队、武装警察部队征用。

二、船舶吨税的计算

吨税按照船舶净吨位和吨税执照期限征收。净吨位，是指由船籍国(地区)政府授权签发的船舶吨位证明书上标明的净吨位；吨税执照期限，是指按照公历年、日计算的期间。应税船舶负责人在每次申报纳税时，可以按照《吨税税目税率表》选择申领一种期限的吨税执照。吨税的应纳税额按照船舶净吨位乘以适用税率计算，计算公式为

$$应纳税额 = 船舶净吨位 \times 定额税率$$

【例 8-33】 B 国某运输公司一艘货轮驶入我国某港口，该货轮净吨位为 30 000 吨，货轮负责人已向我国该海关领取了吨税执照，在港口停留期限为 30 天，B 国已与我国签订有相互给予船舶税费最惠国待遇条款。计算该货轮负责人应向我国海关缴纳的船舶吨税。

【解析】

根据船舶吨税的相关规定，该货轮应享受优惠税率，每净吨位为 3.3 元。

应缴纳船舶吨税 = 30 000 × 3.3 = 99 000 元

三、船舶吨税的纳税申报

(一)纳税义务发生时间

吨税纳税义务发生时间为应税船舶进入港口的当日。应税船舶在吨税执照期满后尚未

离开港口的，应当申领新的吨税执照，自上一次执照期满的次日起续缴吨税。

（二）纳税期限

应税船舶负责人应当自海关填发吨税缴款凭证之日起十五日内缴清税款。未按期缴清税款的，自滞纳税款之日起至缴清税款之日止，按日加收滞纳税款万分之五的税款滞纳金。

（三）纳税地点

应税船舶到达港口前，经海关核准先行申报并办结出入境手续的，应税船舶负责人应当向海关提供与其依法履行吨税缴纳义务相适应的担保；应税船舶到达港口后，依照规定向海关申报纳税。

（四）征收管理

(1) 海关发现少征或者漏征税款的，应当自应税船舶应当缴纳税款之日起一年内，补征税款。但因应税船舶违反规定造成少征或者漏征税款的，海关可以自应当缴纳税款之日起三年内追征税款，并自应当缴纳税款之日起按日加征少征或者漏征税款万分之五的税款滞纳金。

海关发现多征税款的，应当在二十四小时内通知应税船舶办理退还手续，并加算银行同期活期存款利息。应税船舶发现多缴税款的，可以自缴纳税款之日起三年内以书面形式要求海关退还多缴的税款并加算银行同期活期存款利息；海关应当自受理退税申请之日起三十日内查实并通知应税船舶办理退还手续。应税船舶应当自收到通知之日起三个月内办理有关退还手续。

(2) 应税船舶有下列行为之一的，由海关责令限期改正，处二千元以上三万元以下的罚款；不缴或者少缴应纳税款的，处不缴或者少缴税款百分之五十以上五倍以下的罚款，但罚款不得低于二千元：

① 未按照规定申报纳税、领取吨税执照。

② 未按照规定交验吨税执照（或者申请核验吨税执照电子信息）以及提供其他证明文件。

(3) 吨税税款、税款滞纳金、罚款以人民币计算。

任务十二　环境保护税

环境保护税源于排污收费制度。我国于 1979 年开始排污收费试点，通过收费促使企业加强环境治理、减少污染物排放，对防治污染、保护环境起到了重要作用，但实际执行中存在着执法刚性不足等问题。为解决这些问题，党的十八届三中、四中全会明确提出："推动环境保护费改税""用严格的法律制度保护生态环境"。2018 年环境保护费改税后，排污单位不再缴纳排污费，改为缴纳环境保护税。开征环境保护税，主要目的不是取得财政收入，而是使排污单位承担必要的污染治理与环境损害修复成本，并通过"多排多缴、少排少缴、不排不缴"的税制设计，发挥税收杠杆的绿色调节作用，引导排污单位提升环保意识，加大治理力度，加快转型升级，减少污染物排放，助推生态文明建设。两年多来，环境保护税税制运行平稳，征管有序顺畅。环境保护税是对在我国领域以及管辖的其他海域直接向环境排放应税污染物的企事业单位和其他生产经营者征收的一种税，其立法目的是保护和改善环境，减少污染物排放，推进生态文明建设。

现行环境保护税法的基本规范，包括 2016 年 12 月 25 日第十二届全国人民代表大会常务委员会第二十五次会议通过的《中华人民共和国环境保护税法》（以下简称《环境保护税法》）、2017 年 12 月 30 日国务院发布的《中华人民共和国环境保护税法实施条例》（以下简称《环境保护税法实施条例》）等，《环境保护税法》自 2018 年 1 月 1 日起正式实施。环境保护税是我国首个明确以环境保护为目标的独立型环境税税种，有利于解决排污费制度存在的执法刚性不足等问题，有利于提高纳税人环保意识和强化企业治污减排责任。

一、环境保护税概述

（一）纳税人

环境保护税的纳税义务人是在中华人民共和国领域和中华人民共和国管辖的其他海域直接向环境排放应税污染物的企业事业单位和其他生产经营者。

（二）征税范围

应税污染物，是指《环境保护税法》所附《环境保护税税目税额表》《应税污染物和当量值表》所规定的大气污染物、水污染物、固体废物和噪声。

有下列情形之一的，不属于直接向环境排放污染物，不缴纳相应污染物的环境保护税：

(1) 企业事业单位和其他生产经营者向依法设立的污水集中处理、生活垃圾集中处理场所排放应税污染物的。

(2) 企业事业单位和其他生产经营者在符合国家和地方环境保护标准的设施、场所贮存或者处置固体废物的。

(3) 达到省级人民政府确定的规模标准并且有污染物排放口的畜禽养殖场，应当依法缴纳环境保护税；依法对畜禽养殖废弃物进行综合利用和无害化处理的，不属于直接向环境排放污染物，不缴纳环境保护税。

（三）税率

环境保护税采用定额税率，其中，对应税大气污染物和水污染物规定了幅度定额税率，具体适用税额的确定和调整由省、自治区、直辖市人民政府统筹考虑本地区环境承载能力、污染物排放现状和经济社会生态发展目标要求，在规定的税额幅度内提出，报同级人民代表大会常务委员会决定，并报全国人民代表大会常务委员会和国务院备案。《环境保护税税目税额表》如表 8-13 所示。

表 8-13　环境保护税税目税额表

税　目		计税单位	税　额	备　注
大气污染物		每污染当量	1.2 元至 12 元	
水污染物		每污染当量	1.4 元至 14 元	
固体废物	煤矸石	每吨	5 元	
	尾矿	每吨	15 元	
	危险废物	每吨	1 000 元	
	冶炼渣、粉煤灰、炉渣、其他固体废物（含半固态、液态废物）	每吨	25 元	
噪声	工业噪声	超标 1～3 分贝	每月 350 元	1. 一个单位边界上有多处噪声超标，根据最高一处超标声级计算应纳税额；当沿边界长度超过 100 米有两处以上噪声超标，按照两个单位计算应纳税额。
		超标 4～6 分贝	每月 700 元	2. 一个单位有不同地点作业场所的，应当分别计算应纳税额，合并计征。
		超标 7～9 分贝	每月 1 400 元	3. 昼、夜均超标的环境噪声，昼、夜分别计算应纳税额，累计计征。
		超标 10～12 分贝	每月 2 800 元	4. 声源一个月内超标不足 15 天的，减半计算应纳税额。
		超标 13～15 分贝	每月 5 600 元	5. 夜间频繁突发和夜间偶然突发厂界超标噪声，按等效声级和峰值噪声两种指标中超标分贝值高的一项计算应纳税额
		超标 16 分贝以上	每月 11 200 元	

（四）税收优惠

1. 暂免征税项目

下列情形，暂予免征环境保护税：

(1) 农业生产（不包括规模化养殖）排放应税污染物的。

(2) 机动车、铁路机车、非道路移动机械、船舶和航空器等流动污染源排放应税污染物的。

(3) 依法设立的城乡污水集中处理、生活垃圾集中处理场所排放相应应税污染物，不超过国家和地方规定的排放标准的。

(4) 纳税人综合利用的固体废物，符合国家和地方环境保护标准的。

(5) 国务院批准免税的其他情形。

2. 减征税额项目

(1) 纳税人排放应税大气污染物或者水污染物的浓度值低于国家和地方规定的污染物排放标准百分之三十的，减按百分之七十五征收环境保护税。

(2) 纳税人排放应税大气污染物或者水污染物的浓度值低于国家和地方规定的污染物排放标准百分之五十的，减按百分之五十征收环境保护税。

二、环境保护税的计算

（一）计税依据

应税污染物的计税依据，按照下述三种方法确定。

1. 应税大气污染物、水污染物按照污染物排放量折合的污染当量数确定计税依据

污染当量数以该污染物的排放量除以该污染物的污染当量值计算。其计算公式为

$$应税大气污染物、水污染物的污染当量数 = \frac{该污染物的排放量}{该污染物的污染当量值}$$

污染当量，是指根据污染物或者污染排放活动对环境的有害程度以及处理的技术经济性，衡量不同污染物对环境污染的综合性指标或者计量单位。

【例 8-34】某企业 2022 年 3 月向水体直接排放第一类水污染物总汞 10 千克，根据第一类水污染物污染当量值表，总汞的污染当量值为 0.000 5 千克。计算其污染当量数。

【解析】

$$污染当量数 = \frac{10}{0.000\ 5} = 20\ 000$$

2. 应税固体废物按照固体废物的排放量确定计税依据

固体废物的排放量为当期应税固体废物的产生量减去当期应税固体废物的贮存量、处置量、综合利用量的余额。其计算公式为

$$固体废物的排放量 = 当期固体废物的产生量 - 当期固体废物的综合利用量 -$$
$$当期固体废物的贮存量 - 当期固体废物的处置量$$

纳税人有下列情形之一的，以其当期应税固体废物的产生量作为固体废物的排放量：

(1) 非法倾倒应税固体废物。

(2) 进行虚假纳税申报。

3. 应税噪声按照超过国家规定标准的分贝数确定计税依据

工业噪声按超过国家规定标准的分贝数确定每月税额，超过国家规定标准的分贝数是指实际产生的工业噪声与国家规定的工业噪声排放标准限值之间的差值。

（二）应纳税额的计算

1. 大气污染物应纳税额的计算

$$大气污染物的应纳税额 = 污染当量数 \times 适用税额$$

【例 8-35】 某企业 2022 年 3 月向大气直接排放二氧化硫、氟化物各 100 千克，一氧化碳 200 千克、氯化氢 80 千克。假设当地大气污染物每污染当量税额 1.2 元，该企业只有一个排放口。计算其应纳税额。

【解析】

(1) 计算各污染物的污染当量数。

$$污染当量数 = \frac{该污染物的排放量}{该污染物的污染当量值}$$

据此计算各污染物的污染当量数如下：

$$二氧化硫污染当量数 = \frac{100}{0.95} \approx 105.26$$

$$氟化物污染当量数 = \frac{100}{0.87} \approx 114.94$$

$$一氧化碳污染当量数 = \frac{200}{16.7} \approx 11.98$$

$$氯化氢污染当量数 = \frac{80}{10.75} \approx 7.44$$

(2) 按污染当量数排序。

氟化物污染当量数 (114.94) ＞二氧化硫污染当量数 (105.26) ＞一氧化碳污染当量数 (11.98) ＞氯化氢污染当量数 (7.44)

该企业只有一个排放口，排序选取计税前三项污染物为氟化物、二氧化硫、一氧化碳。

(3) 计算应纳税额。

应纳税额 = (114.94 + 105.26 + 11.98) × 1.2 ≈ 278.62 元

2. 水污染物应纳税额的计算

(1) 适用监测数据法的水污染物应纳税额的计算。

适用监测数据法的水污染物 (包括第一类水污染物和第二类水污染物) 的应纳税额为污染当量数乘以具体适用税额。其计算公式为

$$水污染物的应纳税额 = 污染当量数 \times 适用税额$$

【例 8-36】 甲化工厂是环境保护税纳税人，该厂仅有 1 个污水排放口且直接向河流排放污水，已安装使用符合国家规定和监测规范的污染物自动监测设备。检测数据显示，该排放口 2022 年 2 月共排放污水 6 万吨（折合 6 万立方米）。应税污染物为六价铬，浓度为六价铬 0.5 mg/L。计算该化工厂 2 月份应缴纳的环境保护税（该厂所在省的水污染物税率为 2.8 元 / 污染当量，六价铬的污染当量值为 0.02）。

【解析】

$$六价铬污染当量数 = \frac{排放总量 \times 浓度值}{当量值} = \frac{60\,000\,000 \times 0.5}{1\,000\,000} \div 0.02 = 1\,500$$

应纳税额 = 1 500 × 2.8 = 4 200 元

(2) 适用抽样测算法的水污染物应纳税额的计算。

以规模化禽畜养殖业排放的水污染物应纳税额的计算为例，禽畜养殖业的水污染物应纳税额为污染当量数乘以具体适用税额，其污染当量数以禽畜养殖数量除以污染当量值计算。

【例 8-37】 某养殖场 2022 年 2 月养牛存栏量为 500 头，污染当量值为 0.1 头，假设当地水污染物适用税额为每污染当量 2.8 元。计算当月应纳环境保护税税额。

【解析】

$$水污染物当量数 = \frac{500}{0.1} = 5\,000$$

应纳税额 = 5 000 × 2.8 = 14 000 元

纳税提示

小型企业和第三产业的水污染物应纳税额为污染当量数乘以具体适用税额。其污染当量数以污水排放量（吨）除以污染当量值（吨）计算。

医院排放的水污染物应纳税额为污染当量数乘以具体适用税额。其污染当量数以病床数或者污水排放量除以相应的污染当量值计算。

3. 固体废物应纳税额的计算

固体废物的应纳税额为固体废物排放量乘以具体适用税额，其排放量为当期应税固体废物的产生量减去当期应税固体废物的贮存量、处置量、综合利用量的余额。其计算公式为

固体废物的应纳税额 =（当期固体废物的产生量 − 当期固体废物的综合利用量 −

当期固体废物的贮存量 − 当期固体废物的处置量）× 适用税额

【例 8-38】 假设某企业 2022 年 3 月产生尾矿 1 000 吨，其中综合利用的尾矿 300 吨（符合国家相关规定），在符合国家和地方环境保护标准的设施贮存 300 吨。计算该企业当月尾矿应缴纳的环境保护税。

【解析】

环境保护税应纳税额 = $(1\ 000 - 300 - 300) \times 15 = 6\ 000$ 元

4. 噪声应纳税额的计算

应税噪声的应纳税额为超过国家规定标准的分贝数对应的具体适用税额。

【例 8-39】（单选题）甲建筑公司 2022 年因施工作业导致产生的工业噪声超标 16 分贝以上，其中 5 月超标天数为 12 天，6 月超标天数为 22 天。已知工业噪声超标 16 分贝以上每月税额为 11 200 元，则下列关于甲建筑公司应纳环境保护税的计算列式正确的是（　　）。

A. $\dfrac{11\ 200 \times 2}{60} \times (12 + 22) \approx 12\ 693.33$ 元

B. $11\ 200 \times 2 = 22\ 400$ 元

C. $11\ 200 \times 50\% + 11\ 200 = 16\ 800$ 元

D. $\dfrac{11\ 200}{30} \times 22 \approx 8\ 213.33$ 元

【答案与解析】

答案为 C。工业噪声声源一个月内超标"不足 15 天"的，减半计算应纳税额。

三、环境保护税的纳税申报

（一）纳税义务发生时间

环境保护税纳税义务发生时间为纳税人排放应税污染物的当日。

（二）纳税期限

环境保护税按月计算，按季申报缴纳。不能按固定期限计算缴纳的，可以按次申报缴纳。

纳税人按季申报缴纳的，应当自季度终了之日起十五日内，向税务机关办理纳税申报并缴纳税款。纳税人按次申报缴纳的，应当自纳税义务发生之日起十五日内，向税务机关办理纳税申报并缴纳税款。纳税人申报缴纳时，应当向税务机关报送所排放应税污染物的种类、数量，大气污染物、水污染物的浓度值，以及税务机关根据实际需要要求纳税人报送的其他纳税资料。

（三）纳税地点

纳税人应当向应税污染物排放地的税务机关申报缴纳环境保护税。应税污染物排放地是指应税大气污染物、水污染物排放口所在地，应税固体废物产生地，应税噪声产生地。

纳税人跨区域排放应税污染物，税务机关对税收征收管辖有争议的，由争议各方按照有利于征收管理的原则协商解决。纳税人从事海洋工程向中华人民共和国管辖海域排放应税大气污染物、水污染物或者固体废物，申报缴纳环境保护税的具体办法，由国务院税务主管部门会同国务院生态环境主管部门规定。

（四）征管方式

环境保护税采用"企业申报、税务征收、环保协同、信息共享"的征管方式。纳税人应当依法如实办理纳税申报，对申报的真实性和完整性承担责任；税务机关依照《中华人民共和国税收征收管理法》和《环境保护税法》的有关规定征收管理；环境保护主管部门依照《环境保护税法》和有关环境保护法律法规的规定对污染物监测管理；县级以上地方人民政府应当建立税务机关、环境保护主管部门和其他相关单位分工协作工作机制；环境保护主管部门和税务机关应当建立涉税信息共享平台和工作配合机制，定期交换有关纳税信息资料。

练习题
（项目八）

练习题答案
（项目八）

参 考 文 献

[1]　中国注册会计师协会. 税法[M]. 北京：中国财政经济出版社，2023.
[2]　全国税务师职业资格考试教材编写组. 税法(Ⅰ)[M]. 北京：中国税务出版社，2023.
[3]　全国税务师职业资格考试教材编写组. 税法(Ⅱ)[M]. 北京：中国税务出版社，2023.
[4]　财政部会计财务评价中心. 经济法基础[M]. 北京：经济科学出版社，2023.
[5]　王红云. 税法[M]. 9版. 北京：中国人民大学出版社，2019.
[6]　蔡昌，李梦娟. 税法 [M]. 2版. 北京：中国人民大学出版社，2019.
[7]　高素芬. 纳税实务 [M]. 5版. 大连：东北财经大学出版社，2021.
[8]　杨则文. 纳税实务 [M]. 4版. 北京：高等教育出版社，2022.
[9]　梁文涛，苏杉. 纳税申报实务 [M]. 3版. 北京：清华大学出版社，2022.
[10]　李瑶. 纳税实务 [M]. 5版. 大连：东北财经大学出版社，2023.
[11]　梁文涛，耿红玉. 纳税实务[M]. 大连：东北财经大学出版社，2023.
[12]　梁文涛. 税法 [M]. 6版. 北京：中国人民大学出版社，2022.
[13]　杨志银. 税收筹划理论与实务[M]. 西安：西安电子科技大学出版社，2023.